Kooperation und Kollaboration

Stefan Bornemann

Kooperation und Kollaboration

Das Kreative Feld als Weg zu innovativer Teamarbeit

 RESEARCH

Stefan Bornemann
Kassel, Deutschland

Dissertation Universität Kassel, 2011

Diese Arbeit wurde unter dem Titel „Kooperation und Kollaboration – das Kreative Feld als Weg zu innovativer Teamarbeit" 2011 als Dissertation am Fachbereich Humanwissenschaften der Universität Kassel angenommen.
(Datum der Disputation: 31.05.2011)

www.folie8.de

ISBN 978-3-531-19178-2   ISBN 978-3-531-19179-9 (eBook)
DOI 10.1007/978-3-531-19179-9

Die Deutsche Nationalbibliothek verzeichnet diese Publikation in der Deutschen Nationalbibliografie; detaillierte bibliografische Daten sind im Internet über http://dnb.d-nb.de abrufbar.

Springer VS
© VS Verlag für Sozialwissenschaften | Springer Fachmedien Wiesbaden 2012
Das Werk einschließlich aller seiner Teile ist urheberrechtlich geschützt. Jede Verwertung, die nicht ausdrücklich vom Urheberrechtsgesetz zugelassen ist, bedarf der vorherigen Zustimmung des Verlags. Das gilt insbesondere für Vervielfältigungen, Bearbeitungen, Übersetzungen, Mikroverfilmungen und die Einspeicherung und Verarbeitung in elektronischen Systemen.

Die Wiedergabe von Gebrauchsnamen, Handelsnamen, Warenbezeichnungen usw. in diesem Werk berechtigt auch ohne besondere Kennzeichnung nicht zu der Annahme, dass solche Namen im Sinne der Warenzeichen- und Markenschutz-Gesetzgebung als frei zu betrachten wären und daher von jedermann benutzt werden dürften.

Einbandentwurf: KünkelLopka GmbH, Heidelberg

Gedruckt auf säurefreiem und chlorfrei gebleichtem Papier

Springer VS ist eine Marke von Springer DE. Springer DE ist Teil der Fachverlagsgruppe Springer Science+Business Media
www.springer-vs.de

Danksagung

„Für meinen Sohn Len, der mir täglich zeigt, was Kreativität ist."

Bedanken möchte ich mich zunächst bei meinen beiden Betreuern Prof. Dr. Olaf-Axel Burow und Prof. Dr. Wolfgang Jonas, die mir jederzeit mit Hinweisen und Tipps für die Dissertation hilfreich und motivierend zur Seite standen. Wegleitend bei meiner Arbeit war Olaf-Axel Burows Theorie der Kreativen Felder, dessen Strahlkraft mich unverändert begeistert.

Entscheidend für die Qualität und Vielschichtigkeit der Arbeit waren auch die fachlichen Gespräche mit meinen Kollegen Christoph Plümpe und Christian Brinkmann, die sich immer wieder meine neuesten Ideen interessiert anhörten (wie mir schien). Durch viele Gespräche habe ich weitere spannende Hinweise und Anregungen erhalten. Insbesondere durch Tanja Jürgensen, Dr. Lars Gerhold, Prof. Dr. Robert Gücker, Lotte Neumann, Dr. Elmar Schwedhelm, Dr. Heinz Hinz, Prof. Götz Werner, Prof. Dr. Ernst Dieter Lantermann, Prof. Dr. Günter Faltin, Dr. Sebastian Lerch, Dr. Timo Nolle, Melanie Billich, Bettina Pauli, Claus Enders und Thomas Flemming. Herzlichen Dank dafür!

Daneben möchte ich Ursula Ziegler-Reinhardt und Hildburg Amir Sehhi meinen Dank für die Korrektur der Arbeit aussprechen. Eine wichtige Quelle für Innovationen ist zudem das Nebenbei-Gespräch. Hier kann ich vor allem die Kaffee-Unterhaltung im Garten mit „UlliManfred" Becker nennen. Hierbei ist die Idee mit den Piktogrammen als empirische Aufgabenstellung entstanden.

Dankeschön sage ich auch für die Unterstützung durch meine Familie. Meiner Mutter Christa Paul, die mich schon immer mit dem allerschönsten Nachdruck gefördert und ermutigt hat. Ebenso bedanke ich mich bei meinem Vater Wilfried Bornemann für seine Unterstützung. Außerdem möchte ich den wichtigen Gedankenaustausch mit Rüdiger Paul für das Entstehen der Arbeit im besonderen Maße wertschätzen. Schließlich sage ich ein ganz großes Dankeschön meiner Frau Jasmin Amir Sehhi, für ihre beharrliche und motivierende Zuversicht – bei der Dissertation und im Leben.

Inhaltsverzeichnis

1 ÜBER TEAMKREATIVITÄT UND KREATIVE FELDER 9
2 WISSENSCHAFTLICHE KREATIVITÄTSFORSCHUNG 14
   2.1 VOM GENIE ZUM TEAM-FLOW 14
      2.1.1 ars inveniendi – die Erfindungslehre *14*
      2.1.2 Geniologie *15*
      2.1.3 Kreativität als Problem der Forschung *17*
      2.1.4 Glory Days of Creativity *24*
   2.2 VIER PERSPEKTIVEN AUF EIN PHÄNOMEN 29
      2.2.1 Mensch und Kognition –
      der kognitionspsychologische Ansatz *31*
      2.2.2 Mensch und Umwelt – der sozialpsychologische Ansatz *40*
      2.2.3 Mensch und Domäne –
      der kulturanthropologische Ansatz *44*
      2.2.4 Mensch und Mensch – der interpersonale Ansatz *53*
   2.3 ZUSAMMENFASSUNG UND FRAGESTELLUNG 65

3 DIE INTERPERSONALE PERSPEKTIVE 69
   3.1 EIN TEAM IST MEHR ALS EINE GRUPPE 71
   3.2 KOOPERATION UND KOLLABORATION 77
      3.2.1 Netzwerke und kollaborative Cluster *79*
   3.3 DIE THEORIE DER KREATIVEN FELDER 85
      3.3.1 Die Schlüsselelemente Kreativer Felder *93*
      3.3.2 Gezielte Konstruktion Kreativer Felder *111*
   3.4 FAKTOR FÜHRUNG 113
      3.4.1 Der personalisierte Kristallisationskern
      als Team-Genie *117*
   3.5 DAS PROBLEM DER NONSUMMATIVITÄT 120
   3.6 ZUSAMMENFASSUNG UND FRAGESTELLUNGEN 125

4 BESTIMMUNG DER KREATIVEN-FELD-THEORIE 128
4.1 VORÜBERLEGUNGEN ZUM EMPIRISCHEN TEIL DER ARBEIT 128
    4.1.1 Nomothetisch, Idiographisch und Soziometrisch 128
    4.1.2 Vorgehensweise 130
    4.1.3 Variablenbeschreibung Kreatives Feld 133
4.2 TEILSTUDIE: SYSTEMISCHE ANALYSE
    DER KREATIVEN-FELD-THEORIE 134
    4.2.1 Empirisches Design Systemanalyse 135
    4.2.2 Systemanalyse 140
    4.2.3 Auswertung Systemanalyse 151
    4.2.4 Ergebnisse Systemanalyse 158
4.3 TEILSTUDIE NONSUMMATIVITÄT BEI KREATIVEN TEAMS 161
    4.3.1 Empirisches Design Nonsummativität 161
    4.3.2 Auswertung Nonsummativität 175
    4.3.3 Ergebnisse Nonsummativität 189
4.4 TEILSTUDIE KF-ANALYSE –
    FALLANALYSE CHARLES DARWIN 192
    4.4.1 Empirisches Design Fallanalyse 192
    4.4.2 Auswertung Fallanalyse 203
    4.4.3 Ergebnisse Fallanalyse 214
4.5 FAZIT DER TRIANGULATIVEN STUDIE 221

5 SCHLUSSFOLGERUNGEN UND AUSBLICK 224

ABBILDUNGSVERZEICHNIS 228

TABELLENVERZEICHNIS 229

LITERATURVERZEICHNIS 230

ANHANG 01 VARIABLENBESCHREIBUNG 243

ANHANG 01.1 KRITERIENMATRIX KREATIVES FELD 250

ANHÄNGE 02 - 04 253

ANHANG 05 MATERIALANALYSE DARWIN 254

ANHANG 06 STRUKTURBESTIMMUNG DARWIN 262

ANHANG 07 KF-CLUSTERANALYSE DARWIN 263

1 Über Teamkreativität und Kreative Felder

Die vorliegende Arbeit untersucht das Phänomen Kreativität und die Rahmenbedingungen ihres Entstehens. Der Betrachtungsschwerpunkt liegt hierbei auf den interpersonalen Potentialen bei der Entwicklung des Neuen. Bei der Studie wird die These verfolgt, dass kreative Gemeinschaften ein höheres Potential für die Entwicklung innovativer Lösungen besitzen, als einzelne Experten des jeweiligen Fachgebiets. Das übergreifende Forschungsziel dieser Arbeit ist daher die Untersuchung des Einflusses von Kooperation und Kollaboration auf kreative Prozesse.

Die steigende Bedeutung kreativer Kooperationen wird am Beispiel des europäischen Kernforschungszentrums CERN in der Schweiz deutlich. Bekannt ist das Zentrum vor allem für seine großen Teilchenbeschleuniger, bei denen atomare Teilchen fast auf Lichtgeschwindigkeit beschleunigt und zur Kollision gebracht werden. Mit über 3000 Mitarbeitern ist CERN das weltgrößte Forschungszentrum auf dem Gebiet der Teilchenphysik. Insgesamt arbeiten sogar mehr als 8000 Gastwissenschaftler aus 85 Nationen an den unterschiedlichen Experimenten. Das besonders Interessante am CERN ist neben den ungeheuren räumlichen, personellen und finanziellen Dimensionen vor allem die Frage, wie es einer so riesigen Anzahl exzellenter Wissenschaftler gelingt, miteinander zu arbeiten und dabei gemeinsam innovative Lösungen zu entwickeln. Nach Aussagen von Wissenschaftlern des CERN führe kein Weg an intensiver Kooperation und Kollaboration auf Augenhöhe vorbei, denn der hochkomplexe und fachspezifische Charakter der Fragen und Probleme die gelöst werden müssten, ließe überhaupt keine andere Strategie zu. Die Experimente am CERN besitzen in ihrer Struktur eine so hohe Komplexität, dass kein Einzelner das umfangreiche Wissen aufbringt, um die Lösungswege auch nur annähernd allein zu durchschauen oder gar steuern zu können. Das kann nur durch das möglichst hierarchiefreie Zusammenwirken der heterogenen Wissensstände vieler Forscher erreicht werden. Möglicherweise handelt es sich bei Kooperation also um eine effektive Strategie, mit der bei komplexen Fragestellungen neue und innovative Lösungen entwickelt werden können. Die Frage ist, nach welchen Prinzipien funktionieren solche kollaborativen Systeme? Am CERN gelingt das durch die Beteiligung möglichst vieler Personen an den Entscheidungs-, Steuerungs- und Visionssystemen. Durch Konferenzen, Meetings, Präsentationen und immer wieder durch intensive Dialoge werden die wissenschaftlichen Aktivitäten koordiniert. Die Kontrolle der Experimente erfolgt durch die organisatorische und entscheidungsrelevante Beteiligung aller Wissenschaftler. Darin scheint ein wichtiger Ansatz bei der Erforschung von Kreativität zu schlummern: Komplexe kollaborative Systeme organisieren sich durch partizipative und selbstreferenzielle Strukturen.

Wenn in sozialen Systemen wie Unternehmen, Forschungsgemeinschaften, Schulen, Abteilungen oder auch bei temporären Koalitionen, komplizierte und komplexe Entscheidungen anstehen, bei denen neue Wege beschritten und neue Denkrichtungen entwickelt werden müssen, dann wird der Faktor Kooperation zur entscheidenden Schlüsselressource. Um diesen Faktor effektiv nutzen zu können, benötigen wir Strategien und Verfahren, die Menschen mit unterschiedlichen Kompetenzen und unterschiedlichen Positionen dazu verhelfen, synergetisch an einer Lösung zu arbeiten. Glückt dies, dann entwickeln kooperierende Teams durch Kompetenzvielfalt und multiperspektivische Betrachtungsweisen, gemeinsam Lösungen, die kein Einzelner im Team allein hätte entwickeln können. Voraussetzung für diesen Erfolg ist das *Gelingen* von Kooperation. Denn wenn Teams es nicht schaffen, gemeinsame Arbeits-, Kommunikations- und Entscheidungsstrukturen zu entwickeln, dann behindern sich die Teammitglieder gegenseitig und das gemeinsame Ergebnis fällt mitunter sogar hinter das mögliche Ergebnis eines einzelnen Teammitglieds zurück. Es entsteht ein so genannter Ringelmann-Effekt. Das Ergebnis gelingender Kooperation zeigt sich dagegen im Idealfall durch die synergetische Mischung der Potentiale der Teammitglieder und stellt dadurch eine nonsummative Leistungssteigerung dar, die über die reine Addition der einzelnen Leistungspotentiale hinaus geht. Synergie ist damit ein Schlüsselelement für die Entwicklung des Neuen.

Kreativität wird in einer immer komplexer werdenden Wissensgesellschaft zu einer Überlebensstrategie. Menschen, die zu kooperativer Kreativität in der Lage sind, besitzen Schlüsselkompetenzen für die Gestaltung der gesellschaftlichen, ökonomischen und kulturellen Zukunft. Der Soziologe und Ökonom Richard Florida spricht sogar vom Entstehen einer creative class (vgl. Florida 2002). Wenn Kooperation zu einer synergetischen Kumulation von Ideen führen kann, dann besteht eine wichtige Rahmenbedingung für Kreativität im *WIE des Miteinanders*: Welche Kooperationsstrategien sind sinnvoll? Wie ist die richtige Passung der Personen eines kreativen Teams? Wie arbeiten diese kreativen Teams zusammen? Vor diesem Hintergrund ergibt sich die forschungsleitende Fragestellung dieser Studie: **Welche interpersonalen Faktoren begünstigen kreatives Arbeiten in sozialen Feldern?**

Definitorisch werden die Begriffe Kreativität und Innovation in der Regel differenziert betrachtet. Kreativität wird als die *Generierung* neuer Ideen und Innovation als die *Implementierung* neuer Ideen (vgl. Frey et.al. 2008, S.29)

1 Über Teamkreativität und Kreative Felder

verstanden. Durch Mihaly Csikszentmihalyis Systemmodell der Kreativität wird allerdings deutlich, dass sowohl die Generierung als auch die Implementierung der Idee in relevante soziale Felder, einen einander bedingenden Komplex bilden (vgl. Csikszentmihalyi 1996, siehe auch: Kap. 2.2.3. Mensch und Domäne). Schlüsselbegriffe dieses Komplexes von Ideengenerierung und Ideenetablierung sind u.a. Begabung, Originalität, Intuition, Inspiration, Motivation, Synergieprozess, Wissen über das Feld, Kommunikation und Überzeugung. Ein weiteres Begriffspaar muss, so eine These dieser Arbeit, zu den Attributen des Phänomens Kreativität subsummiert werden: Kooperation und Kollaboration.

Die Kreativitätsforschung versucht durch empirische Verfahren, Quellen der Kreativität zu bestimmen. Bei der genauen Eingrenzung des Gegenstandsbereichs und der Bestimmung spezifischer Maßeinheiten, mit denen man das Phänomen in einzelne überprüfbare Faktoren unterteilen könnte, hat die Forschung allerdings mit einem großen empirischen Problem zu kämpfen: Welche Maßeinheiten sind bei einem derart umfassenden, nahezu alle Bereiche des menschlichen Miteinanders und der gesellschaftlichen Entwicklung betreffenden Phänomens valide? Nach 160 Jahren wissenschaftlicher Kreativitätsforschung wird der Umstand immer deutlicher, dass es sich bei Kreativität um ein ganzheitliches Phänomen handelt, das sich offenbar nur sehr begrenzt mit Kennziffern messen lässt. Bei neueren Strategien der Kreativitätsforschung wird Kreativität nicht als ein individuell verankertes, sondern als ein typisch menschliches Phänomen begriffen. Kreativität ist also nicht ein Spezialfall der menschlichen Psyche, sondern der Regelfall. Daher kann es auch unter alltäglichen Bedingungen ganzheitlich analysiert werden (vgl. Amabile 1983). Gefragt sind hierfür Erhebungsmethoden, die Kreativität unter Einbezug individueller, sozialer und kultureller Umstände ganzheitlich betrachten. Insofern erfahren neben nomothetischen auch vermehrt idiographische Verfahren bei der Erforschung von Kreativität hohe Beachtung und erzielen u.a. durch Fallanalysen aufschlussreiche Erkenntniswerte.

Diese Strategie verfolgt auch der Kreativitätsforscher und Erziehungswissenschaftler Olaf-Axel Burow von der Universität Kassel. Er formulierte mit der Theorie der Kreativen Felder eine umfassende theoretische Basis für das Bilden, Entwickeln und Wirken von Kreativität in Teams (vgl. Burow 1999). Ein Ziel der vorliegenden Studie ist die nähere empirische Bestimmung der Kreativen-Feld-Theorie. Bei empirischen Untersuchungen von Kreativität reicht es aufgrund der Komplexität des Gegenstandsbereiches oft nicht aus, das Phänomen methodisch singulär zu betrachten. Eine aussichtsreiche Strategie liegt dagegen in der parallelen Nutzung mehrerer empirischer Erhebungsinstrumente, die sich gegenseitig ergänzende Einsichten erlauben. Bei der vorliegenden Studie wird eine solche Strategie verfolgt und ein triangulatives Forschungsdesign mit drei unterschiedlichen empirischen Verfahren (Systemanalyse, Experiment und biographische Analyse) gewählt. Zunächst wird hierfür der Kenntnisstand bei der Erforschung sowohl individueller als auch kooperativer Kreativität gebührend dargestellt. Im Kapitel Kreativität wird die Geschichte der Kreativitätsforschung von Francis Galton im 19. Jahrhundert bis zur Gegenwart nachgezeichnet. Im Bereich der wissenschaftlichen Kreativitätsforschung haben sich unterschiedliche Forschungsstrategien herausgebildet. Es wird eine Unterteilung dieser Forschungsrichtungen in vier Perspektiven vorgeschlagen. Hiernach lässt sich der kognitionspsychologische, der sozialpsychologische, der kulturanthropologische sowie der interpersonale Ansatz differenzieren. Bei der vorliegenden Fragestellung erfährt das *Wie der Interaktion* und des synergetischen Miteinanders innerhalb kreativer Gemeinschaften einen zentralen Aufmerksamkeitsfokus. Der interpersonale Ansatz der Kreativitätsforschung beschäftigt sich zielgerichtet mit diesen Fragen und ist daher Gegenstand einer genauen Darstellung in dieser Arbeit.

Gegenstand der *empirischen Studie* ist die Beschreibung des triangulativen Forschungsdesigns und der drei unterschiedlichen Erhebungs- und Analysestrategien. Hierbei wird zunächst eine systemische Analyse der Theorie der Kreativen Felder vorgenommen, mit der die Funktionalität der einzelnen Schlüsselelemente und Variablen spezifischer bestimmt und ins Verhältnis gesetzt werden kann. Aus der Systemanalyse lassen sich bestimmte Interventionsmaßnahmen ableiten, die bei der Kooperation kreativer Teams spezifische Verhaltensänderungen zur Folge haben sollen. Diese systemisch bestimmten Interventionsmöglichkeiten werden im Anschluss für die Durchführung eines Experiments zur Feststellung nonsummativer Effekte bei kreativen Teams genutzt. Der Begriff Nonsummativität wird von der Gestalttheorie genutzt und beschreibt die These, dass das Ganze mehr ist als die Summe seiner Einzelteile. Ein kreatives Team könnte demnach gemeinsam eine höhere Leistungsfähigkeit aufbauen, als es die summative Nominalleistung der einzelnen Teammitglieder erwarten ließe. Einige Untersuchungen zur Effizienz kreativer Teams stellen jedoch vielmehr Effizienzverluste fest (u.a. Zysno 1998). Die Durchführung des Experiments mit einer Datenauswertung aufgrund quantitativer, ästhetischer und qualitativer Maßstäbe, soll dagegen Hinweise auf die Wirkung bestimmter Interventionsmaßnahmen und Hinweise auf die Möglichkeit nonsummativer Effekte bei kreativen Teams liefern.

Für die Arbeit kreativer Teams sind durch eine umgangreiche Forschungsliteratur spezifische Rahmenbedingungen differenziert beschrieben (vgl. Schuler/Görlich 2007). Es werden im Rahmen der vorliegenden Arbeit Aspekte wie die Bedeutung der gemeinsamen Vision, die Möglichkeiten eines zielgerichteten Workflows oder gruppenspezifische Hierarchien als kreativitätsfördernde Set-

1 Über Teamkreativität und Kreative Felder

tings herausgestellt. Im Kapitel zur *interpersonalen Perspektive* wird darüber hinaus die These aufgestellt, dass kreative Teams auch in anderen Konstellationen auftreten können, als dieses bisher im Bereich der Teamforschung vermutet wurde. Die neuere Netzwerkforschung (vgl. Kristakis 2010) beschreibt beispielsweise Gruppenphänomene, die zunächst wenig mit den Strukturen bekannter Kreativteams gemein haben. Dennoch scheinen bestimmte Kooperationsstrukturen, wie bspw. beim Online-Lexikon Wikipedia, in der Lage zu sein, kreative Gemeinschaftsprodukte hervorzubringen. Bei dieser Form kreativer Teams handelt es sich um eine Art *kollaborativer Cluster*, die ohne eine enge organisatorische Rahmung zu innovativen Leistungen fähig sind. Die Beschaffenheit dieser kollaborativen Cluster stellt offenbar eine besondere Form kreativer Teamleistung dar, die mit einer dritten empirischen Herangehensweise untersucht werden soll. Mit einer soziometrischen Fallanalyse am Beispiel des sozialen Feldes um Charles Darwin bei dessen Entwicklung der Evolutionstheorie, sollen mit dem hierfür entwickelten Verfahren der Kreativen-Feld-Analyse Hinweise ermittelt werden, die Wirkungen und Funktionen kollaborativer Cluster und der darin wirkenden zentralen Personen beleuchten sollen.

Die vorliegende Arbeit bietet zusammenfassend eine ausführliche Einführung in die Kreativitätsforschung und den Vorschlag einer kategorischen Einordnung spezifischer Forschungsrichtungen. Zudem wird die Theorie der Kreativen Felder durch eine Systemanalyse mit einem Variablensystem angereichert und durch ein Interventionsexperiment empirisch untermauert. Das Variablensystem stellt zudem die Basis für die Entwicklung eines Erhebungs- und Analyseinstruments dar, mit dem im Rahmen einer Fallanalyse die *Big Goals des kreativen Prozesses* qualitativ bestimmt werden.

2 Wissenschaftliche Kreativitätsforschung

Dieses Kapitel gibt zunächst einen geschichtlichen Rückblick der Forschungsbemühungen um das Phänomen Kreativität. Dabei finden sich auch einige aktuell erscheinende Erkenntnisse, die jedoch schon überraschend früh angedacht worden sind. Der Stand der Wissenschaft im Bereich der Kreativitätsforschung spiegelt auch die Frage wider, ob das Wesen der Kreativität durch die Betrachtung des Menschen und seiner kognitiven Fähigkeiten oder durch den Menschen und die Bedeutung seiner Umwelteinflüsse am klarsten zu ergründen sei. In dieser Einführung werden die beiden *klassischen* Perspektiven – *Mensch und Kognition* sowie *Mensch und Umwelt* aufgegriffen und dieser grundsätzlichen Dichotomie noch zwei weitere differenzierte Perspektiven untergeordnet. Hierbei wird die Umweltperspektive durch die Betrachtungsebenen *Mensch und Domäne* sowie die interpersonale Dimension *Mensch und Mensch* weitergehend beschrieben.

Im abschließenden Fazit der theoretischen Betrachtung des Phänomens, wird aus den dargestellten Perspektiven, Positionen und Modellen und der Kategorisierung der wissenschaftlichen Ansätze, eine abschließende forschungsleitende Positionierung und definitorische Eckpunkte getroffen, die die Grundlage der darauf folgenden empirischen Auseinandersetzung darstellen.

2.1 Vom Genie zum Team-Flow

2.1.1 ars inveniendi – die Erfindungslehre

Im antiken Griechenland deutete man Assoziationen als Gedanken, die durch die Umwelt bestimmt werden *und nicht durch Gott*. Das Phänomen der Assoziation hatte bereits **Platon** beobachtet. Er schrieb in „Phaidon", dass der bloße Anblick der Kleidung eines geliebten Menschen ähnliche Gefühle und Gedanken hervorrufen könne, die sonst nur der Geliebte selbst zu wecken vermag. Denken ist demnach eine Kette von Vorstellungen, die wiederum eine Art Überbleibsel der eigentlichen sinnlichen Wahrnehmung sind (vgl. Wertheimer 1945, S.9ff.). Platons Schüler **Aristoteles** versuchte daraus Gesetzmäßigkeiten zu formulieren. Er stellte Assoziationsgesetze auf, die die Philosophie entscheidend beeinflussen sollten und die für die spätere Psychologie von enormer Bedeutung waren. Aristoteles Ansinnen war es, die Welt der Assoziationen, also der geleitenden Gedanken bei der Wahrnehmung eines bestimmten Phänomens, regelhaft zu verstehen und erklären zu können. Dieses Ziel verfolgte man auch im Mittelalter mit dem Versuch, eine ars inveniendi, eine Erfindungslehre zu begründen. **Raimundus Lullus (1235-1316)** konstruierte in diesem Sinne eine Denkmaschine, die durch ein algebraisches Verfahren, *Kombinationen* und Neukombinationen zentraler Begriffe und Symbole ermöglichte und dadurch eine unendliche Menge neuer Einsichten gewinnen sollte. Mindestens drei konzentrische Kreise von abnehmender Größe legte er aufeinander und schnürte sie in der Mitte zusammen. Lullus wollte damit freilich keine gotteslästerische neue Wahrheit entdecken, denn Gottes Wahrheit bezweifelte er keineswegs, „mit seiner Kunst will er schließlich missionieren und stichhaltige Argumente für das Christentum aufzeigen" (Kneller 1998). Als Antagonismus zur Logik der Kombinatorik könnte man die Bestrebungen **René Descartes'** (1596-1650) beschreiben. Er bemühte sich mit der Aufstellung von Regeln des Erfindens zwar ebenso um die Realisierung einer ars inveniendi, seine Methodologie stützte sich dabei jedoch auf das Vermögen der Intuition, mit der der Mensch die Wahrheit zumindest einfacher Aussagen augenblicklich erfassen kann. Die Methode besteht im Wesentlichen darin, komplexe Probleme derart zu zerlegen, dass ihre einzelnen Elemente als wahr erkannt werden können. Die Vorgehensweise seines 'Discours de la Methode' folgt den Schritten: Evidenz, Analyse, Synthese und Aufzählung. Letztendlich war es **Gottfried Wilhelm Leibniz (1646-1716)**, der "ars inveniendi", als Verfahren zur Auffindung neuer Wahrheiten (innerhalb einer Wissenschaft) und "ars iudicandi", als ein Verfahren zur Entscheidung über die Wahrheit eines Satzes, nachhaltig prägte (Dissertatio de arte combinatoria, 1666). Wie Lullus unterstreicht auch Leibniz den kombinatorischen Aspekt des schöpferischen Denkens. Er suchte nach Regeln, mit denen es gelingen sollte, vernünftig zu denken. Diese Perspektive verwundert nicht, denn sowohl Descartes als auch Leibniz lebten in einer „von Erfindungen und Entdeckungen getragenen Gesellschaft" (Krohn 1987, S.9), in der die Empirie, wie sie Francis Bacon (1561-1626) forderte, zunehmend an Bedeutung gewann. Nicht das Individuum, sondern die Methodik und die Logik standen daher im Vordergrund ihres Interesses.

2.1.2 Geniologie

Mit der Aufklärung (17-18 Jh.) begann dann schließlich die Karriere des Begriffs „Genie". Terminologisch kann der Begriff „Genie" im Deutschen auf „ingenium", das natürliche, angeborene Talent, zurückgeführt werden. Der Geniebegriff der Aufklärung grenzte sich nun von Aristoteles und dem Verständnis der Ästhetik als einem Gottes Werk nachahmenden oder mimetischen Charakter ab und schwenkte vielmehr auf Platons Ästhetikbegriff um. Das Schöne hat bei Platon seinen wahren Grund im Reich der Ideen. Er schaut dabei auf die Qualität des Seienden selbst und richtet seinen Blick weg von Gott und hin zum Individuum. Diese Sicht wurde wiederum durch Leibniz und seine Lehre von den „möglichen Welten" entscheidend ergänzt. In diesem Verständnis erschafft das Genie mögliche Welten und wird zum Schöpfer und damit quasi zu einem Gott („poeta alter deus" - der Dichter als zweiter Gott). Mit der Aufklärung galt die künstlerische Schaffenskraft des Individuums als erstrebsames Ideal. Das „Genie" stand nun für den aus sich selbst heraus schaffenden Künstler, der die Natur nicht nur nachahmt, sondern vielmehr vollendet, was die Natur selbst noch nicht vollenden konnte. Dieser Geniekult hielt sich bis weit in das 20. Jh. und findet in der modernen Intelligenzforschung seine Fortsetzung.

Sir Francis Galton (1822–1911) beschäftigte sich Mitte des 19. Jahrhunderts mit der "schöpferischen Begabung" erstmals als wissenschaftliches Konstrukt. Seine Arbeit markiert damit den Anfang der wissenschaftlichen Intelligenz- und Kreativitätsforschung. Motiviert durch die Veröffentlichung von „The Origin of Species" (1859) seines Cousins Charles Darwin, publizierte er 1869 die erste empirische Studie der menschlichen Verhaltensgenetik: „Hereditary Genius" (Erbliches Genie). Eine erste Abhandlung seiner Arbeit erschien bereits 1865 in MacMillan's Magazine (Hereditary Talent and Character). Galton suchte mit seiner Studie den Beweis, dass die natürlichen Fähigkeiten des Menschen ähnlich vererbt werden können, wie seine biologischen Eigenschaften. Durch eine systematische Analyse von Stammbäumen verschiedener Gruppen „bedeutender" Personen wie Staatsmänner, Wissenschaftler, Dichter und Kirchenmänner, kam er in seiner Schlussfolgerung zu dem Ergebnis, dass Kreativität im Sinne von Talent genetisch bedingt sei. Er stellte jedoch ebenso fest, dass das Potenzial für hohe Intelligenz zwar eindeutig vererbt sei, man es aber nähren müsse, um es zur Entfaltung bringen zu können. Entsprechend betrachtet Galton Kreativität zwar als ein angeborenes Attribut, es bedürfe aber äußerlicher Faktoren, um den genetisch programmierten „Schalter" umlegen zu können.

Zur gleichen Zeit und zunächst unabhängig von Galton betrachtete der in Genf wirkende Botaniker **Alphonse de Candolle (1806–1893)** mit besonderem Interesse die Umweltfaktoren, die Kreativität *zum Blühen bringen*. In seinem Buch „Histoire des sciences et des savants depuis deux siècles" (1873) analysierte Candolle die Bedingungen, die dazu führen, dass sich herausragende Wissenschaftler entwickeln können. Als Botaniker und Genetiker stand freilich auch de Candolle unter dem Einfluss Darwins und war daher ebenso wie Galton überzeugt, dass es sich bei der *Geniologie* (Vgl. Ostwald 1911, S. XI) um ein erbliches Phänomen handeln müsse. Doch eindringlicher als Galton untersuchte de Candolle die Ursachen, die aufgrund der sozialen Stellung, des politischen Umfeldes, der Religion, der öffentlichen Meinung und der wissenschaftlichen Gesellschaften Kreativität beeinflussten. Seine Untersuchung der Umgebungsfaktoren kommt zu dem Schluss, dass Ursachen einmal aufgrund physischer Bedingungen zu finden seien, wie die Entfernung zu zivilisierten Ländern, klimatische Umstände und natürlich die Erblichkeit bestimmter geistiger Fähigkeiten. In letzten Punkt geht er mit Galton einher, dass es sich um mehr oder weniger erbliche Attribute handele, die für hervorragende Leistungen ursächlich zu nennen seien. Die anderen Ursachen seien dagegen historisch bedingt und daher durchaus beeinflussbar. Er stellte dabei insbesondere überlieferte Denktraditionen, gesellschaftliche Sicherheit und den Zugang zu Informationen (Einwanderung aufgeklärter Familien, Vereinigung von Ländern, freie Veröffentlichung von Gedanken) als förderliche Attribute schöpferischen Handelns heraus. Er identifiziert also mit den Umweltfaktoren (1) Zugang zur Bildung, (2) stabile gesellschaftliche Verhältnisse und (3) die Gewährleistung kommunikativer Infrastruktur, grundlegende kreativitätsförderliche situative Bedingungen. Neben diesen, heute fast selbstverständlichen Faktoren, sieht de Candolle einen weiteren förderlichen Umstand in einer (4) nicht autoritären Religion. Denn darin bestünde eine noch höhere Ursache von größter Wichtigkeit,

„daß jeder Mensch sicher ist, tun zu können, was er für gut hält, vorausgesetzt, daß er damit anderen nicht schadet" (Candolle 1911, S. 369).

Alphonse De Candolle, der Botaniker aus Genf, stellt die Freiheit des Denkens und Handelns als eine entscheidende strukturelle Bedingung für das menschliche Schöpfertum heraus. Mit seiner Arbeit legt de Candolle den Schwerpunkt seiner Beobachtungen nicht auf die individuellen Bedingungen kreativer Schöpfer, sondern auf die Umwelteinflüsse, die zum schöpferischen Handeln befähigen. Auch wenn er es unter dem alles beherrschenden Einfluss Darwins nicht mit klaren Worten benannte, *so beschreibt er doch als wahrscheinlich erster Forscher überhaupt Umweltbedingungen, durch die menschliche Kreativität entfacht werden kann.*

2.1.3 Kreativität als Problem der Forschung

Der deutsche Physiker und Philosoph **Hermann von Helmholtz (1821-1894)** konstruierte 1878 in einer Rede an der Friedrich-Wilhelms-Universität zu Berlin eine Art Ablaufmodell für die Entwicklung von Erkenntnissen und identifizierte dabei drei Stufen der Erkenntnis: Sättigung, Inkubation und Illumination (vgl. Helmholtz 1884). In seiner Abhandlung „Über den Ursprung der richtigen Deutung unserer Sinneseindrücke" schreibt er den drei Phasen der unbewussten Kognition eine besondere Bedeutung zu: „Bei der Bildung von Anschauungen spielen Induktionsschlüsse, gewonnen durch unbewusste Arbeit des Gedächtnisses, eine hervorragende Rolle." (Helmholtz 1894, S.196).

1910 erscheint mit *How we Think* eine der einflussreichsten Abhandlungen von **John Dewey (1859-1952)**, in dem er Betrachtungen über das logische Denken darstellt. Bei der Bewältigung von Problemen umfasst der Denkakt in Deweys Überlegungen bestimmte Phasen, die als Schritte einer Sequenz beschrieben werden können (vgl. Schreier 1986, S.91f.). Dewey entwickelte mit seinen Überlegungen als erster Forscher explizit ein schematisches Phasenmodell für den Problemlösungsprozess. Hierbei identifiziert er fünf Phasen: zunächst gilt es ein *Problem zu erkennen* und es *zu bestimmen* bzw. von anderen Problemen abzugrenzen. Dann bildet der Problemlöser nach Deweys Modell *mögliche Lösungen* oder Erklärungen, dabei „[...] ist es von großer Wichtigkeit, daß das Entstehen zahlreicher verschiedener Einfälle nach Möglichkeit gefördert wird." (Dewey 1910, zit. N. Schreier 1986, S.92). Bei diesem Prozess wird die Idee *rational durchgearbeitet* bzw. überprüft und nach möglichen Konsequenzen analysiert. Schließlich *akzeptiert man eine Lösung durch Proben oder Experimentieren.*

Ähnliche Phasenerlebnisse des kreativen Prozesses konnte auch der französische Mathematiker Henri Poincaré (1854-1912) herausarbeiten. Seine Arbeiten über das Auftreten von Instabilität beim Zusammentreffen von mindestens drei Teilchen eines Systems und die daraus resultierende Selbstregulation des Systems, kann als Grundlagenforschung für das Entstehen von Neuem verstanden werden. Quintessenz seiner Forschung ist, dass es keiner externen Intelligenz oder eines externen Designs bedürfe, sondern Systeme sich durch Selbstregulation eigenständig organisieren. Will man also eine zukünftige Gestalt des Systems berechnen, so muss man sich mit den Prinzipien der Selbstregulation bzw. den Gesetzen nichtlinearer Systeme auseinandersetzen. Allerdings sei der Begriff der selbstregulierenden Systeme ein wenig irreführend, wie v. Förster bemerkt, da Systeme in der Regel im ständigen Austausch mit ihrer Umwelt stehen und die Kräfte der Selbstregulation nur dann nötig werden, wenn eine Störung von außerhalb auftritt. Daher spricht v. Förster lieber vom Prinzip der „Ordnung durch Störung" (v. Förster 1993, S.229). Diese These hat durchaus große Relevanz für das Entstehen von Kreativität, wie wir später bei Max Wertheimer, einem der Begründer der Gestalttheorie, sehen werden. Menschen streben zu möglichst optimalen Ordnungsstrukturen, wird eine Ordnung zerstört, so setzt das System

2.1 Vom Genie zum Team-Flow

eine große Menge Energie ein, um eine neue und bessere Gestalt zu schaffen – für diesen Vorgang stellt schöpferisches Denken einen wichtigen Überlebensvorteil dar.

Poincaré gilt mit diesen Thesen auch als einer der Vorreiter der Chaostheorie. Der Begriff Chaos entstammt dem Griechischen und bedeutet im übertragenen Sinne „gestaltlose Urmasse". Chaos bezeichnet in diesem Sinne zwei unterschiedliche Konzepte, die nach einem gewissen Prozess zu einer gemeinsamen Vorstellung verschmelzen. Aus dem Erkennen-Wollen der Ursachen und aus den Bedingungen von Verschmelzungen zu etwas Neuem, entstammt die Motivation zu Poincarés Erfahrungsbericht über die Umstände seiner mathematischen Entdeckungen (vgl. Poincaré 1913). Er beschreibt seine Arbeit als Mathematiker auf der Suche nach Lösungen. Bei diesem Reflexionsbericht analysiert er, man könnte auch sagen, *entdeckt* er, die direkte Kausalität bewusster und unbewusster Arbeitsphasen und deren ursächliche Wirkung für kreative Einfälle. Ihm fiel auf, dass gerade einer Arbeitspause oft die entscheidende Idee zur Lösung des Problems folgt.

„Man könnte auch sagen, die bewusste Arbeit sei deshalb fruchtbar gewesen, weil sie unterbrochen wurde und weil die Ruhe dem Geiste neue Stärke und Frische gegeben hat. Aber es ist wahrscheinlicher, daß die Zeit der Ruhe durch unbewusste Arbeit ausgefüllt wurde und daß das Resultat dieser Arbeit sich dem Mathematiker später enthüllte [...]" (Poincaré 1914, S. 224)

Mit dieser Enthüllung, von der Poincaré spricht, ist die Inspiration gemeint. Die Bedingung unbewusster Arbeit sei eine vorhergehende Periode bewusster Arbeit, ohne die die unbewusste niemals fruchtbar wäre (ebd., S. 225). Doch die Inspiration an sich sei noch nicht das Ergebnis der kreativen Arbeit. Man müsse

„die Resultate dieser Inspiration ausarbeiten, aus ihnen die unmittelbaren Folgerungen ableiten, sie ordnen, die Beweise redigieren und vor allem sie prüfen" (ebd.).

Poincaré versucht mit seiner Analyse die Arbeit als Mathematiker prozesshaft zu beschreiben. Er konzentriert sich dabei auf den seelischen Zustand vor, während und nach der Generierung einer Idee (vgl. Ulmann 1973, S.219). Das Ergebnis seiner Prozessbeschreibung ist die noch heute grundlegende Phasenbeschreibung eines kreativen Prozesses. Sein reflexiver Bericht über das schöpferische Handeln, stellt Poincarés große Leistung für die Kreativitätsforschung dar. Aus dieser Beschreibung konnte **Graham Wallas (1858-1932)** 1926 den folgenden bedeutenden Prozessverlauf des kreativen Arbeitens formulieren:

I. Präparation (bewusste Arbeit: Vorbereitung, Auseinandersetzung mit dem Problem),
II. Inkubation (unbewusste Arbeit: Unterbrechung bewusster Arbeit, ablenken),
III. Illumination (unbewusste Arbeit: überraschender Einfall der Lösung),
IV. Verifikation (bewusste Arbeit: Überprüfung, Ableitungen, Erweiterungen).
(vgl. Preiser 1976, Tab. II;

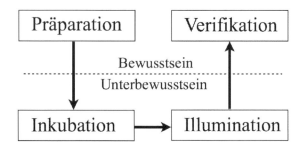

Abb. 1, Phasen-Modell nach Poincaré/Wallas (1912/1926)

Einige experimentelle Untersuchungen versuchten die Phasen Poincarés und Wallas empirisch zu überprüfen. Dabei konnten die verschiedenen Phasen zwar identifiziert werden, sie erschienen jedoch sehr eng miteinander verzahnt zu sein und vermittelten daher eher den Eindruck, dass es sich um einen dynamischen kontinuierlichen Prozess handele (vgl. Landau 1984, S.64). Eine solche schematische Einteilung des Kreativitätsprozesses in einzelne Phasen, ist in realen Situationen empirisch kaum zu überprüfen. Möglicherweise handelt es sich bei solchen Beschreibungen wie jene von Dewey, Poincaré und Wallas auch nur um subjektive Erlebnisabläufe, die bei jedem Menschen grundsätzlich verschiedenartig verlaufen können. Siegfried Preiser hält relativierend die Phaseneinteilung für „eine sinnvolle gedankliche Hilfskonstruktion" (Preiser 1976, S.48). Man kann festhalten, dass sich mit dieser Hilfskonstruktion das Phänomen der Kreativität für die wissenschaftliche Kreativitätsforschung konkreter beschreiben lässt und damit einen entscheidenden Schritt für das Ziel einer abstrakten Operationalisierung darstellt. Inwieweit der individuelle kreative Prozess sich aber an dieses Prozessschema hält, ist nach wie vor ungeklärt.

Ein weiterer wichtiger Vorläufer der wissenschaftlichen Kreativitätsforschung ist der gestaltpsychologische Ansatz von **Max Wertheimer (1880-1843)**, der 1945 posthum als das Konzept des *produktiven Denkens* veröffentlicht wird.

2.1 Vom Genie zum Team-Flow

Unter produktivem Denken versteht Wertheimer eine Reaktion auf einen Reiz, die noch nicht als mögliche Reaktion mental gespeichert ist. Produktives Denken erweitert durch ein neues Muster daher das Handlungspotential des Individuums. Diese Muster sind in Wertheimers Perspektive mentale Gestalterscheinungen, die durch einen Kreativitätsprozess bzw. durch *produktives Denken* zerstört und durch eine neue Gestalt ersetzt werden (vgl. Wertheimer 1945). Kreativität wird daher nicht als stabile Eigenschaft bestimmter Personen verstanden, sondern, so der Persönlichkeitspsychologe Ernst Dieter Lantermann, als menschliche Fähigkeit der emotionsgeleiteten Destruktion von Ordnungen (vgl. Lantermann 1993, S.79). Die Konzeption zum produktiven Denken entwickelte Wertheimer aufgrund mehrstündiger Gespräche mit seinem Freund Albert Einstein über die Gründe und förderlichen Bedingungen bei der Entwicklung seiner Relativitätstheorie. Als Ergebnis formulierte Wertheimer eine Tabelle von Eigenschaften, welche die Bedingungen für produktives Denken darstellen sollen (vgl. Wertheimer 1954, S.221). Allerdings sind die „dargestellten Bestandteile produktiver Denkvorgänge [...] für uns heute nur schwer nachvollziehbar" (Funke 2003, S.50), denn sie haben einen eher beschreibenden und wenig erklärenden Charakter. Hervorzuheben ist Wertheimers Beobachtung, „daß Lücken, verworrene Stellen, Störungen, Oberflächlichkeiten gesehen und strukturell behandelt werden" (Wertheimer 1945, S.221). Mit dieser menschlichen „Tendenz zur guten Gestalt" (ebd., S.225) ist der gestalttheoretische Grundgedanke bereits formuliert: Ordnungen aufzulösen, um neue zu definieren. Kreativität im Sinne der Gestalttheorie ist jede Handlung, durch die eine neue Idee geformt wird (vgl. Landau 1984, S.45).

> „Die Lösungsfindung durch Umstrukturierung, durch Bildung einer neuen, harmonischen Gestalt aus den gegebenen Elementen, wird von allen Gestaltpsychologen als wesentliches Kennzeichen des Problemlösungsprozesses bezeichnet [...]." (Preiser 1976, S.46).

Joy Paul Guilford (1897-1987) legte 1950 als Präsident der American Psychological Association in einem einschneidenden Vortrag über die vernachlässigte Ressource Kreativität, den Grundstein für die moderne Kreativitätsforschung. Er machte deutlich, dass Intelligenztests keine Antwort auf die Frage des Schöpferischen geben: „Wir müssen weit über die Grenzen des IQ hinausblicken, wenn wir den Bereich der Kreativität sondieren wollen" (Guilford 1950, S.32). Kreativität sei eine Theorie der ganzen Persönlichkeit einschließlich der Intelligenz.

Guilfords Vortrag initiierte eine Fülle psychologischer Forschungsarbeiten und beflügelte die wissenschaftliche Auseinandersetzung mit dem Phänomen der Kreativität – von vielen wird dieser Vortrag auch als der eigentliche Anfangspunkt der wissenschaftlichen Kreativitätsforschung gesehen. Das ist sicherlich übertrieben, da an dem Phänomen seit Mitte des 19. Jh. kontinuierlich u.a. durch Galton, de Candolle, Poincaré, Wallas und Wertheimer gearbeitet wurde. Allerdings wurde erst durch Guilford die Psychologie und ihre Messmethoden für das Phänomen sensibilisiert. In den Jahren nach 1950 stieg die Anzahl an Fachartikeln und Publikationen zu diesem Themenbereich stark an.

Guilford war zudem einer der ersten, der von Persönlichkeitsmerkmalen der kreativen Persönlichkeit sprach (vgl. Landau 1984, S.15). Die menschliche Fähigkeit kreative Leistungen hervorzubringen, hänge von den motivationalen und temperamentsmäßigen Eigenschaften ab, so Guilford. Temperamentseigenschaften beschreiben „die allgemeine emotionale Verfassung eines Menschen: z.B. seinen Optimismus, seine Gestimmtheit, sein Selbstvertrauen oder seine Nervosität" (Guilford 1950, S.26). Kreatives Verhalten zeige sich in Tätigkeiten wie Entdecken, Entwerfen, Erfinden, Ordnen und Planen. Menschen, die dieses in bemerkenswertem Grade aufwiesen, seien als kreativ anerkannt. Grundsätzlich besitzen alle Menschen, so Guilfords Überzeugung, die dafür notwendigen Fähigkeiten, in ausgeprägter oder weniger ausgeprägter Form:

„Was immer das Wesen des kreativen Talents sein mag, die als schöpferisch erkannten Menschen besitzen wahrscheinlich nur mehr von dem, was alle von uns haben." (ebd., S.30)

Guilford stellte vor allem die kognitiven Denkstile des *konvergenten* und *divergenten* Denkens gegenüber. Intelligenztests erfassen dabei vor allem die Fähigkeit des konvergenten Denkens. Bei konvergenten Denken wird vorhandenes Wissen auf den bekannten Wegen eingesetzt, um erfolgreiche Lösungen zu finden. Was ist aber, wenn das vorhandene Wissen zu keiner Lösung führt, wenn man also unbekannte Wege gehen muss? Dann muss divergent, also abweichend vom logischen Denken gedacht und dadurch originelle Lösungen gefunden werden. Dafür reiche Intelligenz nicht aus, so Guilford. Er ordnet dem *kreativen Menschen* dabei folgende Attribute zu:

1. er besitzt eine *Sensitivität* für Probleme,
2. hat in kurzer Zeit viele Ideen, verfügt also über eine *Ideenflüssigkeit* (fluency),
3. entwickelt neuartige Ideen und erkennt die *Originalität* dieser, und
4. besitzt eine geistige *Flexibilität*, Ordnungen zu wechseln, zu analysieren, zu synthetisieren und neu zu definieren (vgl. Guilford 1950, S. 38ff.).

Als Guilford 1950 seinen Vortrag hielt, konnte er die Attribute der Kreativität nur als Thesen vorstellen. Derweil versuchte er Kreativität operational zu definieren und Tests und Verfahren zu entwickeln, um die entsprechenden Fähigkeiten bzw. Eigenschaften zu ermitteln. Im Laufe der folgenden Jahre führte er durch Faktorenanalyse zahlreiche Untersuchungen durch und „konstruiert[e] jenes geniale dreidimensionale Modell für die *Struktur des Intellekts*" (Ulmann 1973, S.16). Das Modell bildet die Dimensionen der Denkoperationen, der Denkprodukte und der Denkinhalte ab. Mithilfe dieses Modells lassen sich die vier Operationen Kognizieren, Divergieren, Konvergieren und Identifizieren unterscheiden:

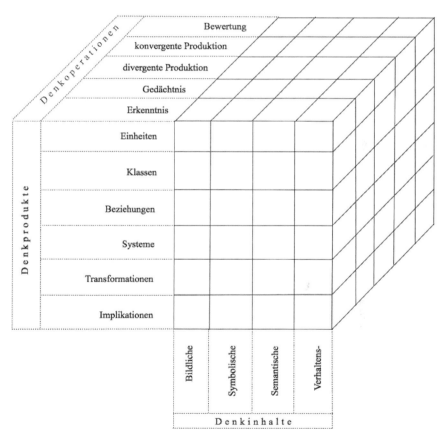

Abb. 2, Guilfords Modell „Structure of Intellect"

Mit diesem Modell stellt er sich radikal gegen jegliche Hierarchisierung der Denkoperationen und versteht Intelligenz vielmehr als eine Zusammensetzung verschiedener Zellen, die sich aus den Dimensionen ergeben. Aufgrund der starken Kritik und empirisch nachgewiesener Mängel, überarbeitete Guilford 1982 sein Modell der Intelligenz und räumte nun gewissen Hierarchievorstellungen Platz ein. Allerdings konnte auch das revidierte Modell nicht restlos überzeugen. Unabhängig von der kritischen Diskussion seines Modells gebührt Guilford ein unermesslicher Verdienst, durch seinen Vortrag in der Mitte des 20. Jahrhunderts auf die Bedeutung der Kreativitätsforschung aufmerksam gemacht zu haben. Zudem trug er durch die von ihm entwickelten Kreativitätstests zum Erkenntnisprozess der Kreativitätsforschung bei. Diese Testverfahren stellen einen wichtigen qualitativen Schritt zur empirischen Identifikation unterschiedlicher Kreativitätsmerkmale dar. Schließlich bleibt sein Begriff des *divergierenden Denkens* dem historischen Gedächtnis erhalten. Denn divergierendes Denken wird heute noch nahezu synonym mit kreativem Denken verwandt.

2.1.4 Glory Days of Creativity

Als am 4. Oktober 1957 um 0:50 Uhr Ortszeit die russische Raumsonde Sputnik den Erdball verließ und als erster künstlicher Satellit auf eine Erdumlaufbahn vorstieß, löste das im Westen einen wahren Schockzustand aus. Man hatte es nicht für möglich gehalten, dass die Sowjetunion einen solchen technologischen Vorsprung herausarbeiten konnte. Der Sputnik-Schock hatte nicht nur eine Reform des amerikanischen Bildungswesens und ein Programm zur Stärkung der Kooperation und zur Vernetzung der Kommunikation (ARPANET, die Vorstufe des heutigen Internets) zu Folge, sondern man fragte sich auch, warum der eine Mensch viele, der andere einige und die meisten Menschen keine Einfälle haben. Im Zuge dieser Neuausrichtung der Denk- und Forschungsrichtungen, erlebte auch die Kreativitätsforschung einen Schub an Forschungsmitteln und an gesellschaftlicher Beachtung.

Nach Guilford und dem Sputnikschock war der Siegeszug der wissenschaftlichen Kreativitätsforschung nicht mehr aufzuhalten – jetzt begann das was man die *Glory Days of Creativity* nennen könnte. Denn nun folgte ein wahrer Boom der Erforschung des Phänomens. Hatte Guilford noch die Zurückhaltung der psychologischen Forschung im Bereich der Kreativität bemängelt, so avancierte das Forschungsfeld nun zum Star der Forschungsszene. Das Problem, mit dem sich die Psychologie beschäftigen solle, sei jenes „der schöpferischen Persönlichkeit" (Guilford, 1950, S.26). Im Schatten von Guilford und in amerikanisch-pragmatischer Form entwickelte **Mel Rhodes (1961)** das Konzept der

2.1 Vom Genie zum Team-Flow

sogenannten vier P's. Danach lässt sich das Phänomen Kreativität durch die Bereiche *Product, Process, Person und Press* (Umfeld) beobachten.

Abb. 3, Vier P's der Kreativität nach Rhodes

Rhodes macht sich mit seinem Modell keine Gedanken darüber wie Kreativität entstehen kann und auch nicht welche psychologischen oder sozialen Bedingungen dazu beitragen, er möchte Kreativität lediglich mit seinen vier Erscheinungsformen beobachtbar und beschreibbar machen. Rhodes 4P-Konzept ist heute noch eines der meist zitierten Kreativitätsmodelle. Diese vier Ebenen stehen im Fokus wissenschaftlicher Betrachtung: Die Person und ihre intellektuellen Fähigkeiten, der Prozessverlauf der Kreativität, die Beschreibung kreativer Produkte und eben die Einflussbedingungen der sozialen Umwelt. Noch heute beziehen sich nahezu alle Differenzierungen innerhalb der Kreativitätsforschung auf eine oder mehrere der von Rhodes entwickelten Darstellung der vier Beobachtungsebenen.

In den Jahren nach Guilford und dem Sputnik-Schock bestimmten die individuellen Bedingungen, die Art zu denken, die Unterschiede zum *normalen* Denken, die Diskussion innerhalb der Kreativitätsforschung. In diesem kognitiv bestimmten Sinne argumentierte auch **John E. Drevdahl (1956)**:

„Kreativität ist die Fähigkeit eines Menschen Denkergebnisse beliebiger Art hervorzubringen, die im wesentlichen neu sind und demjenigen, der sie hervorgebracht hat, vorher unbekannt waren." (Drevdahl 1956, zit. n. Ulmann 1968, S.68).

Das Attribut ‚Neu' interpretiert Drevdahl ganz auf die Sicht des Individuums beschränkt – ‚neu' ist also ganz unabhängig davon, ob dieses Neue jemand anderes vorher bereits entwickelt hatte. Kreativ ist also *die Fähigkeit etwas zu entwickeln, welches dem Entwickler neu ist.* Dem begrifflichen Gehalt von Kreativität nähert sich **Donald W. MacKinnon (1962)**, indem er die Absicht und das Ziel von Kreativität betont. Kreativität ist bei MacKinnon ähnlich wie bei Drevdahl eine Antwort oder Idee, die *neu* ist, oder im statistischen Sinne selten. Sie muss dazu dienen, einen Zustand *zu verbessern* oder ein vorhandenes *Ziel zu vollenden.* Er rückt damit das qualitative Gehalt der Erfindung stärker in den Mittelpunkt. **Jacob W. Getzel** und **Philip W. Jackson (1962)** differenzieren in ihrem Entwurf schließlich zwischen Kreativität, Intelligenz, Moralität und psychischer Ausgeglichenheit. Guilford hatte schon betont, dass kreatives Denken weit über das des intelligenten hinausginge. Getzel und Jackson streben nun insbesondere eine definitorische Unterscheidung zwischen intelligenten und kreativen Problemlösungen an. Als intelligent bezeichnen sie eine Lösung, die innerhalb eines gesetzten Bezugsrahmens bleibt, während eine Lösung, die den gesetzten Rahmen verlässt, als kreativ gilt.

Philip W. Jackson und **Samuel Messick (1964)** entwickelten die bis dato „einzige logisch aufgebaute Definition des kreativen Produktes" (Ulmann 1973, S.93) und beziehen diese auf die entsprechenden persönlichkeitsspezifischen Charakteristika. Kreativität besitzt für Jackson und Messick die Eigenschaften der Ungewöhnlichkeit, der Angemessenheit, der Transformation und der Verdichtung (vgl. Jackson/Messick 1964, S. 95ff.). Um das Kriterium der *Ungewöhnlichkeit* anzuwenden, bedarf es zum einem des Vergleichs bestehender Produkte der gleichen Klasse und zum anderen die Anwendung von Normen zum Vergleichen. Die Kategorie der *Angemessenheit* dient als Hilfsmittel, um „absurde" Produkte aus der Liste der ungewöhnlichen Produkte auszusondern. Die Qualität der Angemessenheit ruft beim Betrachter eine Reaktion der Befriedigung hervor. Genügt ein Produkt oder eine Idee dem Kriterium der *Transformation*, dann stimuliert es den Betrachter, es ruft Überraschung hervor. Das Ungewöhnliche heischt Aufmerksamkeit und kann sowohl schockieren als auch verwundern. Die Begegnung mit einer Transformation verlangt, dass der Betrachter seine Welt revidiert, dass er sich intellektuell in eine neue Richtung bewegt. Das vierte Kriterium ist jenes der Verdichtung. Jackson und Messick meinen damit die nachhaltige Aktualität und Attraktivität eines Produktes. Im Gegensatz zu *chaotischer Komplexität* konzentriert sich die verdichtete Idee auf eine wesentliche Bedeutung. „In der höchsten Form kreativer Verdichtung sind die polaren Begriffe von Einfachheit und Komplexität vereinigt." (Jackson/Messick 1964, S.102). Jackson und Messick nehmen also auch den Rezipienten bzw. die Wirkung des Neuen in ihre Betrachtung mit auf.

2.1 Vom Genie zum Team-Flow

Prädisponierende kognitive Stile	Persönliche Qualitäten	Eigenschaften	Beurteilungsstandards	Ästhetische Reaktionen
Toleranz von Nichtübereinstimmung und Widerspruch	Originell	Ungewöhnlichkeit	Normen	Überraschung
Analytisch und intuitiv	Sensitiv	Angemessenheit	Kontext	Befriedigung
Aufgeschlossen	Flexibel	Transformation	Zwänge, Beschränkungen	Stimulation, Anregung
Reflektierend und spontan	Poetisch	Verdichtung	Summierungspotenz	Genießen, Auskosten

Tab. 1, Modell nach Jackson & Messick

Für einen „großen Wurf" bedürfe es den Willen der Forscher auf Vereinigung ihrer unterschiedlichen Vorstellungen und es müssten empirische Studien angelegt werden, die den theoretischen Bemühungen Gewicht verleihen würden. Der vorliegende Entwurf, sei lediglich „eine unvollständige Skizze, die weiter ausgearbeitet werden muß, wenn ihr potentieller Beitrag realisiert werden soll." (Jackson/Messick 1964, S.109). Bei Getzel/Jackson stellt die Qualität der Idee den Kern der Definitionen da. **E. Paul Torrance (1968)** integriert dagegen die Quantität der Ideenproduktion in Anlehnung an Guilford in seinen Definitionsansatz ein. Die *Flüssigkeit* der Ideen (Produktion einer großen Anzahl von Ideen) und die *Flexibilität* der Ideen (die Verschiedenartigkeit der Ideen) beschreiben diese eher quantitative Seite der Kreativität. Die *Originalität* und die *Elaboration* (Sorgfalt bei der Ausarbeitung der Ideen) umfassen die eher qualitativen Aspekte von Torrance' Begriff der *kreativen Denkfähigkeiten*. Er begreift Kreativität als einen Prozess der Formgebung von Ideen, des Testens dieser Ideen und schließlich der Kommunikation der Resultate. (vgl. Landau 1984, S.18).

> „Ich werde also den Begriff ‚kreative Denkfähigkeiten' verwenden in bezug auf eine allgemeine Konstellation geistiger Fähigkeiten, die viele Wissenschaftler der Gegenwart als ‚divergentes Denken', ‚produktives Denken' oder Fähigkeiten zum ‚Problemlösen' zu bezeichnen vorziehen [...]." (Torrance 1968, S.126).

Bei **Dietrich** und **Walter (1970)** bezeichnet Kreativität die Fähigkeit, unter „*Überschreitung früher gemachter Erfahrungen* eigenständig etwas Neues zu schaffen, was es vorher noch nicht gab" (Dietrich/Walter 1970, S.161). Sie folgen inhaltlich im Wesentlichen der Definition Drevdahls, bei dem es keine Rolle spielt, ob das erstmalig geschaffene nur für das Individuum selbst oder darüber hinaus für alle Menschen neu ist. Bei diesem Entwurf ist kritisch zu bedenken, dass die Möglichkeiten kreativ zu werden, sich bei diesem Verständnis proportional mit dem Nichtwissen über die Dinge erhöhen. Kreativität wird hier kategorisch vom Individuum und nicht vom Produkt oder vom Prozess her gedacht. Schöpferisch Denken bedeutet in dieser Perspektive, aus sich selbst schöpfen. Jedoch hat das Nichtwissen natürlich Grenzen, so macht **Robert Sternberg** deutlich: „it is impossible to have novel ideas about something if one knows: nothing about it" (Sternberg 1988, S.137). Der Umstand des Nicht-Wissens als optimaler Zustand für die Entwicklung von Neuem, zeigt die Monokausalität eines Ansatzes, dessen Betrachtungsfokus sich ausschließlich auf das Individuum beschränkt.

Die Art und Weise wie Kreative denken, interessiert auch **Edvard de Bono (1957)**. Er nutzt Guilfords divergent thinging und entwickelt hieraus das lateral thinking oder Querdenken. Vertikales Denken befasse sich mit der Nutzung von Ideen, laterales Denken dagegen „mit dem Produzieren neuer Ideen" (Bono 1969, S.321). De Bono meint damit die Unterscheidung zwischen logischem und intuitiv-kreativem Denken. Beim logischen Denken baue man Informationen aufeinander auf, beim lateralen Denken könne man springen und eine Lücke ausfüllen (ebd., S.325). Laterales Denken ist also nicht die Suche nach dem Richtigen, sondern nach dem Anderen. Lateration könnte daher als die Bewegung zu abseits liegenden Alternativen bezeichnet werden.

„Das laterale Denken baut auf dem Prinzip auf, daß jede bestimmte Art der Anschauung von Dingen nur eine von vielen möglichen Arten ist." (Bono 1971, S.65)

Edvard de Bono verwendet den Begriff laterales Denken, weil ihm der Begriff "Kreativität" zu vage war (de Bono 1986, S.6). Damit betrachtet er das Entstehen von Kreativität in Tradition der kognitiven Psychologie als personale Kompetenz. Er betrachtet laterales Denken als eine Art Technik, die im behavioristischen Sinne erlernbar ist.

Der Zweck des Denkens sei es, „Informationen zu sammeln und den bestmöglichen Gebrauch davon zu machen." (Bono 1971, S.15). Es geht im Grunde um Sammeln und Nutzen, beides betrachtet de Bono als unterschiedliche Vorgänge, die man auseinanderhalten sollte. Bei der üblichen Suche nach Alternativen ziehe man nur vernünftige Lösungen in Betracht. Bei der lateralen Suche dagegen, brauchen die Alternativen nicht vernünftig zu sein. Damit dieses gelingen kann, darf man nicht geradlinig denken, sondern muss immer nach der ungewöhnlichen Lösung Ausschau halten. Der laterale Prozess benutze absichtlich die Unrichtigkeit, „um eine Neuordnung der Informationen auszulösen." (Bono 1971, S.111). Dafür muss die Entscheidung für oder gegen etwas erst einmal aufgeschoben werden – das ist ein entscheidender Schritt beim lateralen Denken. Beide Arten zu Denken, lateral und vertikal, ergänzen sich in de Bonos Verständnis:

> „Das vertikale Denken konzentriert sich auf die Prüfung und Entwicklung von Begriffsmustern. Das laterale Denken beschäftigt sich mit der Umstrukturierung solcher Muster (Intuition) und mit der Anregung neuer (Kreativität). (ebd., S.16)

Die Gefahr beim lateralen Denken liegt darin, dass die Suche nach Alternativen eine chronische Unzufriedenheit mit den bereits vorhandenen Ideen erzeugen könnte. Daher muss sich bewusst gemacht werden, dass neue Ideen als Option in den Kanon der bereits vorhandenen Ideen einfließen. Hierfür muss zunächst der Vorgang der Erzeugung der Idee von jenem der Beurteilung der Idee getrennt werden. Insofern ist laterales Denken ein Prozess mit ungewissem Ausgang und erfordert daher die Fähigkeit bzw. den Mut zum Umgang mit Unsicherheit in komplexen Situationen. Bei der Entwicklung von Neuem sind beide Arten des kreativen Denkens und kreativen Arbeitens nötig, denn laterales Denken ist durch Diskontinuität gekennzeichnet - und wer ständig die Richtung wechsele, so gibt de Bono zu Bedenken, komme nirgends an. Deswegen sind Phasen der Innovation durch laterales Denken und Phasen der logischen Weiterentwicklung durch vertikales Denken nötig. "In der Praxis verbringt man etwa 5 Prozent der Zeit mit lateralem Denken und 95 Prozent der Zeit mit vertikalem Denken" (de Bono 1986, S.18). Aufgrund der einprägsamen und klaren Definition des lateralen Denkens, wird de Bonos Konzept heute noch als die Vorstellung vom *Querdenken* ganz eng mit dem Phänomen der Kreativität in Verbindung gebracht.

2.2 Vier Perspektiven auf ein Phänomen

In den Jahren seit Guilfords Rede sind eine ganze Reihe von Ansätzen und Definitionen entwickelt worden, um das Phänomen Kreativität zu fassen und zu verstehen. In ihrer grundsätzlichen Perspektive haben diese Ansätze entweder den Menschen und seine kognitiven Fähigkeiten im Fokus oder aber den Menschen in Beziehung zu seiner Umwelt. Bei der aktuellen Forschung werden zudem die kulturverändernde Perspektive und der Fokus auf das kreative Team als zusätzliche Analysefaktoren in den Blickpunkt genommen. Insofern lassen sich in der wissenschaftlichen Kreativitätsforschung mittlerweile vier unterschiedliche Perspektiven ausmachen. Bei diesen vier Ansätzen handelt es sich genau betrachtet nicht um „Ansätze", sondern es steht vielmehr jeweils ein unterschiedlicher Betrachtungsblickwinkel der Aufmerksamkeit im Vordergrund. Deshalb haben auch alle vier Betrachtungsperspektiven die gleiche Relevanz für das Erkenntnisinteresse, aber sehr unterschiedliche Konsequenzen für den Gegenstandsbereich.

Beim kognitionspsychologischen Ansatz steht das Individuum und seine kognitiven Fähigkeiten bzw. seine schöpferische Persönlichkeit ganz im Sinne der Forderung Guilfords im Mittelpunkt des Forschungsinteresses. Die Sozialpsychologen suchen die Ursachen der Entwicklung kreativer Ideen in der Beziehung zwischen Individuum und seiner beeinflussenden Umwelt. Beim kulturanthropologischen Ansatz wird Kreativität erst dann als solche definiert, wenn die Produkte eine kulturevolutionäre Wirkung besitzen. Sie betrachten dabei welche Institutionen für die Umsetzung der Idee verantwortlich sind und in der Forschungsarbeit berücksichtigt werden müssen. In der Bedeutung der Beziehung zwischen kooperierenden Individuen sehen die Forscher des interpersonalen Ansatzes den Schlüssel zur Erkenntnis des Phänomens Kreativität.

Forschungsperspektiven Kreativität	Fokus
Kognitionspsychologischer Ansatz	Generierung von Ideen durch Kognitionen
Sozialpsychologischer Ansatz	Einflussfaktoren der Umwelt
Kulturanthropologischer Ansatz	Kulturelle Evolution
Interpersonaler Ansatz	Team-Kreativität

Tab. 2, Perspektiven der Kreativitätsforschung

2.2 Vier Perspektiven auf ein Phänomen

2.2.1 Mensch und Kognition – der kognitionspsychologische Ansatz

„Kreativität ist eine Sache des Gehirns, also muss man zunächst einen Blick auf die Informationsverarbeitung im Gehirn werfen."
Ernst Pöppel, Hirnforscher

Kognitive Psychologen und Neurologen tun sich schwer Kreativität in Beziehung zu bestimmten Umweltfaktoren zu betrachten, denn sie schauen auf das Gehirn, bzw. mit computergestützten bildgebenden Verfahren sogar in das Gehirn hinein und definieren Kreativität entsprechend mit biologischen Funktionen und aufgrund der neuronalen Informationsverarbeitung.

Der deutsche Physiologe **Wilhelm Wundt (1832-1920)** gilt als einer der Begründer der Psychologie als eigenständige Wissenschaft. Wundt formulierte bei seiner „Untersuchung der Principien der Erkenntnis und der Methoden Wissenschaftlicher Forschung" den Begriff der *schöpferischen Synthese* (vgl. Wundt 1883). Er selbst entwickelte die Methode der „Introspektion", mit deren Hilfe er innerliche Vorgänge zu erkennen versuchte. Eine Art Achtsamkeit auf die eigenen kognitiven Vorgänge. Wundt saß mit seinen Mitarbeitern im Halbdunkeln auf bequemen Sesseln und sie versuchten in-sich-hinein-zu-schauen. Sie analysierten also durch Selbstbeobachtung und Analyse des eigenen Erlebens und Verhaltens die Vorgänge ihres Gehirns. Das Ziel von Introspektion ist das Verständnis kognitiver Prozesse. Ein erster, etwas skurriler Versuch, die verborgenen Vorgänge im Gehirn transparent zu machen und wenn man so will, die Geburtsstunde der psychologischen Hirnforschung.

Auch Edvard de Bono bemühte für seine Überlegungen zum lateralen und vertikalen Denken schon früh die Funktionsweise des Gehirns. Er beschreibt das Gehirn als biologisches System ohne festgelegten Bezugsrahmen, das anpassungsfähig ist und selbstregulierend arbeitet.

„Demzufolge ist Kreativität nicht eine fremde und magische Fähigkeit, sondern ein Mangel im Funktionieren des Systems – ein vorübergehender Abfall an Effektivität." (Bono 1969, S.323).

Die Argumentationsbasis der modernen Hirnforscher ist die determinierte Funktionsweise menschlicher Informationsverarbeitung im Gehirn. Auch Kreativität wird dabei als eine Sache des Gehirns betrachtet und unterliegt in seinen Ausformungen ebenfalls den Gesetzen der Informationsverarbeitung. Neuronale Netzwerke bilden dabei die Informationsstruktur von Nervenzellen und Gehirn. Das Kommunikationsprinzip folgt den Gesetzen von Divergenz und Konvergenz: Jedes Neuron wird von etwa 10.000 anderen Nervenzellen beeinflusst und beeinflusst selbst ebenso viele. Die Übertragung von Informationen erfolgt mit Hilfe elektro-chemischer Übertragung an den so genannten synaptischen Spalten. Ein elektrischer Impuls löst dort spezielle Botenstoffe aus, die die Information von einer Synapse zur nächsten übermitteln. Der postsynaptische Rezeptor empfängt die Botenstoffe und löst einen weiteren elektrischen Impuls aus, der durch das Neuron bis zum nächsten synaptischen Spalt weitergeleitet wird. Auf diese Weise wird die Information von den Sinneszellen zu den spezifischen Hirnregionen transportiert. Man spricht bei den elektrischen Impulsen von Aktionspotentialen, die immer dann ausgelöst werden, wenn eine bestimmte Reizschwelle überschritten ist. Aktionspotentiale unterscheiden sich in ihrer Erscheinung nicht voneinander, sie sind immer gleich – egal welcher Reiz nun auftritt. Bei der Informationsübermittlung von den Sinnen zum Gehirn werden also zunächst keine Differenzierungen getroffen, ob man nun einen Geruch wahrnimmt, Musik hört oder ob man sich eine Verletzung zuzieht, alles hat gleichermaßen das Auslösen von Aktionspotentialen zur Folge. Streng genommen, geht beim Rezeptionsprozess die ursächliche Reizquelle an den Sinneszellen verloren. Die Reize werden in gleichförmige Impulse umgewandelt und durch elektro-chemische Übertragung zum Gehirn weitergeleitet und dort von unterschiedlichen Funktionsstellen durch den Abgleich mit bereits gespeicherten Informationen interpretiert. Wahrnehmen ist daher ohne ein gleichzeitiges Erinnern und emotionales Bewerten nicht möglich. Informationen werden zum Gehirn weitergeleitet und dort mit den vorhandenen Informationen zu neuen Informationen verarbeitet – das ist im Grunde ein kreativer Prozess. Neuronen haben dabei unterschiedliche Funktionen:

- sensorische, wenn sie mit dem Entstehen von Wahrnehmungen befasst sind,
- motorische, wenn sie an der Steuerung de Bewegungsapparates beteiligt sind,
- kognitive, wenn es um Denken, Vorstellen und Erinnern geht,
- limbische, wenn sie am Entstehen und an der Kontrolle von Affekten und Gefühlen beteiligt sind und
- exekutive, wenn sie mit der Planung und Vorbereitung von Handlungen zu tun haben.

Das limbische System des menschlichen Gehirns ist für die Forscher des kognitiven Ansatzes der Kreativitätsforschung von besonderem Interesse, denn das Gehirn arbeitet vorwiegend unbewusst. Menschen nehmen deren Aktivität nur indirekt als Affekte, Gefühle, Wünsche und auch als *Ideen* wahr (vgl. Roth 2003, S.28 f.).

2.2 Vier Perspektiven auf ein Phänomen

„Betrachten wir die Fähigkeiten, in denen der Mensch alle anderen Tiere übertrumpft, dann handelt es sich ausschließlich um solche, die mit der Fähigkeit des Stirnhirns zu tun haben, genauer: des präfrontalen und orbitofrontalen Cortex." (Roth 2003, S.62)

Der präfrontale Cortex hat mit dem Erfassen der handlungsrelevanten Sachlage, mit zeitlich-räumlicher Strukturierung von Wahrnehmungsinhalten zu tun, mit planvollen und kontextgerechten Handeln und Sprechen und mit der Entwicklung von Zielvorstellungen. Der orbitofrontale Cortex überprüft die längerfristigen Folgen unseres Handelns und lenkt entsprechend dessen Einpassung in soziale Erwartungen. Eine entscheidende Rolle spielt dabei das so genannte Arbeits- oder Kurzzeitgedächtnis. Seine Leistungsfähigkeit macht unsere Intelligenz aus. Intelligenz ist nach Ansicht des Biologen **Gerhard Roth** „das Ausmaß, in dem wir mit geistigen Inhalten ‚hantieren' können" (Roth 2003, S. 63). Das Arbeitsgedächtnis ist in der Lage, das gesamte Wissen, welches im Laufe eines Lebens konstruiert wird, mental zu repräsentieren und es in schneller Zeit möglichst zweckmäßig zu verarbeiten. Unterstützt wird es dabei vom Broca-Areal des Hirns, das für die grammatikalisch-syntaktische Sprache zuständig ist. Denken ist zwar auch nichtsprachig möglich, aber für Roth besteht kein Zweifel, dass sprachliches Denken, nicht-sprachlichem stark überlegen ist.

Gerald Hüther, ebenfalls einer der führenden Hirnforscher in Deutschland, sieht das anders. Der Göttinger Neurobiologe verwendet bei seinen Forschungen über mentale Beweggründe von Denken und Handeln den Begriff der „inneren Bilder". Gemeint ist damit all das „was sich hinter dem äußeren, sichtbaren und messbaren lebendigen Phänomen verbirgt" (Hüther 2004, S.17). Das Phänomen der inneren Bilder sei zwar kaum quantifizierbar, doch lenke und steuere ein solcher kognitiver Vorgang die Reaktionen und Handlungen eines Lebewesens. Durch eintreffende Sinneswahrnehmungen, die über elektro-chemische Übertragung an Hirnregionen weitergeleitet werden, entsteht dort gewissermaßen eine Unruhe. Diese Unruhe breitet sich auf tiefer liegende, subkortikale Zentren aus, die ihrerseits die höheren kortikalen Nervenzellen durch die eintreffenden Aktionspotentiale verändern können. Dadurch befinden sich die betreffenden Hirnregionen in Erregung. In diesem Zustand der *fokussierten Aufmerksamkeit* werden vorhandene Erregungsmuster mit dem neuen Erregungsmuster zu einer neuen Information oder zu einem neuen Muster zusammengeführt. Durch die Integration der Information mit dem vorhandenen Muster entsteht ein neues inneres Bild. Das alte ursprüngliche Muster geht dabei verloren. Je öfter dieses Erregungsmuster aktiviert wird, desto stabiler und gefestigter wird das aktivierte innere Bild. Kreative Prozesse können demnach nur dann in Gang gesetzt werden, wenn es gelingt die inneren Bilder bzw. die mentalen Muster in „Unruhe" zu bringen, so dass neue Ordnungen, neue Bilder entstehen können. Oft sind es gerade *Bilder*, die diese Macht besitzen. Denken wir nur an die Bilder der einstürzenden Zwillingstürme am 11. September in New York. Denkt man bspw. an die erste Liebe, dann erscheint ein Gesicht vor unserem geistigen Auge. Aber auch verbale Bilder verfügen über eine solche Macht. Diese erschütternden oder beglückenden Wahrnehmungsereignisse sind eng mit solchen Aktivierungsmustern verbunden, die für die Regulation körperlicher Funktionen zuständig sind. Bedeutende neuronale Muster bzw. innere Bilder sind im limbischen System des Gehirns gespeichert, also jener Teil des Hirns, der für die Entstehung von Gefühlen zuständig ist. Ein Bild ist insofern nicht nur eine Information, sondern immer auch ein Gefühl. Die auf diese Art gespeicherten Informationen sind komplex und nachhaltig stabilisiert, sie sind gewissermaßen strukturell verankert und gehen *nie wieder aus dem Sinn*.

Was bringen solche Erkenntnisse für die Erklärung des Vorgangs der Kreativität? Der Philosoph und Hirnforscher **Paul M. Churchland** von der University of California hat dafür eine einfache Antwort. Er betrachtet Wissenschaft als das Erkennen und Begreifen von Paradigmen und die Fähigkeit diese zu interpretieren. Obwohl aus dem Phänomen der Kreativität heraus bedeutende Entdeckungen und Entwicklungen entstünden, sei Kreativität genauso wie Intelligenz wahrscheinlich keine einheitliche Eigenschaft, kein eindimensionales Phänomen.

„Es ist die Fähigkeit, ein verwirrendes Phänomen als unerwarteten oder ungewöhnlichen Spezialfall eines Prototypen zu erkennen oder zu interpretieren, den man bereits in seinem Repertoire an Konzepten hat." (Churchland 2001, S.328)

Aus der Perspektive der kognitiven Psychologie erklärt sich Churchland das kreative Entwickeln von Ideen als das Vervollständigen unvollständiger Aktivitätsvektoren. Ein bestimmtes Phänomen ist in ähnlicher Weise bereits mental abgespeichert und wird nun durch eine Sinneswahrnehmung erneut aktiviert. Die Sinneswahrnehmung jedoch ist nur zu einem geringen Teil deckungsgleich mit der gespeicherten Information. Neuronale Netzwerke besitzen jedoch die Fähigkeit unvollständige Wahrnehmungen bzw. Aktivitätsvektoren zu vervollständigen. Diese Fähigkeit nennen Neurologen *Autoassoziation*. Umso stärker also das neuronale Netzwerk ausgebildet ist bzw. umso stärker die Gewichtung oder Beanspruchung der synaptischen Bahnen (rekurrente Aktivität) ist, desto größer ist die Chance, bekannte Muster zu entdecken und diese in andere Felder bzw. zu anderen inneren Bildern zu übertragen und damit zu verändern.

2.2 Vier Perspektiven auf ein Phänomen

Für Churchland ist daher die Voraussetzung für die Entwicklung einer Idee fundiertes und geschultes Wissen und anhaltende Beschäftigung mit dem bestimmten Phänomen. Erst dadurch entstehen rekurrente Vektoren, deren Lücken durch Autoassoziation gefüllt werden können. Insofern unterscheidet sich in dieser Betrachtungsweise kreatives Denken nicht prinzipiell von alltäglichem Denken. Wir alle haben Imaginationskraft, so Churchland, „denn wir sind fähig, unsere Wahrnehmung mental mit Hilfe unserer rekurrenten Bahnen zu modulieren." (Churchland 2001, S.329). Durch möglichst ausgedehnte neuronale Netzwerke (gespeicherte Informationen und deren mentale Verknüpfungen) sind wir in der Lage, Phänomene zu verstehen und neu zu interpretieren. Somit sei auch das Phänomen kreativer Menschen zu erklären. Konsequent weitergedacht würde das bedeuten, dass wir im Grunde keinen Einfluss auf den eigentlichen Moment der Innovation haben. Nach Churchland bleibt uns nichts anderes übrig, als sich immer weiter mit einem bestimmten Thema zu beschäftigen bis das neuronale Netzwerk komplex und stabil genug ist.

Detlef B. Linke glaubt zwar ebenso bei Kreativität handele es sich um „die Erzeugung neuer Zusammenhänge und Formen" (Linke 2001, S.129), er betont jedoch zudem die Möglichkeiten der bewussten Erzeugung einer kreativen Idee, denn Kreativität sei mehr als einfach nur Querdenken. Man benötige dazu einen starken *Ordnungswillen,* der wiederum Ausdruck eines besonders leistungsstarken Stirnhirns sei (vgl. Linke 2001, S.130f.).

„Ungewöhnliche Funktionsverteilungen im Scheitellappen des Gehirns können jedoch der Anlass zu neuartigen Aufgliederungen der Erfahrungswelt sein und liefern somit die Möglichkeit zur Kreativität." (ebd., S.156)

Linke verbindet das stringente Identifizieren spezifischer Hirnregionen für das Entstehen und Erklären von Kreativität und dem Vorgang des bewussten und aktiven Manipulierens eigener Denkmuster. *Kreativität ist für Linke in diesem Sinne eine Gratwanderung zwischen zuviel und zuwenig Assoziativität.*

Der Münchner Hirnforscher **Ernst Pöppel** pflichtet seinem Kollegen Linke in diesem Punkt bei. Das Gehirn sei in seiner Informationsbearbeitung überlastet, wenn Unerwartetes auftrete, denn es versuche sofort ein bekanntes Muster zu erkennen und zu aktivieren. Das mächtige Ökonomiegesetz des Wahrnehmens und Denkens sei daher der stärkste Feind der Kreativität (vgl. Pöppel 2006). Deswegen empfiehlt der Hirnforscher: „Wer kreativ sein will, muss sein Gehirn praktisch überlisten." (ebd., S.1). So etwas könnte durch de Bonos Konzept des lateralen Denkens und dem damit einhergehenden temporären Entscheidungsaufschub funktionieren – sich also einfach *bewusst* gegen eine frühzeitige Entscheidung zu stellen. Pöppel glaubt zwar, dass „kreatives Denken ohne einen Erinnerungsbezug oder ohne eine emotionale Bewertung nicht möglich ist" (Pöppel 2006, S.2), aber man könne aus dem vorgefassten Rahmen heraustreten: „Das Neue widerspricht dem bisherigen Rahmen; das wirklich Neue ist ein "Symmetriebruch" (ebd., S.4).

Der kognitionspsychologische Ansatz der Kreativitätsforschung ist jedoch nicht nur mit Forschern einer spezifischen neuro-psychologischen Perspektive belegt. Kognitive Betrachtungsweisen argumentieren zwar mit den Verarbeitungsweisen des Gehirns, das Forschungsinteresse kann aber weitergehend auf die Persönlichkeit und seine spezifischen Fähigkeiten und Kompetenzen gelegt werden. In diesem Bereich liegen auch die großen Erkenntnisfortschritte der Kreativitätsforschung. Kognitive Kreativitätsforscher schauen auf individuelle Persönlichkeitsmerkmale, die mit der Entwicklung des Neuen in Verbindung gebracht werden können.

Robert J. Sternberg, einer der Nachfolger Guilfords als Präsident der American Psychological Association, betont zunächst in seinem Modell den beidseitigen Einfluss (der Kognition sowie der sozialen Einflüsse) auf Kreativität, der jedoch in beiden Fällen von der kognitiven Verarbeitung abhänge: „It is through experience that the individual mediates the relation between the internal and external worlds" (Sternberg 1988, S.132). Wolle man demnach Kreativität verstehen, so müsse man die mentalen Prozesse verstehen, die dem Phänomen zugrunde lägen. Entsprechend konstruiert Sternberg ein „three-facet model of creativity" (ebd., S.125ff.). Sternbergs Modell besteht aus drei voneinander abhängigen Komponenten:

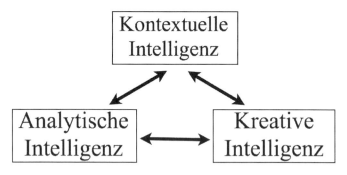

Abb. 4, Das triadische Modell von Sternberg

Die *kontextuelle Intelligenz oder praktische Intelligenz* ist die individuelle Fähigkeit sich mit dem Ziel des Überlebens und der Bedürfnisbefriedigung eine

2.2 Vier Perspektiven auf ein Phänomen

Umwelt auszuwählen, sich an sie anzupassen und falls möglich, sie zu verändern. Bei der *analytischen* oder auch *komponentenbezogenen Intelligenz*, handelt es sich um eine universelle Intelligenz, die psychometrisch erfassbare Aspekte des Wissenserwerbs (Integration neuer Erfahrungen, Vergleiche, Kombinationen) und Metakognitionen (Kontrollprozesse, Vorgehen, Schlussfolgerung) sowie Verarbeitungen (Kodierung, Zuordnung) als Aufgabenfeld integriert. Sie hat eine, der kontextuellen Intelligenz unterstützende Funktion. Beide Intelligenzen sind also überlebensnotwendig. Die *kreative Intelligenz (erfahrungsbezogene Intelligenz)* interagiert mit der analytischen Intelligenz und hat die Fähigkeit für einen Austausch zwischen neuen Anforderungen und bestehenden Erfahrungen zu sorgen. Erst durch die kreative Intelligenz können automatisierte Denk- und Handlungsabläufe verändert werden. Sie schafft also neue handlungsleitende innere Bilder.

Für **Erika Landau** ist „Kreativität die Ergänzung der Intelligenz. In der Hierarchie der menschlichen Fähigkeiten ist sie die höchste Stufe der Intelligenz." (Landau 1984, S.38). Im Sinne de Bonos begreift auch Landau Denken bzw. Intelligenz als Fähigkeit Informationen zu sammeln und sie zu nutzen. Kreativität baue auf dieser Fähigkeit auf, erweitere sie jedoch durch das Herstellen neuer Beziehungen zwischen den Informationen. (ebd.). „Die kreative Antwort wird ‚gut' sein, wenn sie *neu* ist, *relevant* ist (dem Problem adäquat) und den Erfahrungs- und Wissenskreis erweitert." (ebd.). **Teresa Amabile** betrachtet Kreativität daher als ein Kontinuum zwischen den Polen einer Alltagskreativität wie Problemlösungen, Kochrezepte, Zeichnungen und einer die Kultur beeinflussenden Kreativität, z.B. historisch einflussreiche Leistungen (vgl. Kluge/ Zysno 1993, S.29). Sowohl Alltagskreativität als auch die kulturverändernde Kreativität versteht Amabile im Grunde als zwei Aggregatzustände eines einzigen Stoffes. Die Unterschiede lassen sich lediglich durch die soziale Wahrnehmung von Experten einer anerkannten Domäne beschreiben. Sie kommt schließlich zu dem Ergebnis, dass Kreativität insbesondere durch die in Abb. 5 dargestellten Komponenten entstehen könne: bereichsrelevante Fähigkeiten, kreativitätsrelevante Prozesse und Aufgabenmotivation (vgl. Amabile 1996, S.83ff.; vgl. Sonnenburg 2007, S.38ff.) Hinter diesen einzelnen Anforderungsbereichen liegen bestimmte Kompetenzen, die Amabile zu ihrem Komponentenmodell zusammenfasst.

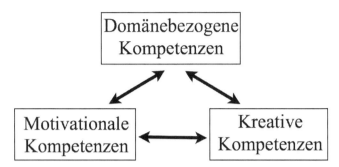

Abb. 5, Das Komponentenmodell von Amabile

Mit diesem Ansatz richtet Amabile zwar den Blick auf die sozialen Einflussbereiche, bspw. die Bedeutung der Domäne, allerdings reduziert sie diesen Fokus gleichsam wieder auf die dafür notwendigen individuellen Kompetenzen. Insofern steht auch sie in der Tradition der kognitiven Perspektive der Kreativitätsforschung.

Ebenfalls auf der Ebene des Individuums argumentiert der Persönlichkeitspsychologe und studierte Kunstwissenschaftler **Ernst-Dieter Lantermann** von der Universität Kassel. Er fokussiert bei seinen Überlegungen insbesondere auf die Bedeutung der Gefühle beim Prozess der Kreativität. Will man das Phänomen Kreativität verstehen, müsse zunächst die Wirkungsweise von Gefühlen im Prozess der Ordnungsstiftung betrachtet werden. Diese Gefühle seien stark abhängig von situativen Momenten, denn „[im] aktuellen Akt der Wahrnehmung kommt unsere gesamte Biographie zur Erscheinung." (Lantermann 1992, S.9). Die Persönlichkeit als Variable des Kreativitätsprozesses ist umso schwieriger zu berechnen, weil wir im Grunde täglich ein anderer Mensch seien. Bei diesem immer unterschiedlich verlaufenden Prozess der Wahrnehmung, spiele die Wechselwirkung zwischen Intuition und Analyse eine bedeutende Rolle. Auf der einen Seite steht die Rezeption der Wirklichkeit und auf der anderen Seite die, des selbst geschaffenen Produktes (oder Idee). Bei fiktionalen Wirklichkeiten müsse der „Bilderfinder", wie Lantermann den im kreativen Prozess befindlichen Menschen nennt, sein Produkt nicht mit Hilfe seiner Sinnesorgane, sondern mit der inneren Wirklichkeit vergleichen. *Daher handele es sich bei Kreativität immer um einen emotionsgeleiteten Prozess.* Die produktive Aneignung von Wirklichkeit erfordere „die wechselseitigen Anforderungen von innen und außen in dynamischer Balance zu halten" (ebd., S.8f.). Daher stellen neben dem Problemwissen und der intrinsischen Motivation „emotionale Offenheit und der

2.2 Vier Perspektiven auf ein Phänomen

souveräne Umgang mit sich selbst" (Lantermann 1992, S.82) wichtige Randbedingungen für kreatives Handeln dar.

Rainer Holm-Hadulla baut den Gedanken eines von Emotionen beeinflussten Kreativitätsbegriffes aus und sperrt sich gegen die Nivellierung der vielfältigen Aspekte der Kreativität. Er glaubt nicht, dass Kreativität in einer Art Modell fassbar sei, es bedürfe vielmehr eines differenzierten Konzeptes, das von folgender Prämisse ausgeht:

> „Kreative Persönlichkeiten, kreative Arbeitsformen und kreative Rahmenbedingungen unterscheiden sich in verschiedenen Tätigkeitsbereichen in grundsätzliches Weise." (Holm-Hadulla 2005, S.10).

Er begreift Kreativität nicht als in seinen Attributen übertragbares Phänomen, vielmehr müsse man die verschiedenen Formen der Kreativität durch eine Gliederung nach Begabungsprofilen strukturieren. Trotz dieser Unterschiede macht Holm-Hadulla gemeinsame Grundlagen der Kreativität aus, die in der autotelischen bzw. intrinsischen Produktivität eine starke Ausprägung besitzen.

Aufgrund der zahlreichen Publikationen und empirischen Arbeiten konnten **Schuler und Görlich** 2007 eine Metastudie zum Phänomen der Kreativität anfertigen. Die Forscher markierten auf diese Weise eine Reihe individueller Attribute (Traits), die als kennzeichnend für den individuellen bzw. kognitiven Fokus auf das Phänomen Kreativität gelten können (vgl. Schuler/Görlich 2007, S.10ff.):

- **Offenheit**
  Neugierde, intellektuelle Werte, ästhetische Ansprüche, breite Interessen, Ambiguitätstoleranz
- **Leistungsmotivation**
  Ehrgeiz, Ausdauer, Konzentration, Leistungsfreude, Belohnungsaufschub
- **Nonkonformität**
  Originalität, Unkonventionalität, Autonomiebestreben, Unabhängigkeit des Urteils
- **Selbstvertrauen** (fähigkeits- und zielbezogen)
  Selbstbild „kreativ", emotionale Stabilität, Risikobereitschaft
- **Erfahrung**
  Wissen, Werthaltungen, metakognitive Fertigkeiten (Planung, Monitoring, Selbststeuerung)

2.2.2 Mensch und Umwelt – der sozialpsychologische Ansatz

„Wir betrachten auch gewisse Aspekte der Zuhörerschaft, besonders der Kritiker, den Mäzen, die Verstehenden und die breite Bevölkerung, mit der die kreative Person in Verbindung steht."
Morris I. Stein, Psychologe

Kreativität in der Perspektive sozialpsychologischer Gesichtspunkte, beleuchtet das Phänomen aus einem gesellschaftlichen Blickwinkel und definiert kreative Leistung immer im Bezug zur kulturellen und personellen Umwelt desjenigen, der eine Idee, ein Produkt oder ein Verfahren entwickelt hat.

Einer der frühen Kreativitätsforscher dieser Perspektive war **Morris I. Stein**. Er erweiterte bereits in den 1950er Jahren das Forschungsfeld über die schöpferische Persönlichkeit hinaus und beleuchtete das Feld „Kreativität und Kultur" (Stein 1953, S.65ff.). Stein deklariert ein kreatives Werk als ein neues Produkt, das als „haltbar, nützlich oder befriedigend von einer Gruppe zu einem bestimmten Zeitpunkt anerkannt wird." (ebd.). Der Psychologe setzt damit jene Gruppe in den Betrachtungsfokus, die das Produkt realisiert. Ein Produkt wird in dieser Sichtweise möglicherweise erst dann als kreativ angesehen, wenn sich die gesellschaftlichen Kräfte ändern. In den 1950 Jahren suchte die amerikanische Gesellschaft allerdings weniger nach jenen Ideen, die eine gesellschaftliche Änderung implizieren, sondern man betrachtete Kreativität vielmehr als eine „systemstabilisierende Kraft" (Ulmann 1973, S.14). Entsprechend fanden Steins Ansätze und die Korrelation zwischen künstlerischen Produkt und Gesellschaft keine forschungsrelevante Beachtung. Erst in den 1980er- und 1990er-Jahren erlebte die Betrachtung der gesellschaftlichen Rahmenbedingungen von Kreativität durch Csikszentmihalyi (1988) und Gardner (1996) eine Renaissance.

Bei **Carl R. Rogers** lässt sich Kreativität sogar als ein Produkt neuer Beziehungen beschreiben, die aus der Einzigartigkeit des Individuums einerseits und der Materie, der Geschehnisse, der Menschen oder der Umstände andererseits erwachsen (vgl. Rogers 1959, S.71) kann. Produkte der Kreativität können also nicht nur Kunstwerke sein, sondern auch menschliche Beziehungen oder Lebenssituationen (vgl. Landau 1984, S.50). Rogers spricht daher vom sozialen Drang zur Kreativität. Bei dem Soziologen **Friedrich Tomberg** rückt die Bedeutung des Kollektivs für die Produktion kreativer Erzeugnisse in den Fordergrund. Auch einsame Künstler könnten sich dem Manipulationszusammenhang der Gesellschaft nicht mehr entziehen und alles was kreativ erzeugt würde, sei im Zusammenhang mit dem Zeitgeist zu sehen (vgl. Tomberg 1970, S.88f.). Etwas melodramatisch behauptet der Schriftsteller **Maxim Gorki** sogar, „als das Volk

2.2 Vier Perspektiven auf ein Phänomen

die epische Persönlichkeit schuf, verlieh es ihr die ganze Kraft der Kollektivpsyche [...]" (Gorki 1909, S.49).

Als pädagogischer Psychologe betrachtet **Siegfried Preiser** den Forschungsschwerpunkt insbesondere unter einer erziehungswissenschaftlichen Perspektive und sucht nach Hinweisen zur Förderung sozialen und kreativen Verhaltens. Preiser versteht dies als eine sich gegenseitig bedingende Einheit. Entsprechend breiter zieht er den Fokus seiner Definition:

„Eine Idee *wird in einem sozialen System als kreativ akzeptiert,* wenn sie in einer bestimmten Situation neu ist oder neuartige Elemente enthält und wenn ein sinnvoller Beitrag zu einer Problemlösung gesehen wird." (Preiser 1976, S.5)

Ebenfalls in der Linie Steins definiert die amerikanische Psychologin **Teresa M. Amabile** in den 1980er-Jahren ihre „Consensual Definition" und erhält damit viel Aufmerksamkeit in der Fachwelt. Kreativität sei etwas, welches von bevorzugten *Beobachtern einer Domäne* als kreativ betrachtet *würde*: „A product or response is creative to the extent that appropriate observers indepently agree it is creative." (Amabile 1983, S.31). Diese bevorzugten Beobachter sind mit der Domäne und seinen spezifischen Anforderungen und Wertschätzungen vertraut. Aufgrund dieser Grundlegung entwickelt sie schließlich eine „Conceptual Definition ": „A product or response will be judged as creative to the extent that: (a) it is both a novel and appropriate, useful, correct or valuable response to the task at hand, and (b) the task is heuristic rather than algorithmic." (ebd., S. 33).

Neben den Kreativitätsmerkmalen „Neu" und „Verbessernd", legt Amabile einen weiteren Schwerpunkt auf den Prozess. Sie spricht vom „path to solution", dem Weg zum Ziel. Dieser sei interessanter und aufschlussreicher zu betrachten, als ein „algorithmisiertes" Verfahren welches das Ziel hätte, den *einen* optimalen Weg für die Entwicklung von Kreativität zu finden. Der individuelle Lösungsweg ist für Amabile nicht auf ein abstrakteres Niveau zu heben und zu operationalisieren, sondern als individuelle Lösung für sich zu betrachten.

Karl-Heinz Brodbeck hat in Deutschland mit seiner Publikation „Entscheidung zur Kreativität" das Thema Kreativität in den Fokus einer größeren Öffentlichkeit gebracht. Die traditionelle Theorie der Kreativität unterstelle, so Brodbecks Kritik, dass Kreativität durch Faktoren des Denkens kausal hervorgebracht werden könne (vgl. Brodbeck 1999, S.1). Er wehrt sich gegen die Vorstellung, Kreativität sei auf das Denken bzw. auf das kreative Denken zu reduzieren, diese Vorstellung werde insbesondere bei de Bonos lateralem Denken deutlich. Brodbeck bringt dagegen den Aspekt der *Achtsamkeit* in die wissenschaftliche Diskussion und betrachtet diesen Punkt als Schlüssel zur Lösung eines Problems.

„Selbst dann, wenn die Lösung für ein Problem buchstäblich ‚vor unseren Augen liegt', braucht sie für uns noch keine Lösung zu sein. Erst wenn wir sie beachten, wird sie zur Lösung." (Brodbeck 1999, S.58)

Kreativitätstechniken seien zwar tatsächlich hilfreich bei der Entdeckung eigener Kreativität, aber nur, „weil sie die Achtsamkeit desjenigen aufwecken, der sie anwendet [...]" (Brodbeck 1999, S.2). Wenn man sich zur Kreativität bewusst entscheide, dann sei die Technik zweitrangig. Kreativität, das bedeutet für Brodbeck eine Entscheidung für etwas, das bereits da ist. Sie sei zwar bereits da, sie könne aber wirksam eingeschränkt werden. Durch Un-Achtsamkeit, durch die Routinen des Denkens, des Fühlens und des Handelns, unbewusstes und routiniertes Handeln sei daher das wirksamste Kreativitätshemmnis. Die Achtsamkeit auf die Achtsamkeit sei daher die Quelle und das Ziel der Kreativität.

Auch wenn Achtsamkeit einen zunächst sehr kognitiv anmutenden Prozess darstelle, könne man, so unterstreicht Brodbeck, die individuelle Ebene der Kreativität nicht von den Umwelteinflüssen auf das Individuum trennen, denn

„die bloße Tatsache, daß sich Kreativität immer als Veränderung gegebener Strukturen vollzieht, verweist auf ihre soziale Natur." (Brodbeck 1999, S.347).

Daher stellt er die soziale Struktur der Kreativität und ihrer Produkte der Vergangenheit, als ebenso bedeutend für die Gegenwart heraus. Hierfür nennt er zahlreiche historische Beispiele für Paar- und Gruppenbildungen mit kreativen Produkten oder mit kreativen Inspirationen (ebd., S.13ff.).

„Allein diese Beispiele können zeigen, daß die kreative Situation nicht *personal* zurechenbar ist, wie dies im Genie-Kult der Romantik, in den Vererbungstheorien des Sozialdarwinismus oder der ‚The Selfish Gen'-Ideologie postuliert wird." (ebd., S.15)

Schuler und Görlich betrachten in ihrer groß angelegten Metastudie neben den individuellen Bedingungen von Kreativität auch die Kontextbedingungen in der Arbeitsorganisation (Schuler/Görlich 2007, S.49ff.). Es seien in diesem Bereich zwar wenig „quantitative" Daten zu erschließen, daher müsse man sich auf die Plausibilität der Ergebnisse verlassen. Es seien jedoch Hinweise für Kreativitätsförderung durch Arbeitsbedingungen, Führung, Gruppenarbeit und auch durch Organisationsgestaltung auszumachen. In diesem Bereich bestehen aber, so die Autoren „wenig Zweifel, dass ihr kombinierter, engagierter Einsatz dem Ziel, eine kreativitäts- und innovationsförderliche Organisation zu schaffen, dienlich

2.2 Vier Perspektiven auf ein Phänomen

sein sollte." (Schuler/Görlich 2007, S.98) An dieser Stelle lassen die beiden Personalpsychologen eine umfangreiche Tabelle mit allen herausgearbeiteten Attributen folgen (ebd., S.100ff). Diese Liste ist so umfangreich, dass es fast schon wieder schwer wird abstrahierende Aussagen zu treffen:

Einflussgrößen und Maßnahmen zur Förderung von Kreativität und Innovation
Arbeitsbedingungen
- Personenorientierung
- Ganzheitliche Tätigkeiten (von A-Z)
- Explizite Orientierung am Ziel der Kreativität
- Zugang zu Informationssystemen
- Angenehme Arbeitsumgebung
- Fehlertoleranz
Führung
- Ausrichtung an gemeinsamen Zielen
- Transformationale Führung
- Erkennbare Wertschätzung und Interesse an Ideen
- Empowerment
- Beschaffung erforderlicher Ressourcen
- Konstruktive Konflikttransformation
Gruppe
- Heterogenität der Temperamente, Homogenität des kognitiven Niveaus
- Vertrauensvolle und leistungsorientierte Atmosphäre
- Kooperation, Emotionalität, Freude
- Mittlere Gruppengröße (4-10)
- Partizipation
- Gruppenbezogene Anreize und Belohnungen
Organisation
- Klare Kommunikationswege
- Wenig Bürokratie
- Ausgeprägtes Lern- und Innovationsklima
- Propagierung des Werts von Innovation
- Gewährung von Autonomie und von Ressourcen
- Dynamik und Lebhaftigkeit
- Schaffung einer Anerkennungskultur für kreative Leistungen
- Einrichtung von Qualitätszirkeln

Organisationale Bedingungen nach Schuler/Görlich

Als Konsequenz dieser Ergebnisse schließen Schuler/Görlich ihre Arbeit mit einem Plädoyer für die Einrichtung eines Kreativitäts- und Innovationsmanagements (Schuler/Görlich 2007, S.105ff.):

> „Quintessenz dieser Maßnahmen [...] ist das Bemühen, ein Klima der Förderung und Anregung zu schaffen, das Kreativität und Innovation zum erklärten Handlungsziel aller Organisationsmitglieder macht." (ebd., S.106)

2.2.3 Mensch und Domäne – der kulturanthropologische Ansatz

„Die Kommunikation einer Idee ist genauso wichtig, wie die Idee selbst."
Eric Kandel, Nobelpreisträger für Medizin

Den Blick auf die Kultur als Adressat der Kreativität eröffnet nicht zuletzt **Jacob L. Moreno** bereits in den 1950er-Jahren. Kreativität komme in zahllosen Zuständen und Handlungen zum Ausdruck, es bedürfe aber jeweils eines Katalysators, um sie zu erwecken. Dieser Katalysator sei die Spontaneität, die im Sinne ihrer lateinischen Bedeutung aus dem Inneren komme (vgl. Moreno 1996, S. 438ff.). „Während die Kreativität auf die Handlung bezogen ist, bezieht sich die Spontaneität auf die Erwärmung für eine Handlung, die Bereitschaft zur Tat." (ebd., S.439). Moreno erkennt als Ursache der Kreativität also zunächst eine Form der intrinsischen Motivation, die grundsätzlich jedem Individuum immanent sei (vgl. Landau 1984, S.49). Diese werde jedoch u.a. erst durch die Interaktion zwischen Menschen sichtbar. Die innere Fähigkeit des Menschen zur Spontaneität und Kreativität ist für Moreno nichts geringeres als der Motor aller kulturellen Entwicklungen, da ein vollendetes Produkt eines kreativen geistigen Vorgangs eine nachhaltige Konserve der Kultur darstelle. In diesem Sinne postuliert Moreno: „Die Zukunft der Kultur steht und fällt mit der Kreativität ihrer Träger." (Moreno 1996, S.441). Daher werde der Mensch nur als „Kreator" (ebd., S.444) fortbestehen können. Wobei die einzelne Idee nicht unbedingt sofort zu einem kulturverändernden kreativen Erzeugnis werden muss. Stein bemerkt hierzu:

> „Eine Idee kann, isoliert betrachtet, sehr unbeträchtlich und sehr abenteuerlich sein, aber vielleicht wird sie durch eine, die nach ihr kommt, wichtig, vielleicht kann sie in einer gewissen Verbindung mit anderen, die vielleicht ebenso abgeschmackt scheinen, ein sehr zweckmäßiges Glied abgeben." (Stein 1953, S.67)

2.2 Vier Perspektiven auf ein Phänomen

Um ein Kreator in Morenos Sinne zu werden, bedarf es nach **Joseph Schumpeter** mehr als nur einer Idee. Schumpeter entwickelt 1911 in seiner Theorie der wirtschaftlichen Entwicklung eine Perspektive, bei der von Innovation erst bei der Durchsetzung einer technischen oder organisatorischen Neuerung im Produktionsprozess zu sprechen ist und nicht bereits bei der entsprechenden Erfindung. Schumpeter hat die gesellschaftliche bzw. die subgesellschaftliche Akzeptanz im Auge und ist damit ebenso ein wichtiger Vorläufer des kulturanthropologischen Ansatzes der Kreativitätsforschung.

Diese Konzepte, die auf eine kulturverändernde Kreativität abzielen, beflügelten insbesondere den MIT-Psychologen und Glücksforscher **Mihaly Csikszentmihalyi**, der mit seinem Systemmodell eine vielbeachtete und bis heute dominierende Kreativitätstheorie aufstellte (Csikszentmihalyi 1988). Ihm gelang 1988 ein Durchbruch gerade bei der Frage der sozialen Akzeptanz durch andere. Seine Forschungsarbeit auf diesem Gebiet hat ihn davon überzeugt, dass man das Phänomen nicht begreifen könne, wenn man nur den einzelnen Menschen betrachte von dem sie auszugehen scheint. Kreativität finde nicht ausschließlich auf der individuellen Ebene statt, sondern „in der Interaktion zwischen dem individuellen Denken und einem soziokulturellen Kontext" (Csikszentmihalyi 1997, S.41). Kreativ ist demnach jemand, „who brings about some change in the domain, a change that the field will consider to be creative." (Csikszentmihalyi 1988, S.325). Er betrachtet Kreativität als *systemisches Phänomen*. Denn *große Kreativität* finde nicht ausschließlich in Köpfen einzelner Menschen statt (vgl. Csikszentmihalyi 1997, S.46f.), sondern Kreativität entstehe

„aus der Interaktion dreier Elemente, die gemeinsam ein System bilden. Einer Kultur, die symbolische Regeln umfaßt, einer Einzelperson, die etwas Neues in diese symbolische Domäne einbringt, und einem Feld von Experten, die diese Innovation anerkennen und bestätigen." (ebd., S.17)

Mit dieser Definition vollzieht Csikszentmihalyi einen konsequenten Paradigmenwechsel der Kreativitätsforschung. Dieser Wechsel ist allerdings theoretisch schon länger gereift, denn Alphonse de Candolle hat diesen bereits Ende des 19. Jahrhunderts mit seinen Forschungen eingeleitet. Stein, Amabile und andere führten diese Gedanken weiter, aber erst durch Csikszentmihalyis Systemmodell gelang es, für den Ansatz eine vielzitierte Akzeptanz zu finden. **Howard Gardner** hat Csikszentmihalyis Ansatz mitentwickelt. Gardner richtet bei seiner umfangreichen Betrachtung kreativer Persönlichkeiten den Blick daher ebenfalls auf den systematischen Aufbau und den zugrunde liegenden interaktiven Wechselwirkungen. Bei einer kreativen Tätigkeit handele es sich um eine Dynamik, der folgende Kennzeichen zugrunde liegen: „eine andauernde dialektische Beziehung zwischen der begabten Persönlichkeit, der Domäne seines Faches und dem Feld, das die Urteilsinstanzen stellt." (Gardner 1996, S.427). Gardner hat u.a. durch sein Konzept der multiplen Intelligenzen weltweit Ansehen erlangt. Dabei geht er nicht nur von einem singulären, kognitiv fixierten Intelligenzbegriff aus, sondern von der Wirksamkeit unterschiedlicher Intelligenzen. In seiner Rahmen-Theorie der vielfachen Intelligenzen (vgl. Gardner 2001) spricht er beispielsweise auch von musikalisch-rhythmischer oder körperlich-kinästhetischer Intelligenz. Mit seiner Erweiterung des Intelligenzbegriffs zerfallen die bisherigen kognitiven Theoriemodelle, da Intelligenz auf unterschiedlichen Ebenen zu begreifen und zu fassen ist. Die kognitiven Fähigkeiten berücksichtigen dagegen nur eine Ebene der Intelligenz. Um das Entstehen von Kreativität zu begreifen, müssen jedoch alle Ebenen in den Betrachtungsfokus einbezogen werden – daher sei eine umfassende Systemperspektive notwendig.

„Als Psychologe, dessen Interesse der individuellen Schöpferpersönlichkeit gilt, überraschte mich jedenfalls die Entdeckung, daß ein kreativer Durchbruch in einem so intensiven sozialen und affektiven Kraftfeld verankert ist." (Gardner 1996, S.65)

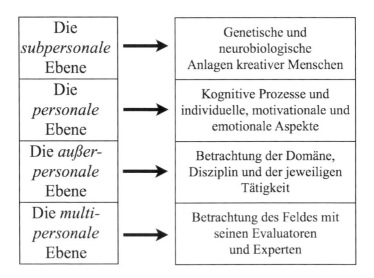

Abb. 6, Analyseebenen des Phänomens Kreativität nach Gardner

2.2 Vier Perspektiven auf ein Phänomen

Gardner fasst das Phänomen Kreativität aufgrund folgender Attribute: (1) Anlage (2) Kompetenz (3) Institutionelles Umfeld (4) Soziales Umfeld und kommt zu folgender Definition kreativer Personen:

> „Der schöpferische Mensch löst Probleme, gestaltet Objekte oder definiert neue Fragen auf bestimmten Gebieten; er tut dies mehr oder weniger regelmäßig und auf eine Art und Weise, die anfangs als neuartig betrachtet wird, sich aber schließlich in einem bestimmten kulturellen Umfeld allgemein durchsetzt." (Gardner 1996, S.55f.)

Der Blick über das Individuum hinaus (de Candolle 1873, Stein 1953, Amabile 1983) auf die Bedeutung der Interaktion zwischen Individuum, sozialer Umwelt und der Domäne als Instanz des Kreativitätsprozesses (Csikszentmihalyi 1988, Gardner 1996), öffnet eine neue Dimension der Kreativitätsforschung – sie wird im Grunde als eine *Kulturdiskussion* geführt. All das, was eine kulturevolutionäre Wirkung besitzt, gilt als kreatives Produkt bzw. als kreative Leistung.

Weil Kreativität ein kaum scharf eingrenzbarer Begriff ist, der viel Raum für Spekulationen bietet, fragen die Psychologen Csikszentmihalyi und Gardner nicht WAS ist Kreativität, sondern Wo findet sie statt – das heißt, auf welchen organisatorischen und institutionellen Ebenen wird Kreativität definiert (vgl. Csikszentmihalyi 1988, S.325; Gardner 1996, S.58).

> „Damit eine Idee Wirkung zeigen kann, muß sie in Begriffe gekleidet werden, die für andere verständlich sind; sie muß von den Experten im Feld anerkannt und schließlich in ihre jeweilige kulturelle Domäne aufgenommen werden." (Csikszentmihalyi 1996, S.47)

Csikszentmihalyis Forderung des *Kleidens der Idee in Begriffe, um in der Domäne verstanden zu werden,* beschreibt also neben den Attributen *Neu* und *Verbessernd* eine weitere definitorische Dimension des Begriffes Kreativität: die des **Lesbaren**. Damit die Idee von einer Domäne aufgegriffen und in ihre kulturelle Matrix integriert werden kann, muss die Idee zudem **Gewollt** sein – das wiederum hat etwas mit der jeweiligen gesellschaftlichen Entwicklung bzw. des Zeitgeistes zu tun.

Ebenso wie Gardner ist auch Csikszentmihalyis erstes Erstreben zu ergründen wo Kreativität in Erscheinung tritt. Kreativität ist in dieser Perspektive alles, was eine bestehende Domäne verändert oder eine neue Domäne schafft. Die Domäne kann aber nur durch die explizite oder implizite Zustimmung eines Feldes von Experten verändert werden. In Anlehnung an Richard Dawkins Konzept, übernehmen *Meme* die Rolle der Gene bei der kulturellen Evolution (vgl.

Dawkins 1994, S.18). Meme seien jene Informationseinheiten, die erlernt werden müssten, um den Fortbestand der Kultur zu sichern. Also im Prinzip alles, was Wert und Bestand in einer Kultur hat.

„Diese Meme sind es, die ein kreativer Mensch verändert, und wenn genügend einflußreiche Personen diese Veränderung für eine Verbesserung halten, wird sie zu einem Teil der Kultur." (Csikszentmihalyi 1997, S.18)

Csikszentmihalyi ist natürlich ebenfalls bewusst, dass es kreative Entwicklungen gibt, die nicht gleich die Kultur verändern. Er unterteilt daher kreative Leistungen in drei Erscheinungsformen: a) brillant, b) persönlich kreativ und c) kreativ. Brillant sei jemand, der Dinge, die andere hervorgebracht haben, auf geschickte und effektive Weise nutzt oder präsentiert. Menschen die persönlich kreativ seien, die entwickeln ungewöhnliche und neue Lösungen, die allerdings niemals den Weg an das Licht der Öffentlichkeit gelangen bzw. die von dieser nicht wahrgenommen werden. Seine Überlegungen beim Systemmodell der Kreativität beziehen sich auf die dritte Form der Kreativität: jene kreativen Leistungen, die es vermögen, die Kultur einer Domäne zu verändern. Diese kreativen Produkte entstünden nur aufgrund der Wechselwirkungen zwischen Individuum, Feld und Domäne (vgl. Csikszentmihalyi 1988, S.325ff.; Csikszentmihalyi 1997, S.46ff.; Burow 1999, S.37ff.; Sonnenburg 2006, S.44ff.).

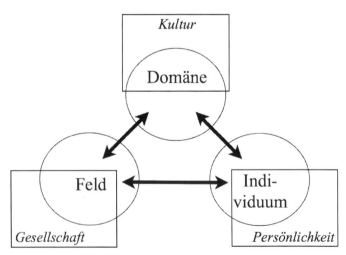

Abb. 7, Das Systemmodell von Csikszentmihalyi

2.2 Vier Perspektiven auf ein Phänomen 49

Erst durch das Einfließen in die Kultur wird die Innovation zum Mem. Daher glaubt Csikszentmihalyi, dass die Erfindung bzw. die Idee einer Einzelperson, nur *einen* Teil in der Kette der Kreativität darstellt. Historische und situative Bedingungen der Domäne und die Personen des Feldes gehörten ebenso zum Kreativitätsprozess wie die eigentliche Ideengenerierung.

„Ohne Zugang zur Domäne ist das Potential nutzlos: Wie viele Kongolesen haben das Zeug zu begnadeten Skiläufern? Gibt's es tatsächlich keine Papuas, die einen Beitrag zur Nuklearphysik leisten könnten? Ohne die Unterstützung des Feldes wird schließlich selbst das hoffnungsvollste Talent keine Anerkennung finden." (Csikszentmihalyi 1997, S.212)

Mit der *Domäne* bezeichnet Csikszentmihalyi jene Komponente des Systems, welche aus einer Reihe von symbolischen Regeln und Verfahrensweisen besteht. So lassen sich Domänen voneinander abgrenzen, bspw. in die Domäne der Mathematik, die wiederum in die Domänen der Algebra oder Zahlentheorie unterteilbar sind. Die Domänen sind in dem verankert, was man allgemein als Kultur bezeichnet (vgl. Csikszentmihalyi 1997, S.47). Das *Feld* als zweite Komponente des Systemmodells, stellt die soziale Organisation der Domäne dar. Dabei fokussiert Csikszentmihalyi auf die Wächter des Feldes, also jene von der Domäne akzeptierten und relevanten Personen, die als „Gatekeeper" darüber zu entscheiden haben, ob eine Idee in die Domäne einziehen darf oder nicht. Die dritte Komponente des Systemmodells ist das *Individuum*. Ein Mensch der in einer Domäne kreativ tätig werden will, muss, so Csikszentmihalyi, mit den Regeln dieser spezifischen Domäne vertraut sein. Er muss dessen Sprache und Symbole verstehen. Insofern steht das Wissen einer Domäne als Bedingung und als Ausgangspunkt für die kreative Leistung (vgl. Sonnenburg 2006, S.44).

„Kreativität findet statt, wenn ein Mensch, der mit den Symbolen einer bestehenden Domäne wie Musik, Technik, Wirtschaft oder Mathematik arbeitet, eine neue Idee oder ein neues Muster entwickelt, und wenn diese Neuentwicklung von dem entsprechenden Feld ausgewählt und in die relevante Domäne aufgenommen wird." (Csikszentmihalyi 1997, S.47)

Bei Csikszentmihalyis Systemmodell kommt es daher auf das *aktuelle* Verhältnis zwischen Individuum (Wissen über die Domäne), Feld (Wächter der Domäne) und der Domäne (Struktur der Domäne) an. Dieses Verhältnis ist entscheidend, ob sich eine Idee zu einem bestimmten Zeitpunkt als kreativ durchsetzen kann oder nicht. Insofern versteht Csikszentmihalyi Kreativität auch nicht als einen statischen oder deterministischen Begriff. Was in dem einen Jahrhundert als kreativ gilt, wird in einem anderen als banal abgetan. Mit dieser Sichtweise ist auch zu erklären, warum bspw. der Maler Raffael im 16. und 19. Jh. als ausgesprochen kreativ galt, in den Jahrhunderten dazwischen aber nicht. In Anwendung des Systemmodells der Kreativität, kann also niemanden Kreativität pauschal bescheinigt werden, sondern diese Eigenschaft ist immer nur im Kontext des Feldes beobachtbar. Das Feld dagegen, wandelt sich durch neue Entdeckungen und neue Relevanzen im Laufe der Zeit. Kreative Personen sind daher so etwas wie Katalysatoren (vgl. Csikszentmihalyi 1997, S.73) in einem wesentlich komplexeren Prozess mit vielen Beteiligten und vielen Beiträgen.

„Die vielleicht wichtigste Implikation des Systemmodells ist, daß der Grad der Kreativität an einem bestimmten Ort zu einer bestimmten Zeit nicht nur vom Ausmaß der individuellen Kreativität abhängig ist. Er hängt mindestens ebenso stark davon ab, wie gut die jeweiligen Domänen und Felder darauf abgestimmt sind, neue Ideen anzuerkennen und zu verbreiten." (Csikszentmihalyi 1997, S.52)

Ein wichtiger Faktor für Kreativität ist daher die Kommunikationsfähigkeit, um Ideen in die richtigen Kreise bzw. Felder zu tragen und die Wächter des Feldes von der Idee überzeugen zu können. Landau betont die Ergebnisse zahlreicher Untersuchungen, die das Kommunikationsbedürfnis bei Kreativen stärker ausgeprägt sehen als bei Nicht-Kreativen (vgl. Landau 1984, S.60). Es ist aber selbst in der westlichen Gesellschaft immer noch einigermaßen verpönt, den Bescheidenheitstopos zu verletzen und über die eigene Leistung werbend zu sprechen. Hierzu hat allerdings Alphonse de Candolle bereits 1873 eine pragmatische Lösungsperspektive entwickelt:

„Da die öffentliche Meinung eine der Ursachen ist, die die Wissenschaft begünstigen, so ist es gut, wenn sie zum Ausdruck kommt, sei es selbst durch unwissende oder unbedeutende Leute." (Candolle 1911, S. 383)

Die Folge daraus ist, dass sich Kreative durchaus der Unterstützung anderer Personen bedienen können, um eine Idee in die Öffentlichkeit zu transportieren. Im Grunde beschreibt de Candolle mit dieser Aussage ein wichtiges Wirkprinzip von kooperativer und kollaborativer Kreativität und spricht erstmalig von dem, was wir heute ein Synergieteam nennen würden. Um Kreativität im Sinne von Csikszentmihalyis Systemmodell zu generieren, bedarf es verschiedener Eigenschaften, die ein heterogenes Team natürlich viel besser erfüllen kann, als eine einzelne Person.

2.2 Vier Perspektiven auf ein Phänomen

Erst durch die Systemperspektive, verlagert sich der Schwerpunkt der Forschung auf die Betrachtung des sozialen Phänomens Kreativität. Demnach ist ein kreativer Mensch jemand, der etwas Neues entwickelt und andere davon überzeugt, so dass das Neue das Bestehende verändern kann. Csikszentmihalyi betrachtet ähnlich wie beim sozialpsychologischen Ansatz, nicht nur die Person, sondern die Umwelteinflüsse, bezieht diese jedoch auf den Prozess der Etablierung der Idee, nicht auf jenen der Generierung. Dieser bleibt bei Csikszentmihalyi nach wie vor dem Individuum unter Berücksichtigung der Regeln der Domäne vorbehalten.

Mit dem Titel einer seiner zentralen Arbeiten „Origins of Genius" steht **Dean Keith Simonton (1999)** von der University of California eigentlich diametral der Betrachtungsweise Csikszentmihalyis entgegen. Denn in Anlehnung an „Origin of Species" von Charles Darwin geht auch Simonton in der Tradition Galtons von grundsätzlich genetisch dispositionierten Attributen kreativer Persönlichkeiten aus und müsste diese in seiner Forschung primär im Blick haben. Doch, so Simonton, seien diese stark von externen Erfahrungen und Überzeugungen abhängig. Interessant ist daher Simontons Blick auf die kreative Gruppe. Dem Darwinismus werde oft vorgehalten, so der Evolutionsforscher, dass diese Theorie Schwierigkeiten mit der Erklärung von Gruppenphänomen habe. In diesem Sinne sei es durchaus verständlich, dass man den Eindruck gewinnen könne, die evolutionsorientierte Kreativitätsforschung nehme insbesondere individuelle Phänomene in den Blick und es bleibe daher kaum Platz für überindividuelle Aspekte. Denkt man jedoch an den Grundsatz des Darwinismus „Survival of the fittest", so ist das *Überleben des Tüchtigsten* gemeint und nicht wie es u.a. von den Sozialdarwinisten als *Überleben des Stärksten* missinterpretiert wurde. Das Überleben des Tüchtigsten impliziert die soziale Stärke und die Notwendigkeit der Anerkennung durch die Gruppe. Entsprechend unterstreicht Simonton, dass Evolutionsforscher immer auch die Sippe, die Kultur und die Geschlechterunterschiede im Blick haben und das seien durchweg soziale Phänomene: „[...] it can be argued that we can comprehend the evolutionary origins of genius only be examining human social and cultural behavior. This compels us to look at the relationship between sociocultural evolution and individual creativity." (Simonton 1999, S.200)

Bei der Beziehung zwischen sozialkultureller Entwicklung und individueller Kreativität erhalte die „Domain Activity" (ebd., S.206) bei der Kreativitätsforschung eine bedeutende Rolle, „it is culture that may assume the largest place in a Darwinian theory of creativity" (ebd., S.221). Entsprechend folgt er bei seinen Forschungen den beiden grundsätzlichen Prämissen:

„Proposition 1: Creativity ist a form of leadership in that it entails personal influence over others." (Simonton 1988, S.386) und „Proposition 2: Creativity involves the participation of chance processes both in the origination of new ideas and in the social acceptance of those ideas by others." (Simonton 1999, S.388)

Im Sinne eines evolutionären Ansatzes der auf *kognitiver, interpersonaler* und *soziokultureller* Selektion basiert, erweitert er eine Konzeption von Campbell (1960) zur „change-configuration-theory" (vgl. u.a. Bosse 2007, S.18). Hierbei geht Simonton in seiner sozialpsychologischen Interpretation der Kreativität davon aus, dass drei charakteristische Phasen für die Entstehung von Kreativität verantwortlich sind (vgl. Simonton 1988, 386ff.).

- **change permutation** (mehr oder weniger zufällige Auswahl von gedanklichen Elementen)
- **configuration formation** (Semantische Transformation zu einer mitteilbaren Information)
- **communication and acceptance** (Bewertung der Information und Akzeptanz dieser)

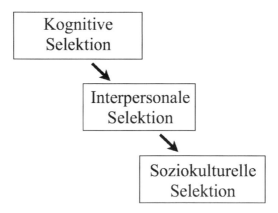

Abb. 8, Evolutionärer Ansatz nach Simonton

Der evolutionäre Gedanke bei Simonton folgt dem evolutionären Prinzip von Mutation und Selektion. Bei ihm bestehen beim kreativen Prozess viele Variationsmöglichkeiten, die durch personale und soziale Selektionsmechanismen (vgl. Heller 2008, S.19) ausgewählt und verwendet oder aber verworfen werden.

2.2 Vier Perspektiven auf ein Phänomen

Die wahrscheinlich breiteste Sicht auf das gesellschaftliche Phänomen der Kreativität kann dem amerikanischen Soziologen und Ökonomen **Richard Florida** zugeschrieben werden. Für ihn ist Kreativität die zentrale Humanressource der Wissensgesellschaft – die Fähigkeit zum kreativen Denken sei förmlich die Essenz der Wissensgesellschaft (vgl. Florida 2002). In den entwickelten Industrienationen seien bereits zwischen 25 und 30 Prozent aller Erwerbstätigen im kreativen Bereich tätig, es handele sich daher um eine *kreative Klasse*. Das hauptsächliche Industriegut der Wissensgesellschaft ist die selbstständige Entscheidung. Es sind nicht Rohstoffe und Maschinen, Kapital und Boden, die zukünftig die Wirtschaft antreiben, sondern die Kreativität – die Fähigkeit eigene Lösungen zu entwickeln, die richtige auszuwählen und daraufhin eine eigene Entscheidung zu treffen. Floridas kreative Klasse benötigt für ihre Entwicklung allerdings ein förderliches soziales Umfeld, das aus dem Zusammentreffen von *Technologie, Toleranz und Talent* besteht. Als Ökonom glaubt er, dass ein Standort an Attraktivität und an Wachstumsdynamik gewinne, wenn kreatives Talent und technologisches Know-how zusammenarbeiten und Toleranz für eine heterogene Zusammensetzung der Gesellschaft bestehe, denn das trage entscheidend zum kreativen Wissensaustausch bei.

2.2.4 Mensch und Mensch – der interpersonale Ansatz

„Ich bin gut – wir sind besser!"
Olaf Axel Burow

Die interpersonale Perspektive der Kreativitätsforschung schaut bei der Analyse schöpferischer Spitzenleistungen weniger auf die ungewöhnlichen angeborenen Begabungen oder erworbenen Fähigkeiten von Einzelpersonen und auch weniger auf die strukturgebenden Umwelteinflüsse durch den Kontext einer Organisation oder eines bestimmten Workflows, sondern diese Forschungsrichtung erklärt Kreativität vielmehr als das Ergebnis eines mittelbaren und unmittelbaren Zusammenwirkens unterschiedlicher Personen. Hinter dieser Perspektive steht die Überzeugung, dass kreative Höchstleistungen auch von Personen zu erzeugen sind, die eigentlich über keine besonderen Fähigkeiten verfügen, die aber durch Erschließung und Kombination unterschiedlicher Einzelkompetenzen, zu einem synergetischen Ergänzungsprozess gelangen, an dessen Ende eine Leistung steht, die über die Leistungsfähigkeit aller beteiligten Personen hinaus geht.

Das Leitmotiv des interpersonalen Ansatzes in der Kreativitätsforschung ist die Weltanschauung des Humanismus mit seinem Grundsatz, die Potentiale im Menschen als Ausgangspunkt aller Handlungen zu betrachten. In der Sicht der

Humanisten ist der Mensch aktiv und positiv und erlebt selbstbestimmt und selbstbewusst seine eigene Existenz (vgl. Burow 1981, S.49). Nach **Erich Fromm** ist der Humanismus durch den Glauben an die Einheit des Menschen und „durch die Betonung der Fähigkeit des Menschen, sich weiterzuentwickeln und zu vervollkommnen [sowie] durch die Betonung von Vernunft, Objektivität und Frieden" (Fromm 1963, zit. n. Dauber 1997, S.182) gekennzeichnet. **Abraham Maslow**, einer der Gründer der humanistischen Psychologie, entwirft eine Psychologie mit den bejahenden Kategorien der Gesundheit, der Selbstverwirklichung, des Wachstums und der Vollkommenheit (vgl. Burow 1981, S.48). Dieses kann sich in der „Gestaltung nicht entfremdeter und nicht ausbeuterischer Beziehungen" (Dauber 1997, S.182) ausdrücken und auf einer Beziehungs- und Bezugstheorie basieren. Grundlage dieser Beziehungen zwischen Menschen ist die Auffassung, dass man unterschiedlicher Meinung sein kann und gerade in diesem Dissens der Schlüssel für das Verbindende zu finden ist (vgl. Bohm 2002). Menschen bilden und entwickeln sich weiter, so eine der Grundannahmen des Humanismus. Angestrebt wird dabei das antike Ideal einer ethischen und kulturellen Höchstentfaltung des Menschen, bei denen die Fähigkeiten und Talente entwickelt werden sollen, um die in jedem Menschen vorhandenen inneren Potentiale zu erreichen. Hierbei spielen vor allem Aspekte der Selbstbestimmung und Partizipation von Menschen eine große Rolle.

Während die Interaktion bei dem anthropologischen Ansatz der Kreativitätsforschung lediglich die Funktion eines Katalysators für die kulturevolutionäre *Entwicklung* von Ideen hat, fokussiert der interpersonale Ansatz auf den sozialen Faktor bei der *Generierung* von Ideen. Diese Perspektive beruht auf der Überzeugung, dass bereits vorhandene kreative Potentiale durch die Interaktion von zweien oder mehreren Individuen gehoben und vermehrt werden können. Das Ergebnis eines solchen Prozesses, übersteigt in seiner Leistungsfähigkeit das zu erwartende summative Ergebnis. Das pragmatisch ausgedrückte Prinzip hinter diesem Ansatz lautet daher: „Ich bin gut – wir sind besser" (Burow 2000b). Bereits **Francis Galton** belegte Anfang des 19. Jahrhunderts diese These. Freilich war er nicht auf der Suche nach Teamkreativität, er wollte vielmehr einen empirischen Beleg für die Überlegenheit des Genies gegenüber der einfachen Masse erbringen. Während eines jährlichen Viehmarktes im englischen Plymouth wird traditionell das Schlachtgewicht eines Ochsen durch die Besucher des Marktes geschätzt. Galton ging davon aus, dass die Mehrheit der Viehmarktbesucher weder die intellektuellen Voraussetzungen noch das Wissen hätten, eine annähernd korrekte Schätzung abzugeben. Er glaubte entsprechend seiner Genie-Forschung vielmehr an die Überlegenheit einiger weniger Experten. Es wurden über 800 Schätzungen abgegeben. Galton nahm die Schätzungen und errechnete den Mittelwert. Das Ergebnis irritierte den Forscher sehr. Denn tatsächlich lag

2.2 Vier Perspektiven auf ein Phänomen

der Durchschnitt aller Schätzungen des Gewichts des Ochsens bei 1197 Kilo, nach der Schlachtung wurde es mit 1198 Kilo ermittelt. Galton sprach von der „Stimme des Volkes", fand aber in seinen letzten fünf Lebensjahren keine einleuchtende Erklärung für dieses Phänomen. Mit diesem Beispiel leitet **James Surowiecki** sein Buch "The Wisdoms of Crowds" ein, mit dem er versucht, die Überlegenheit von Gruppenentscheidungen gegenüber denen einzelner Experten zu illustrieren. Die handlungsleitende These der „Weisheit der Vielen", ist die Überzeugung, dass Gruppen leistungsfähiger sein können, weil sie aus unterschiedlichen Personen, mit unterschiedlichem Wissen und unterschiedlichen Perspektiven bestehen. Vorraussetzung ist, dass es den Teammitgliedern gelingt, diese Vielfalt synergetisch zu verbinden und zu einem nonsummativen Ergebnis zu formen.

Dem historischen Vorbild des Viehmarktes in Plymouth folgten viele Entwicklungen und Konzepte insbesondere im wirtschaftlichen Sektor. So stellte das Automobilunternehmen Volvo schon in den 1980er-Jahren von der Fließbandarbeit zur Fabrikation in festen Teams um. Man wollte damit die einzelne Ressourcen der Mitarbeiter besser nutzen und sie emotional an das Produkt binden. Ein weiteres Beispiel ist eine Forschungsinitiative des Bundesministeriums für Forschung und Wissenschaft mit dem Rahmenthema „Innovation durch Heterogenität". Auch hier wird das Zusammenspiel des Wirtschafts- und Innovationsfaktors *Mensch und Mensch* in den Vordergrund des Interesses gerückt. Die Frage bei der interpersonalen Perspektive richtet sich meist auf das „Wie" des Miteinanders. Hierfür wurden und werden Verfahrensweisen und Methoden entwickelt, damit sich Teams synergetisch finden und interagieren können. Der aus der Werbebranche stammende **Alex F. Osborn** entwickelte er in den 1950er-Jahren mit der Absicht der Produktivität ein Verfahren, welches im Sinne der Kombinatorik eine „assoziationstheoretische Konzeption" (Ulmann 1968, S.140) – die „Brainstorming-Methode". Er versteht Kreativität als einen sozialdeterminierten Prozess, der durch Gruppeneinflüsse zu fördern sei. Allerdings, schränkt Ulmann ein, liege bei dieser Methode die Betonung zunächst auf der Quantität, nicht auf der Qualität der Ideen (Ulmann 1968, S.140).

1973 entwickelte **Eberhard Witte** ein Modell, welches verschiedene Handlungstypen beschreibt, die sich durch spezifische Eigenschaften auszeichnen (vgl. Witte 1998, S.1ff.). Er unterscheidet dabei zunächst in Fachpromotoren und Machtpromotoren. Später wurde das Modell um den Prozess-Promotor erweitert. Witte untersuchte welche Konstellationen (nur Machtpromotor, nur Fachpromotor, ohne Promotor, beide Funktionen in Personalunion oder zwei Promotoren-Personen) für den Innovationsprozess am effektivsten sind. „Unter sämtlichen von uns untersuchten Kriterien erweist sich demnach, daß das organisatorische Modell der Gespann-Struktur den anderen Konstellationen überlegen ist." (Witte

1998, S.40). Hauschildt und Gemünden bestätigen 1998 die Effizienz der Gespann-Struktur, des so genannten Troika-Modells (Macht-, Fach- und Prozesspromotor). Die Gespann-Struktur erweist sich bei den Untersuchungen sowohl den einseitigen Modellen (nur Machtpromotor oder nur Fachpromotor) als auch dem Modell der Personalunion (Promotor mit Fach- und Machtstruktur) als überlegen. „Zusammengefasst zeigen die Ergebnisse, daß sich erfolgreiche Innovationen durch das Zusammenspiel mehrerer verschiedener Personen mit ganz unterschiedlichen Merkmalen auszeichnen. [...] Zu beobachten ist außerdem, daß mit steigender Intensität der Zusammenarbeit die technischen Lösungen einen höheren Innovationsgrad aufweisen." (Lechler 1998, S. 182)

Albert Bandura macht in seiner sozialen Lerntheorie deutlich, dass das soziale Milieu wechselseitig in einer bestimmten Richtung ausgeformt wird (vgl. Bandura 1977). In dyadischen Beziehungen aktiviert das Verhalten bestimmte Reaktionen des anderen, welche wiederum reziproke Antworthandlungen veranlassen. Eine wichtige theoretische Grundlage für solche sozialen Interaktionen, liefern die Psychologen **John W. Thibaut** und **Harold H. Kelley** 1959 mit ihrer Interdependenztheorie. Diesem Ansatz zufolge bringen soziale Beziehungen Nutzen wie auch Kosten für die Beteiligten mit sich. Persönliche Beziehungen sind demnach auch als Quelle von Konflikten zu betrachten. Zwischenmenschliche Interaktionen verfügen offensichtlich über eine große emotionale Bedeutsamkeit für das Individuum, sowohl mit negativen als auch mit positiven Effekten. Thibaut und Kelley gehen davon aus, dass bei interpersonalen Beziehungen von zwei oder mehr Personen die Beteiligten nicht nur ihre eigenen Ziele verfolgen, sondern, sie nehmen je nach Interaktionserfahrung zudem eine Gruppenperspektive ein (vgl. Seip 2004, S.32f.). Dabei folgen sie aufgrund ihrer gemeinsamen Basis einem gemeinsamen Gruppenziel, welches Weisbord als common ground bezeichnet (vgl. Weisbord 1992). Wenn bei diesem sozialen Beziehungsgeflecht bestimmte Bedingungen erfüllt sind, ist ein so genannter *Assembly-Effekt* möglich. Es findet also ein höherer Leistungsschub statt, als man aus der Addition individueller Leistungs- und Kreativitätspotentiale hätte erwarten können. Durch die Ergänzung der Problemlösungspotentiale entsteht dadurch eine neue Qualität der Lösung, die kein einziges Mitglied der Gruppe hätte allein erreichen können. Damit sich die individuellen Potentiale ergänzen können, müssen sie sich in ihrer Wissens- und Problemlösungsstruktur unterscheiden. Daher sind solche Effekte stark von der Heterogenität der Gruppenmitglieder abhängig.

Die Gestalttherapeutin **Ruth C. Cohn** erarbeitete durch ihre praktische Erfahrung mit Gruppen ein Verfahren, mit dem das „Syndrom des »Wir und Dieda«" (Cohn 1997, S.7), wie wir es in Schulen und Familien erlernt hätten, überwunden werden könne. Mit der *Themenzentrierten Interaktion (TZI)* bündelt sie

2.2 Vier Perspektiven auf ein Phänomen

pädagogisch-therapeutische Elemente zu einem prozessorientierten humanistischen Verfahren. Unter pädagogisch-therapeutisch versteht Cohn „jede Situation, die dem psychisch eingeengten Menschen hilft, Zugang zu sich selbst und zu anderen zu finden" (Cohn 1997, S.176). Eine psychische Einengung kann bereits dann vorliegen, wenn eine Gruppe vor einem Problem steht und sie nun gemeinsam einen Lösungsweg finden müssen. Die TZI hält für diese Situationen Techniken und Prinzipien bereit, um erfolgreich einen gemeinsamen Lösungsweg als Gruppe zu finden.

Cohns Humanismus-Begriff bezieht sich insbesondere auf das Erschließen des *Gelingenden* und das aktive Ausschließen des *Misslingenden*. Sie sucht das Verbindende zwischen den Menschen und nutzt das Verfahren der TZI, um das Trennende zu überwinden. In Bezug auf interpersonale Mechanismen spielt die TZI eine bedeutende Rolle, da kooperatives und kollaboratives Arbeiten immer auch das Überwinden von Vorurteilen, Eitelkeiten und Machtgewinn bedeutet. Für die Überwindung solcher hemmender Aspekte, bedarf es in der Regel Verfahren, die den Gruppenprozess leiten oder kanalisieren. Ruth Cohn glaubt dieses durch die Balance der Faktoren ICH, ES und WIR erreichen zu können. Bei Cohns TZI ist mit *ICH* die Persönlichkeit des Einzelnen, mit *WIR* das kommunikative Zusammenwirken aller Gruppenmitglieder und mit *ES* das Thema bzw. die Aufgabe der Gruppe gemeint ist (vgl. Burow 1981, S.59).

Abb. 9, Cohns dynamisches Dreieck der TZI

"Die Balance dieser drei Gegebenheiten ist nie vollkommen, sondern braucht eine relative, dynamische Ausgeglichenheit" (Cohn 1997, S.115), um als kohärente und damit befriedigende Situation von allen Teilnehmenden wahrgenommen werden zu können. Um die Balance zwischen Ich, Es und Wir zu erreichen, können Moderatoren, Gruppenleiter oder Prozess-Promotoren, auf einige von Cohn aufgestellten Axiome, Postulate und Hilfsregeln (siehe ebd., S.120ff.) zurückgreifen. Solche prozessorientierten Prinzipien und Techniken stellen beim interpersonalen Ansatz der Kreativitätsforschung für die Gestaltung kooperativer und kollaborativer Teamprozesse eine zentrale Handlungsmaxime dar.

Robert Jungk gilt als der Erfinder einer solchen Kollaborationstechnik: der *Zukunftswerkstatt*. Dabei handelt es um ein moderiertes Verfahren für große Gruppen, welches zur partizipativen Nutzung interpersonaler Potentiale entwickelt wurde. Die Zukunftswerkstatt bezeichnet Jungk als ein soziales Problemlösungsverfahren, bei dem Gruppen zielgerichtet in einem kreativen Prozess geleitet werden und methodisch kollaboratives Arbeiten gefördert wird. Jungk hat dieses Verfahren in den 1970er-Jahren insbesondere deswegen entwickelt, weil er Bürgern zu aktiven Mitgestaltung der Zukunft verhelfen wollte (vgl. Jungk/ Müllert 1981, S.17ff.). Hintergrund ist die Tatsache (damals wie heute), dass kleine Gruppen von Experten Entscheidungen für Veränderungsprozesse bestimmen, die die gesamte Domäne betreffen. Jungk möchte mit seinem Gruppenverfahren Möglichkeiten eröffnen, diese *Lücke im demokratischen System* zu schließen, denn, so postuliert Jungk: „Die Zukunft geht uns alle an" (Jungk/ Müllert 1981, S.11).

Die klassische Zukunftswerkstatt besteht aus drei Phasen: der Kritik-, der Visionen- und der Umsetzungsphase (vgl. ebd., S.17ff.). Die Beschwerde- und Kritikphase dient zum Verbalisieren und Verschriftlichen aller Punkte, die Unmut bei den Teilnehmenden hervorrufen. Die Ergebnisse werden zu Themenkreisen geordnet. In der folgenden Phantasie- und Visionenphase wird auf die ausgesprochene Kritik mit „eigenen Wünschen, Träumen, Vorstellungen, alternativen Ideen geantwortet" (ebd., S.19). Die interessantesten Vorschläge werden durch bestimmte Votingverfahren durch die Teilnehmenden selbst ausgewählt und in kleinen Arbeitsgruppen zu Lösungsvorschlägen verdichtet. Mit der abschließenden Verwirklichungs- und Praxisphase setzt sich die Gruppe mit den Möglichkeiten der Umsetzung der Lösungsvorschläge in der Gegenwart und Realität der Domäne auseinander und erarbeitet konkrete Umsetzungspläne.

Der Kunstgriff Jungks ist die methodische Möglichkeit des Ausbrechens aus linearen Denkmustern. Die Visionenphase mit dem ausgesprochenen Auftrag Wünsche und Träume zu äußern, unterstützt das Ausbrechen aus den Sachzwängen der Realität. In dieser Phase ist alles möglich, und es werden keine Grenzen gesetzt. Alle denken in der gemeinsamen Zukunft und durch dieses befreite krea-

2.2 Vier Perspektiven auf ein Phänomen

tive Team-Arbeiten können gemeinschaftlich entwickelte neue Handlungsalternativen entstehen. Ein Kernstück dieser Technik ist die Fähigkeit der teilnehmenden Personen, sich auf einen Dialog miteinander einzulassen. Der Physiker **David Bohm** definiert das Wort *Dialog* als Gegenmodell zur *Diskussion* (vgl. Bohm 2002). In der Diskussion gehe es nach Bohm um eine kritische Analyse, in der es viele Meinungen gebe und jeder seine Meinung vortrage, analysiere und zergliedere. Oft sei die Diskussion vom eigenen Standpunkt geprägt, der zwar mit dieser oder jener Meinung anderer untermauert, ansonsten aber verteidigt werde. Man sammele Punkte für sich, schlage Argumente vor und zurück, kommt aber über den eigenen Standpunkt in der Regel nicht hinaus. Eine Diskussion ist demnach vergleichbar mit einem Spiel, dass es zu gewinnen gilt. Ein gelingender Dialog dagegen, stelle einen Austausch von Meinungen und Standpunkten dar.

„In einem Dialog versuchen also die Gesprächsteilnehmer nicht, einander gewisse Ideen oder Informationen mitzuteilen, die ihnen bereits bekannt sind. Vielmehr könnte man sagen, daß die beiden etwas gemeinsam machen, das heißt, daß sie zusammen etwas Neues schaffen." (Bohm 2002, S.27)

Durch eine Verunsicherung und die dadurch entstehende Anregung, entwickeln sich Erkenntnispotentiale, die zu einem echten Erkenntnisfortschritt gelangen können. „Diesen konstruktivistischen Ausgangspunkt unseres Denkens, nämlich dass wir unsere Wahrheiten, unsere Wirklichkeit selbst schaffen und dass diese Wirklichkeit erheblich von der anderer Menschen abweichen kann, versucht der Dialog aufzudecken und zu überbrücken." (Plümpe 2008, S.45). Eine dialogische Haltung beanspruche dieses Bemühen. In Bezug auf Bubers Untersuchungen zum dialogischen Prinzip argumentiert Burow, dass sich unsere einmalige, unverwechselbare Persönlichkeit erst im Dialog zwischen Ich und Du konturiere (vgl. Burow 1999, S.124). Burow stellt im Bezug auf Bohms Konzept des Dialogs fest:

„Ziel ist es, einen Zustand des Schwebenlassens zu erreichen, in dem niemand vorschnell Position bezieht, sondern alle darauf achten, welche Wirkungen verschiedene Argumente auf die einzelnen haben. Nach und nach entsteht so eine dialogische Haltung abseits aller Macht- und Verteidigungsspiele, und echter Erkenntnisfortschritt wird möglich." (ebd., S.125)

Wenn die Mitgliedern einer Arbeitsgruppe eine solche Haltung einnehmen würden, dann betrachten alle gemeinsam Standpunkte und die Gruppe erreiche dadurch eine Art partizipierendes Bewusstsein (vgl. Bohm 2002, S.67). Zentraler Punkt bei Bohms Dialogkonzept ist die Fähigkeit zu Propriozeption, zur Eigenwahrnehmung des Denkens (vgl. ebd., S.142ff.). Wir müssen lernen, so Bohm, unser Denken zu beobachten, um vorschnelle Kurzschlusshandlungen wie Aggression zu vermeiden. Diese Fähigkeit ist insbesondere bei kollaborativen Arbeiten in heterogenen Gruppen gefragt. Denn hier kann gemeinschaftliches Denken zu einer Erweiterung der Gruppenleistung führen, allerdings nur, wenn tatsächlich gemeinschaftlich gedacht wird. Bohm glaubt, dass wir durch die Technik des „in-der-Schwebe-haltens" auftretender Widersprüche, Gegenargumenten oder verbaler Angriffe, unser Denken kontrollieren und überwachen können. Das Schwebenlassen sei die Alternative zu einem Wutausbruch oder zur Unterdrückung der Wut. Beides bringt uns im Dialog nicht voran.

„Erforderlich wäre vielmehr, die Symptome in der Mitte gleichsam wie auf einem instabilen Punkt – wie auf Messers Schneide – in der Schwebe zu halten, so daß wir den ganzen Prozeß betrachten können." (Bohm 2002, S.144)

Letztendlich ist Bohms Propriozeption eine notwendige Haltung, um synergetisch in Gruppen agieren zu können. Daher kommt der Frage eine immer stärkere Bedeutung zu: Wie kann es gelingen, Teams auf propriozeptive Weise Denken und Arbeiten zu lassen?

Der Interessensschwerpunkt der Forschergruppe um **Hans Georg Gemünden** konzentriert sich daher auf die praktische Umsetzung kollaborativer Arbeit. Gemünden und Högl bündelten Ergebnisse solcher Forschungsprojekte in einer Meta-Studie. Ihr Fazit: Teamarbeit hat eine bedeutende Funktion für den Innovationserfolg eines Unternehmens. Sie kommen zu dem Schluss, dass ein signifikant positiver Effekt auf den Erfolg von Innovationen durch Teamarbeit festzustellen ist. Teams sind offensichtlich in der Lage, Innovationen zu fördern. In Bezug auf eine Studie Lechlers, beschreiben Gemünden und Högl hierfür erste Wirkfaktoren:

- das fachliche Know How der Teammitglieder,
- die Fähigkeit zur Selbstorganisation,
- die Effekte durch Projektleitung (vgl. Gemünden/Högl 2000, S.7).

Bei der Frage des *Wie der Umsetzung*, beziehen sich Gemünden/Högl auf Daten sieben unterschiedlicher Studien bei denen insgesamt über 740 amerikanische

2.2 Vier Perspektiven auf ein Phänomen

Unternehmen untersucht wurden. Sie analysieren nach Auswertung der Studien folgende Einflussfaktoren beim Teamprozess:

- Beziehung zum sozialen und organisatorischen Kontext,
- Ausgewogenheit der Beiträge (Dialog),
- Qualität der Zusammenarbeit (Kohäsion, Engagement, Kooperation).

Für die Konstruktion von Teams ergeben sich nach Gemünden/Högls Analysen folgende Input-Attribute:

- Wissen und *Fähigkeiten,*
- *Teamgröße,*
- *Heterogenität.*

Ergänzend hierzu stehen im Fokus der bereits erwähnten Meta-Studie von Schuler und Görlich, spezifische Persönlichkeitsmerkmale, denn es sei für kreative Personen charakteristisch, sich Umgebungen zu suchen, „die ihrer Art zu denken und zu arbeiten zugutekommen" (Schuler/Görlich 2007, S.50). Diesbezüglich finden sich allerdings relativ wenige empirische Ergebnisse. Das habe zum einen damit zu tun, so Schuler und Görlich, dass die situativen Einflussgrößen nur schwer zu ermitteln seien, zum anderen aber auch damit, dass die Gegenwart anderer nicht immer leistungsfördernd sei (Schuler/Görlich 2007, S.51). Ein Grund hierfür sehen die beiden im hohen kognitiven Anforderungsgehalt, der bei kreativen Prozessen nötig wird. Dieser wirke sich hemmend auf kreative Personen aus, weil diese, zumindest nach den Ergebnissen von Schuler/Görlich (vgl. ebd., S.10ff.) eher introvertiert bzw. autonomieorientiert seien und „durch erzwungene soziale Kontakte tendenziell überaktiviert werden" (ebd., S.51). Dennoch machen die beiden Kreativitätsforscher Merkmale aus, die Teamleistungen im kreativen Bereich zulassen. Kreative benötigen, so die Forscher, zwar einen möglichst großen individuellen Freiraum, Kooperationserfordernisse seien dennoch vorhanden. Daher müssen Organisationen, wenn sie einen innovationsförderlichen Kontext konstruieren möchten, ein Klima des Vertrauens schaffen – erst dadurch sei die Entwicklung eines innovationsförderlichen Teamgeistes möglich.

Weitere Faktoren bestünden in der Größe der Gruppe. Hierbei sei eine mittlere Gruppengröße für einen anregenden Teamkontext günstig. Einen weiteren Faktor sehen sie in der Gruppenzusammensetzung. Eine Gruppe sollte nach den Erkenntnissen von Schuler und Görlich, eine Mischung aus Ähnlichkeit und Verschiedenheit aufweisen (vgl. ebd., S.52). „Unterschiedliche Fähigkeiten scheinen dann von Nutzen zu sein, wenn sie auf unterschiedliche Teilaufgaben abgestimmt sind." (Schuler/Görlich 2007, S.52.). Diese an sich banale Erkenntnis deutet auf die Bedeutung der Aufgabenstellung bei Teamkreativität hin. Umso komplexer die Aufgabenstellung bzw. das Problem ist, desto höher ist die Wahrscheinlichkeit, dass ein Team die kreative Lösung findet. Interessant sind hierbei die von Schuler/Görlich referierten Vorschläge zu Änderung des Brainstormingverfahrens. Kollaborative Innovationsprozesse sollten hiernach in einzelne Phasen unterteilt werden, die zwischen individueller- und Gruppeninnovationsphase wechseln. Daraus ergebe sich ein optimaler Innovationsprozess nach dem Prinzip: I-G-I (Individuum-Gruppe-Individuum) (vgl. ebd., S. 93f.). Dieser Vorschlag verdeutlicht die Sicht der beiden Persönlichkeitspsychologen, dass gewisse kreative Prozesse sich nach wie vor im Kopf eines einzelnen Kreativen abspielen.

Einen konsequenten Schritt zu einer ko-kreativen Überzeugung hat **Claus Otto Scharmers** mit seiner Theorie U gemacht. Zentraler Punkt seiner Bemühungen ist die „Aufdeckung der sozialen Grammatik" von Kooperationsprozessen. Dazu müssten wir uns eines fundamentalen *blinden Flecks* bei der Gestaltung sozialer Prozesse bewusst werden, so der einflussreiche Wirtschaftswissenschaftler des MIT. Der blinde Fleck bezieht sich bei Scharmer auf die „Struktur der Aufmerksamkeit", die wir verwenden, wenn wir an unsere Arbeit gehen. Geht es darum, einen konkreten Gegenstand oder auch einen sozialen Sachverhalt zu betrachten, so kann man drei verschiedene Betrachtungsperspektiven einnehmen: auf den Gegenstand, auf den Entstehungsprozess und auf den Motivationshintergrund. Dabei sind die Betrachtungsperspektiven: *was* wir tun, *wie* wir es tun und was die inneren *Quellen* für das Handeln sind. Der blinde Fleck den es zu betrachten gelte, seien eben diese inneren Quellen, die innere Verfasstheit oder der innere Ort, von dem aus die Handlungen erfolgen.

Scharmer betrachtet diesen blinden Fleck als Schlüsselfaktor für die Sozialwissenschaften und für Führungsmodelle. Dieses Konzept erinnert zunächst noch stark an Bohms in-der-Schwebe-halten, als Strategie dafür vorschnelle Denk-Handlungen zu vermeiden. Scharmer äußert aber nicht nur die Forderung, sondern verlangt im Sinne Wundts Introspektion, die Verlagerung des Fokus weg von dem Gegenstand und hin zu den Ursachen des Gegenstands. Der Kern in Scharmers Überlegungen liegt nun nicht darin, die inneren Quellen durch den reflektierenden Zugriff auf vergangene Erfahrungen zu erlangen, sondern sich *in den Quell-Ort einer entstehenden Zukunft nach vorne zu versetzen*. Scharmer nennt dieses in-die-Zukunft-schauen „Presencing". Es handelt sich dabei um eine Wortschöpfung aus den englischen Wörtern „presence", Gegenwart bzw. Anwesenheit und „sensing", fühlen und erspüren.

2.2 Vier Perspektiven auf ein Phänomen

„Presencing ist eine Bewegung, in der wir unserem Selbst aus einer entstehenden Zukunft heraus begegnen." (Scharmer 2009, S.168).

Betrachtet man soziale Felder, so kann man den Inhalt dessen, was als soziale Wirklichkeit wahrgenommen werden kann, analysieren und beschreiben. Das ist die sichtbare Materie sozialer Felder. Die unsichtbare Seite ist der blinde Fleck, also die Quelle unserer Wahrnehmung. Beim Presencing interessiert nun auch der Raum zwischen sichtbarer und unsichtbarer Seite sozialer Felder. Den Zwischenraum betrachtet Scharmer als den Bereich, wo die sichtbare Welt und die unsichtbare Welt (der Ort oder die Position, von der aus wir wahrnehmen) aufeinander treffen und sich miteinander verbinden. Diese Sphäre bezeichnet Scharmer als die *Feldstruktur der Aufmerksamkeit*. Gemeint ist die Qualität der Beziehung zwischen dem Wahrgenommenen (Inhalt) und dem Wahrnehmenden (Quell-Ort).

Scharmer unterteilt hinsichtlich des Quell-Ortes in vier unterschiedliche Feldstrukturen von Aufmerksamkeit, bei denen es sich im Grunde um unterschiedliche Filter handelt. Im ersten Fall richtet sich die Aufmerksamkeit auf bereits vorhandene Urteile (*downloaden*). Es wird nur das wahrgenommen, was schon bekannt und mental organisiert ist. Im zweiten Fall, achtet die *gegenständlich-unterscheidende* Aufmerksamkeit auf alles, was anders ist und von den vorhandenen Urteilen abweicht. Es gilt also nicht, wie beim downloaden, Unterschiede zu verleugnen, sondern sie zu erkennen und zu verarbeiten. Beim dritten Filter, der *empathischen* Aufmerksamkeit, verlässt man die eigenen Grenzen des Wissens und Fühlens und verschiebt sich in das Feld eines anderen. Dieser Zustand kann bei einem gelingenden Dialog entstehen, wenn sich so eine direkte Verbindung zu der anderen Person aufbaut. In diesem Modus gelänge es die Welt mit anderen Augen zu sehen. Schließlich beschreibt Scharmer den vierten Filter, die *schöpferische* Aufmerksamkeit bzw. eine Aufmerksamkeit auf das im Entstehen begriffene Feld der Zukunft. Diese Ebene der Feldstruktur lasse uns ein Sensorium öffnen, das uns erlaube eine noch tiefere Resonanz zu verspüren, durch die wir uns in eine direkte Beziehung mit unserer höchsten Zukunftsmöglichkeit setzen können. Am Beispiel eines Gesprächs macht Scharmer deutlich, zu welchem Zeitpunkt man sich auf dieser vierten Ebene befindet:

„[…] wenn Sie plötzlich feststellen, dass Sie nicht mehr die gleiche Person sind, die das Gespräch begonnen hat. Sie sind durch eine subtile, kaum spürbare aber profunde Verwandlung gegangen. Sie haben eine Berührung erlebt. Eine Berührung mit der tiefsten Quelle Ihres Selbst – Ihres authentischen zukünftigen Selbst." (Scharmer 2009, S.9)

Künstlern, großen Gelehrten oder anderen Meistern ihres Faches, gelinge es, aus diesem Feld heraus tätig und kreativ zu werden. Durch Presencing lernt man also aus der Zukunft und nicht aus der Vergangenheit – das ist der ausgesprochen ungewöhnliche Ansatz Scharmers.

Vor dem Hintergrund der vier Quell-Orte der Aufmerksamkeit, entwickelt Scharmer seine „Theorie U". Sein Interesse konzentriert sich auf die Frage, was die Voraussetzungen sind, um aus der im Entstehen begriffenen Zukunft zu lernen? Welche Bedingungen also erfüllt sein müssen, um auf der vierten Ebene zu operieren, um von der Zukunft lernen zu können. Hierbei beschreibt Scharmer seinen U-Prozess, der durch fünf Bewegungen gekennzeichnet ist (vgl. Scharmer 2009, S.380ff.):

- gemeinsame Intentionsbildung (auf Zukunftsimpulse achten),
- gemeinsame Wahrnehmung (Orte der größten Möglichkeit aufsuchen),
- gemeinsame Willensbildung (gemeinsames Wissen entstehen lassen),
- gemeinsames Erproben (Entwicklung von Prototypen des Neuen),
- gemeinsames Gestalten (Das Neue in die Welt bringen).

Bereits im Titel seines Buches zur „Theorie U" nennt er den Schlüssel zum Lernen aus der Zukunft: Öffnung des Denkens – Öffnung des Fühlens – Öffnung des Willens. Scharmer beschreibt mit Presencing eine Technik, mit der es gelingen soll, die emotionale Hürde zu wirklicher, offener und kreativer Kooperation zu überwinden. Scharmers Entwurf blendet im Grunde alle anderen Einflussfaktoren außerhalb der interpersonalen Beziehung aus und beschreibt mit Precensing der Moment des Gelingens.

Der Organisationsentwickler und Kreativitätsforscher **Olaf-Axel Burow** betrachtet kreative Teamprozesse von einem weiteren Blickwinkel und versucht die Essenz der auf der interpersonalen Perspektive der Kreativitätsforschung beruhenden Befunde und Konzepte in einem pragmatischen Modell zu verdichten. Er entwickelt in der Denktradition der Feldtheorie Kurt Lewins (vgl. Lewin 1982) und aufgrund reichlicher Erfahrungen prozessorientierter Großgruppenmoderation (Burow 2000b, 2005) mit der *Theorie der Kreativen Felder* (Burow 1999) einen „maßgeblichen Beitrag im deutschsprachigen Raum zum Forschungsbereich Gruppen- und Teamkreativität." (Sonnenburg 2007, S.60).

Ausgangspunkt der Theorie der Kreativen Felder ist eine Kritik am Genie-Begriff und der von Burow bemängelte zu einseitig beschränkte Blickwinkel auf einzelne Personen. In Bezug auf die Kreativitätsforscher Csikszentmihalyi und Gardner, betrachtet auch Burow die Leistungen herausragender Schöpfer nicht nur als Folge ihrer außergewöhnlichen Fähigkeiten, sondern auch aufgrund der Zusammenarbeit einer Vielzahl unterstützender Personen.

2.3 Zusammenfassung und Fragestellung

„Kreativität erscheint deshalb [...] weniger als Leistung eines besonders begabten Individuums, sondern eher als Effekt besonders gestalteter sozialer und kultureller Umfelder, in denen die Schöpfer allerdings so etwas wie Kristallisationskerne sind" (Burow 2005, S.38).

Diese Kristallisationskerne spielten oft die Rolle „eines Magneten im Feld" (ebd., S.47). Burows Forschungsschwerpunkt gilt insbesondere den Konstruktionsmöglichkeiten kreativitätsfördernder Rahmenbedingungen im interpersonaler Kontext. Besondere Beachtung finden dabei die synergetischen Beziehungen der im Feld vorhandenen Persönlichkeiten. „Das kreative Feld ist ein Raum, der in besonderer Weise durch die unterschiedlichen Egos energetisch aufgeladen ist." (Burow 1999, S.137). Insofern gilt es Prinzipien und Verfahren zu entwickeln, die den interaktiven Prozess der Personen und Beziehungen innerhalb des Kreativen Feldes gestalten helfen. Es sei nicht die überragende Begabung die uns zu kreativen Leistungen verhelfe, sondern alle können solche Leistungen vollbringen, wenn sie ein geeignetes Kreatives Feld finden oder es aufbauen (vgl. ebd., S.41).

„Das Kreative Feld zeichnet sich durch den Zusammenschluß von Persönlichkeiten mit stark unterschiedlich ausgeprägten Fähigkeiten aus, die eine gemeinsam geteilte Vision verbindet: Zwei (oder mehr) unverwechselbare Egos, die sich trotz ihrer Verschiedenheit ihres gemeinsamen Grundes bewußt sind, versuchen in einem wechselseitigen Lernprozeß ihr kreatives Potential gegenseitig hervorzulocken, zu erweitern und zu entfalten." (ebd., S.123)

Burows Kreative Felder zeichnen sich durch eine dialogische Beziehungsstruktur, durch eine gemeinsame Produktorientierung, durch Heterogenität, durch Synergie, durch Partizipation sowie durch ein kreativitätsförderndes, soziales und ökologisches Umfeld aus (vgl. ebd., S.123f.). Dieser Ansatz stellt die Grundlage für die vorliegende Studie dar und wird im folgenden Kapitel im Rahmen der genaueren Besprechung der interpersonalen Perspektive der Kreativitätsforschung eingehender beleuchtet.

2.3 Zusammenfassung und Fragestellung

Kreativität ist das Produkt eines langen evolutionären Prozesses und findet seinen Ausdruck in der Fähigkeit aus Chaos Ordnung zu schaffen, vorhandene Informationen zu verarbeiten, einzuschätzen und daraus Verhaltensmuster zu entwickeln. Ziel kreativer Prozesse ist es, eine noch nie erfahrene Situation zu meistern. Als Guilford 1950 in seiner programmatischen Rede den Begriff der Kreativität in die wissenschaftliche Diskussion einbrachte, betonte er Kreativität als eine neue Dimension der Begabung. Mit dieser Rede begannen die *Glory days of creativity*. Die Anzahl der Abhandlungen und Publikationen zu diesem Themenkomplex stiegen überdurchschnittlich an. Der Sputnikschock 1957 wirkte zudem wie ein Katalysator, nun wurden nicht nur Bücher veröffentlicht, sondern es gab auch öffentliche Fördergelder. Die Erforschung des Phänomens Kreativität avancierte zum Projekt von nationaler Bedeutung – zumindest in den USA. Als Folge daraus wird die Kreativitätsforschung seitdem durch amerikanische Wissenschaftler dominiert.

Guilford proklamierte das divergente Denken und grenzte sich damit vom angeborenen Genieattribut ab. Er konzentrierte sich auf die kognitiven Fähigkeiten, die für das Entstehen von Kreativität notwendig seien. Divergentes Denken bedeutet von verschiedenen Seiten aus zu denken, die Perspektive zu ändern und das Vorhandene neu zu ordnen. De Bono konkretisierte den Aspekt und betonte die ungewöhnliche Lösung, die durch laterales Denken oder „Querdenken" erreichbar sei. Der kognitive Faktor, das Denken, war in den ersten Jahren nahezu synonym mit dem Begriff Kreativität. Erst Getzel und Jackson differenzierten 1962 definitorisch zwischen Kreativität und Intelligenz. Lösungen, die zwar effektiv und nützlich waren, aber mit den gewohnten und bekannten Lösungsmustern erzielt wurden, sind intelligente Lösungen. Kreative Lösungen, verlassen den gewohnten Rahmen und schaffen neue Lösungsmuster. Hirnforscher glauben daher, es gehe bei der Entwicklung von Ideen, um die Wiederherstellung von psychischer Stabilität durch die Überwindung eines Problems.

In den 1980-Jahren fand die „everyday creativity" (Amabile 1983, Richards et.al. 1988) in der Diskussion eine erhöhte Berücksichtigung und kann heute als akzeptiert bezeichnet werden. Arthur Cropley distanziert sich beispielsweise im Handwörterbuch der pädagogischen Psychologie vom elitären Ansatz, Kreativität sei ein Phänomen einiger weniger und spricht Kreativität „grundsätzlich allen Menschen als wesentliches psychisches Merkmal" (Cropley 2001, S.367) zu. Csikszentmihalyi und Gardner beendeten schließlich Anfang der 1990 Jahre mit ihren Systemmodellen endgültig den Mythos vom einzelnen Genie. Sie begreifen Kreativität als ein gemeinsames Phänomen einer ideengenerierenden Person, eines anerkennenden Feldes von Experten und einer sich dadurch verändernden Domäne. Der Soziologe Florida setzt den wirtschaftlichen Erfolg eines Feldes sogar in proportionalen Zusammenhang mit den organisatorischen und gesellschaftlichen Möglichkeiten des Entstehens von Kreativität (hierfür ist Talent, Technologie und Toleranz nötig). Burow geht schließlich mit seiner Theorie der Kreativen Felder dazu über, dass auch die innovative Idee selbst ein Produkt der

2.3 Zusammenfassung und Fragestellung

Gruppe ist und setzt daher Teamkreativität dem Begriff der Kreativität gleich. Bilanzierend lassen sich zwei grundsätzliche Perspektiven des Verständnisses von Kreativität aufzeigen:

a) *Kreativität als überwiegend individuelles Phänomen*
   (Galton, Guilford, MacKinnon, Barron, de Bono, Getzels&Jackson),
b) *Kreativität als sozial beeinflusstes Phänomen*
   (de Candolle, Stein, Osborn, Amabile, Csikszentmihalyi, Gardner, Burow).

Diese beiden grundlegenden Richtungen drücken sich in vier unterschiedlichen wissenschaftlichen Perspektiven aus, die jeweils bestimmte Traits bzw. Attribute in den Mittelpunkt ihres Forschungsinteresses rücken:

Kognitionspsychologischer Ansatz	Wissen (Intelligenz), Flexibilität (Ideenflüssigkeit), Intrinsische Motivation, Originalität (Querdenken)
Sozialpsychologischer Ansatz	Strukturbedingungen, Zeitdimension, Offenheit, Kommunikation, Extrinsische Motivation
Kulturanthropologischer Ansatz	Feld, Nutzen, Lesbarkeit, Anerkennung, Kulturevolution
Interpersonaler Ansatz	Kommunikation (Dialog), Vision und Ziel, Heterogenität, Empathie, Partizipation, Soziale Kohäsion, Synergie

Kreativitätsforschungsperspektiven und ihre Gegenstandsbereiche

Als Substrat der hier vorgestellten Erkenntnisse der Kreativitätsforschung, lassen sich folgende zentrale Merkmale kreativer Ideen, Produkte und Verfahren herauskristallisieren:

- das **„Neue"**,
- das **„Verbesserte"**,
- seine **„Lesbarkeit"**,
- seine **„Anerkanntheit"**.

Produkte, Ideen oder Verfahren können daher als kreativ bezeichnet werden, wenn sie neu, verbessernd, lesbar sind und wenn sie in der entsprechenden Domäne bzw. dem sozialen Feld anerkannt werden. Daraus ergibt sich folgende forschungsleitende Definition von Kreativität:

Kreativität ist ein überindividuelles Phänomen und steht in Abhängigkeit zu individuellen, strukturellen und kooperativen Bedingungen. Grundlage ist die Fähigkeit Wissens- und Handlungsmuster in Wechselwirkung mit den abweichenden Mustern anderer Personen kombinieren, variieren und die Neuerungen in relevanten sozialen Feldern platzieren zu können.

Die Definition macht deutlich, dass der forschende Blick über die Entwicklung der Idee im Kopf eines Einzelnen sowie die Etablierung der Idee in relevanten sozialen Feldern hinaus geht, sondern vielmehr die Möglichkeiten der kreativen Interaktion von Personen in der Definition implementiert. Insofern benötigen wir für das Hervorbringen kreativer Erzeugnisse *kognitive, soziale, kommunikative und empathische Fähigkeiten*. Zudem scheint ein förderliches Element eine kollaborative Struktur zu sein, die es schafft, die Potentiale unterschiedlicher Persönlichkeiten in einem gemeinsamen Workflow zu verbinden. Daher entsteht ein großes kreatives Potential, wenn innerhalb eines sozialen Systems (Schule, Unternehmen, Abteilung, Arbeitsgruppe) alle beteiligten Personen an der kreativen Entwicklung von Lösungen mitarbeiten, denn dann ist die Lesbarkeit und die Anerkennung der Idee bereits integraler Bestandteil des Innovationsprozesses selbst. Daher liegt im Bereich des interpersonalen Ansatzes der Kreativitätsforschung ein großes Erkenntnispotential. Insofern ergibt sich folgende forschungsleitende Frage dieser Studie:

Welche interpersonalen Faktoren begünstigen kreatives Arbeiten in sozialen Feldern?

Diese Frage kann durch eine detaillierte Betrachtung der Faktoren des Diskurses der interpersonalen Perspektive der Kreativitätsforschung näher bestimmt werden.

3 Die Interpersonale Perspektive

Bei der Lektüre des letzten Kapitels wurde deutlich, dass Kreativität kein Phänomen ist, welches sich auf die individuelle Ebene einer einzelnen Person reduzieren lässt. Es handelt sich bei Kreativität vielmehr um ein soziales Phänomen, bei dem kulturelle und interpersonale Faktoren eine gewichtige Bedeutung besitzen. Daher lässt sich die Kreativitätsforschung auch nicht als eine psychologische Disziplin einordnen, sondern es ist vielmehr eine interdisziplinäre. Die Kernfrage, die sich eine interdisziplinäre Kreativitätsforschung stellt, ist: Welche individuellen, gesellschaftlichen, strukturellen und kooperativen Bedingungen sind für Kreativität bestimmend?

Die Hirnforschung beispielsweise versucht, sich der Kreativität über die „Messung" von Hirnaktivitäten beim kreativen Denken einer *Person* zu nähern. Dieses geschieht über sogenannte bildgebende Verfahren, bei denen die Hirnaktivität der Probanden zu beobachten ist. Problem dabei ist, dass die Person immer nur in der künstlichen und ausgesprochen unnatürlichen Umgebung eines Kernspintomographen zu messen ist. Es bleibt die Frage, ob die Situation in einer klaustrophobisch engen Röhre möglicherweise einen hemmenden Einfluss auf kreatives Denken ausübt. Möglicherweise nimmt Kreativität eine andere Gestalt an, wenn sie in natürlichen Umgebungen auftritt. Zudem sind die Fragen der Hirnforscher mit denen sie kreatives Denken auslösen wollen, für den Probanden immer extrinsisch motiviert und konstruiert. Welche Hirnareale aktiv werden, wenn beispielsweise eine Gruppe an einem alle gleichermaßen betreffenden Problem arbeitet, welches ihnen durch die Lösung Vorteile bei der Bewältigung ihrer alltäglichen Arbeit verspricht, solche Faktoren sind im Kernspintomographen kaum zu simulieren. Trotzdem sind durch dieses und noch andere Verfahren der kognitiven Kreativitätsforschung durchaus interessante Erkenntnisse empirisch zu ermitteln. Etwa bei der Analyse von Testverfahren oder durch Interviews mit kreativen Personen, die aus der Rückschau ihren kreativen Erfolg zu erklären versuchen.

Ein wichtiger Ausgangspunkt bei der Analyse von Kreativität ist das *Produkt*. Hierfür bestehen klare Gütekriterien: Neuheit, Verbesserung, Lesbarkeit und Anerkennung der Idee oder des Verfahrens. Ein Produkt ist immer von einer Person bzw. von einer Gruppe von Personen entwickelt worden, die unter bestimmten Umwelteinflüssen standen und bei der Entwicklung ihres Produkts einen spezifischen Prozess durchlaufen haben. Insofern ist ein kreatives Produkt ein Hinweis dafür, dass verschiedene Aspekte bestehend aus Personen, Prozessen und Umwelteinflüssen bei der Entwicklung dieses Produkts zusammengekommen sind. Um die Ursachen für das Zustandekommen dieser Ideen zu erforschen, werden verschiedene Verfahren genutzt, die meist einen oder mehrere Aspekte in den Fokus stellen. Bei einer umfassenden Kreativitätsforschung wird daher besonderen Wert „auf die Persönlichkeit in ihrer Abhängigkeit von Mitmenschen, von der Umgebung und der Kultur" (Landau 1984, S.48) gelegt.

Natürlich bietet sich auch der *Prozess* für die Beantwortung der umfassenden Frage nach den Bedingungen von Kreativität an. Da der kreative Prozess von kreativen Personen durchaus reflektiert beschrieben und mit Prozessmodellen operationalisiert wurde, können wir hierzu auf einige Erkenntnisse zurückgreifen (vgl. Poincaré 1914, Wallas 1926, Preiser 1976). Allerdings handelt es sich in der Regel um introspektive Berichte, die bestimmte, möglicherweise ausgesprochen wichtige Aspekte nicht berücksichtigen können, weil sie vom Kreativen nicht bewusst wahrgenommen werden. Zudem hat sich erwiesen, dass die Ablaufpläne dieser kreativen Prozesse kaum zu wiederholen sind. Wird der kreative Prozess repliziert, erzielt man meistens nicht den gleichen kreativen Output. Hierdurch wird deutlich, dass der Prozess als Sequenz von Handlungen offensichtlich nicht die alleinige Quelle der Kreativität ist, sondern, dass es sich nur, um ein einzelnes Merkmal handelt. Ausgesprochen wichtige Hinweise lassen sich durch die sozialen Umstände innerhalb dessen der kreative Prozess stattgefunden hat, ermitteln. Die sozialpsychologisch ausgerichtete Kreativitätsforschung betrachtet mit ihrer Forschungsperspektive diese unterschiedlichen Umweltbedingungen, die das Phänomen des Auftretens von Kreativität bestimmen. Mittlerweile kann man es als eine wissenschaftliche Entität betrachten, dass sich spezifische *Umwelteinflüsse* auf kreatives Denken und Handeln hemmend oder fördernd auswirken. Stichworte hierzu sind: Gestaltung des Arbeitsraums, Heterogenität der beteiligten Personen, Partizipation am Problem und an der Lösung, hierarchische oder nichthierarchische Strukturen, wertschätzende Arbeitskultur, Faktor Zeit, Faktor Geld und auch die verschiedenen Formen interpersonaler Interaktion. Daher betrachtet Brodbeck die Quelle der Ideen in der Vielfalt der Erfahrungen.

„Jedes isolierte Nachdenken eines ‚Genies' ist nichts anderes als die *Sammlung*, die Konzentration seiner *sozialen* Geschichte in eine Vorstellung." (Brodbeck 1999, S.346).

Die soziale Geschichte einer Person ist von kaum bewussten wechselseitigen Einflüssen bis hin zur direkten intensiven Zusammenarbeit geprägt. Keith Sawyer formuliert eine Konsequenz dieses Umstands: „Forget the myths about historical inventors: the truth is always a story of group genius" (Sawyer 2007, S.XIII). Kreativitätsforscher, die sich für diese wechselseitigen Einflüsse interessieren, fragen nach dem WIE und WER der interpersonalen Kooperation beim kreativen Prozess. In diesem Kapitel sollen diese Fragen daher mit der *interpersonalen Perspektive* der Kreativitätsforschung genauer beleuchtet und die für den kreativen Teamprozess bedeutenden Effektoren herausgearbeitet werden. Hierbei ist zunächst zu klären, was unter einem Team und unter den Begriffen Kooperation und Kollaboration zu verstehen ist und wie eine Team-Konstellation, zu einem Prozess beitragen kann, der ein kreatives Produkt zum Ziel hat.

3.1 Ein Team ist mehr als eine Gruppe

Gruppen finden sich überall in der Gesellschaft. Bereits von Geburt an bewegt sich der Mensch in Gruppen. Das können Familien, Freunde, die Nachbarschaft oder Kollegen sein. Der wesentliche Unterschied zwischen einer zufälligen Ansammlung von Menschen und einer Gruppe ist die Beständigkeit der gemeinsamen Interaktion. **Peter R. Hofstätter** spricht von einer Gruppe, wenn eine Rollenverteilung und eine Struktur im Handeln der Menge erkennbar ist (vgl. Hofstätter 1986, S.29). Hierbei findet ein Prozess der gegenseitigen Beeinflussung zwischen einer Person und ihren Mitmenschen statt. Dieser Prozess kann zur Annahme von Mustern sozialen Verhaltens und zur Anpassung führen (vgl. Fichtner 1970, S.23f.). In der Literatur werden die beiden Begriffe Gruppe und Team oft synonym verwendet. Es ist wohl aussagekräftiger, wenn der Teambegriff als ein Unterbegriff der Klasse von Gruppen genutzt wird.

Das Online-Lexikon der Psychologie stellt zum Begriff des Teams fest, dass es sich um eine Sonderform der Gruppe handele, in die der Aufgabenorientierung überwiege.[1] Bei dem expertenunabhängigen, offenen Lexikon Wikipedia heißt es, ein Team sei: „eine aus mehreren Personen - mit unterschiedlichen Fähigkeiten – bestehende Organisationseinheit"[2]. Wenn wir die wissenschaftlichen und pragmatischen Definitionen genauer betrachten, werden wir feststellen, dass die Aspekte „mehrere Personen", Heterogenität, Identifikation und Zielorientiertheit als Eckpunkte von Teamarbeit zu betrachten sind. **Hans G. Gemünden** und **Martin Högl** definieren eine Arbeitsgruppe als:

---

[1] Wissenschaft Online: http://www.wissenschaft-online.de/abo/lexikon/psycho/15346. 26.05.2008
[2] Wiktionary: http://de.wiktionary.org/wiki/Team. 26.05.2008

„1. Eine soziale Einheit von drei oder mehr Personen, 2. deren Mitglieder von außen als solche erkannt werden und sich selbst als Mitglieder wahrnehmen (gemeinsame Identität), 3. die eingegliedert in eine Organisation, 4. durch unmittelbare Zusammenarbeit gemeinsame Aufgaben erledigen." (Gemünden/ Högl 2005, S.8)

Die Arbeitswissenschaftler differenzieren Teams, die insbesondere operative Aufgaben übernehmen (Arbeitsteams) und Teams, die vornehmlich Entscheidungen treffen (Entscheidungsteams). Als dritten Typus beschreiben sie Innovationsteams (vgl. Gemünden/Högl 2000, S.10f.), die die Aufgabe haben Neues zu entwickeln bzw. neue Wege zu beschreiten. Sie verstehen darunter Gruppen, die sowohl mit Planungs- als auch mit Entwicklungsaufgaben betraut sind. Die Aufgaben enthalten also sowohl operative als auch Entscheidungs- bzw. Leitungselemente. Diese Aufgaben erfolgen meist in Form von temporären Projekten, während Arbeitsteams meist kontinuierlich ihre Aufgaben verrichten. Mit dieser Definition schließen sie Arbeitsgruppen aus, die „über keinen organisationalen Kontext und keine gemeinschaftliche Aufgabe verfügen" (Gemünden/Högl 2005, S.8). Nach dem Sozialpsychologen **Conny H. Antoni** besteht dagegen eine Gruppe aus drei oder mehr Personen, die über eine Zeit so zusammenarbeitet, „daß jede Person die anderen Personen beeinflußt und von ihnen beeinflußt wird" (Antoni 1994, S.24). Bedingende Umstände sind das Entwickeln eines gemeinsamen Ziels und einer Gruppenstruktur. Diese Definition würde im Gegensatz zu Gemünden/Högl auch auf virtuell kooperierende Gruppen zutreffen, die keiner gemeinsamen Organisation angehören, wie es beispielsweise bei onlinebasierten Social Communities der Fall ist. Antoni geht bei seiner Definition zudem über die rein faktische Ebene hinaus, er definiert eine Gruppe als solche, nicht nur, wenn die oben beschriebenen strukturellen Bedingungen erfüllt sind, sondern auch, wenn sie sich als Gruppe *fühlen* (Antoni 1994, S.25).

Der Unterscheidung zwischen Gruppe und Team liegt häufig auch die Überzeugung zu Grunde, dass ein Team mehr sei als eine Gruppe. Teams unterscheiden sich beispielsweise durch ihre Arbeitsweise von anderen Arbeitsgruppen. Hier ist insbesondere der Arbeitsstil gemeint, bei dem durch *unmittelbare Zusammenarbeit* (vgl. Gemünden/Högl 2005, S.8) gemeinsame Aufgaben erledigt werden. Die Organisationsentwicklerin **Monique Vergnaud** betrachtet Teamarbeit daher „sowohl aus einem sachlich-rationalen als auch einem sozialemotionalen Aspekt" (Vergnaud 2004, S.2) heraus. Beim sozial-emotionalen Aspekt eines Teams kommen Faktoren wie Kommunikationskultur, Konfliktfähigkeit, Offenheit und Flexibilität sowie Wirkweisen von Beziehungsstrukturen hinzu. Bei einer *echten Teamarbeit*, seien sowohl der sachlich-rationale als auch der sozial-emotionale Aspekt gleichrangig. Zudem weise ein Team auch

3.1 Ein Team ist mehr als eine Gruppe

intensive wechselseitige Beziehungen und Interaktionen „sowie einen ausgeprägten Gemeinschaftssinn und einen starken Gruppenzusammenhalt auf" (Vergnaud 2004, S.3), der im Idealfall zu einer Gruppenidentifikation bis hin zur Ausgestaltung eines „Selbstbildes" aller Mitglieder führen kann. Der Organisationssoziologe **Günter Irle** fügt den Aspekt der spezifischen Teamrollen und einer intern oder extern vorgegebenen Aufgabe hinzu. Für Irle ist ein Team

> „eine kleine Gruppe (ca. 3-10 Mitglieder) mit einer vorgegebenen, dauerhaften oder befristeten Aufgabe, einer internen Rollenverteilung, Koordinations- und Entscheidungsregeln, mit einem Leiter oder einem Koordinator." (Irle 2006, S.14).

Damit überträgt Irle auch bei einem Team einzelnen Teammitgliedern spezielle Funktionen. Er glaubt jedoch, dass sich bei einem möglicherweise sogar hierarchisch strukturierten Team, dennoch eine Identifikation „durch geteilte mentale Modelle" (Irle 2006, S.15) vollziehen könne. Dabei müsse durch ein *Identitätsmanagement* die unterschiedlichen Sichtweisen aufeinander abgestimmt werden, sodass sich die Gruppe als „Selbst" betrachte. Durch ein gelingendes Identitätsmanagement, werden also Unterschiede abgebaut und Gemeinsamkeiten gestärkt. Die Perspektive auf unterschiedliche Funktionen innerhalb einer Gruppe oder eines Teams geht auf die Rollentheorie nach **Erving Goffman** zurück. Er nimmt das Theater als Metapher für die interpersonale Kommunikation. Eine Rolle ist nach Goffman „das vorherbestimmte Handlungsmuster, das sich während einer Darstellung entfaltet [...]" (Goffman 1985, S.18). Diese Handlungsmuster sind nicht fest fixiert, sondern sie variieren mit der Zusammensetzung der Rollenverteilung der anderen Gruppenmitglieder und des sozialen Anlasses der Interaktion.

Das zentrale Moment kollaborativen Arbeitens und Innovierens ist die Interaktion. Goffman definiert Interaktion als „wechselseitige[n] Einfluß von Individuen untereinander auf ihre Handlungen während ihrer unmittelbaren physischen Anwesenheit" (Goffman 1985, S.18). Insofern kann der Gruppengröße eine wichtige Bedeutung beigemessen werden, da bei zu großen Gruppen, eine direkte Interaktion erschwert oder überhaupt nicht möglich ist. In Bezug auf Luhmann stellt **Stephan Sonnenburg** daher eingrenzend fest, dass neben der Mitteilung und der Wahrnehmung „das Wahrnehmen des Wahrgenommenwerdens zwischen kommunikationswilligen Menschen" (Sonnenburg 2007, S.105) die wichtigste Voraussetzung für ein Interaktionssystem ist. Daher könne man Interaktion auch als „Kommunikationssystem unter wenigen" (Sonnenburg 2007, S.105) bezeichnen. Wir können daraus folgern, dass sich eine Gruppe und ein Team auch aufgrund der Anzahl ihrer Mitglieder unterscheiden. Ein Team endet dort, wo die einzelnen Mitglieder nicht mehr glauben, untereinander von allen Mitgliedern der Gruppe wahrgenommen zu werden. Diese Grenze der Wahrnehmungsfähigkeit untereinander hängt allerdings stark von den Strukturen und Verfahren ab, die zur Unterstützung der Kommunikation und des Dialogs eingesetzt werden. So können bspw. prozessorientierte Moderationsverfahren die gegenseitige Wahrnehmung auch für große Gruppen gewährleisten (vgl. Burow 2000b). Wir werden später beim Kapitel über Netzwerke und kollaborative Cluster sehen, dass nicht so sehr die Größe des Teams entscheidend für die Wahrnehmungsfähigkeit ist, sondern seine Kommunikationsstruktur (siehe Kap. 3.2.1. in dieser Arbeit).

Aufgrund ihrer Struktur eignen sich Gruppen offensichtlich besser bei Aufgaben, die klar strukturiert sind und bei denen keine Entscheidungsprobleme auftreten (Verwaltung, Personalabteilung, ausführende Labor- oder Werkstattarbeit usw.). Hierbei besitzt die Gruppenstruktur gegenüber der Teamstruktur Vorteile, weil sich bei Gruppen weniger aneinander gerieben wird und weil weniger flexibel kooperiert werden muss. Teams dagegen sind Problemlösungsgruppen, sie müssen flexibel sein, um auf Probleme adäquat reagieren zu können. Daher muss ein hohes Wissen der Teammitglieder übereinander gegeben sein. Auf dieser Grundlage kann Vertrauen in die anderen und in das gesamte Team aufgebaut werden. Insofern zeichnet Teams auch eine hohe Leistungsfähigkeit aus, weil die Mitglieder des Teams den Eindruck haben, dass hierbei die richtigen Leute in der richtigen Konstellation und unter guten Bedingungen zusammenarbeiten. Ist dieses nicht gegeben, so droht das Team zu zerbrechen oder zu einer Gruppe zu transformieren.

Der Berliner Organisations- und Sozialpsychologe **Wolfgang Scholl** entwickelt eine Synthese unterschiedlicher Modelle effektiver Teamarbeit und stellt folgende Eckpunkte gelingender Teamarbeit heraus:

- Qualität der Zielsetzung (hohe Befriedigung der Bedürfnisse),
- Ausmaß der Zielerreichung (Nahekommen des Ziels),
- Effizienz der Aufgabendurchführung (Nutzen/Kosten-Verhältnis bezüglich der Bedürfnisse). (Scholl 2003, S.3ff.)

Zu diesen drei produktorientierten Aspekten, könnte man noch die von Högl und Gemünden postulierte

- Zufriedenheit der Teammitglieder

„und somit ihre Bereitschaft für zukünftige Teamarbeit" (Gemünden/Högl 2000, S.25) subsumieren. Wenn es also darum geht, ein Team zusammenzustellen, das

3.1 Ein Team ist mehr als eine Gruppe

in der Lage sein soll, ungesicherte Wege zu gehen und etwas Neues in die Welt zu bringen, so stellen diese Attribute förderliche Bedingungen dar.

Rein strukturell ergeben sich daher kaum ersichtliche Unterschiede zwischen einem Team und einer Gruppe. Das unterscheidungstreffende Merkmal zwischen Gruppen und Teams ist die emotionale Verzahnung der Mitglieder. Deutlich wird das, wenn man sich die Prozessphasen von Teams anhand der Tuckman-Phasen genauer anschaut. Der Psychologe **Bruce W. Tuckman** hat bereits im Jahre 1965 im Psychological Bulletin einen frühen wissenschaftlichen Artikel zu den Arbeitsphasen von Gruppen veröffentlicht (vgl. Tuckman 1965). In diesem Artikel wertete Tuckman die Beobachtungen einzelner Gruppen durch andere Psychologen aus und entwickelt daraus ein allgemeines Schema mit fünf aufeinander folgenden Gruppenarbeitsphasen.

Die erste Stufe bezeichnet Tuckman als *forming (Orientierungsphase)*. Hierbei geht es zunächst um das Sammeln von Informationen über die anderen Gruppenmitglieder sowie über die Aufgabe. Jeder versucht möglichst vielfältige Erfahrungen mit der Gruppe zu machen und erprobt sich in der neuen sozialen Umgebung. Nach und nach finden sich die Gruppenmitglieder und erkennen, welche Verhaltensweisen in der Gruppe möglich sind und welche nicht. Daran schließt sich die Stufe des *storming (Konfrontationsphase)* an. Diese Phase ist durch gruppeninterne Konflikte und Formen von Aggressivität geprägt. Die einzelnen Gruppenmitglieder möchten nun ihre Individualität herausstellen und ihre Position in der Gruppe einnehmen und festigen. Die Konflikte entstehen durch bestimmte Schlüsselthemen, die die Gruppe und einzelne Mitglieder entzweien. Diesem Konflikt entspringen aber auch erste interpersonale Beziehungen zwischen einzelnen Mitgliedern, die durch die Opposition zu anderen erkennbar werden. In der Storming-Phase kann es auch zu ablehnenden emotionalen Reaktionen auf die Aufgabe bzw. das Problem kommen, wenn die Gruppenziele mit den Zielen einzelner Gruppenmitglieder in Konflikt treten. Durch die aktive Klärung dieser Konflikte beginnt die Gruppe sich auf die Aufgabe zu konzentrieren und erste Lösungsschritte zu unternehmen. Die dritte Phase ist das *norming (Kooperationsphase)*. Die Struktur der Gruppe beginnt sich zu festigen. Die Aufgabe und die Unterschiedlichkeit der Gruppenmitglieder wird akzeptiert – in dieser Phase kommt es im Idealfall zur Identifikation mit der Gruppe bzw. dem Team. Hierbei herrscht eine hohe Harmonie zwischen den Mitgliedern und Konflikte werden gemieden. Jeder hört auf den anderen und ist an seiner Meinung interessiert. Somit sind Meinungsvielfalt und Offenheit typisch für diese Phase. Als vierte und (zunächst) letzte Stufe beschreibt Tuckman das *performing (Wachstumsphase)*. Die Gruppe hat den effektiven Arbeitsmodus erreicht und arbeitet an der Lösung des Problems oder der Aufgabe. Jeder hat seine Funktion und Rolle in der Gruppe gefunden und akzeptiert die des anderen. In den 1970er-

Jahren hat Tuckman mit *Adjourning* noch die Phase der Auflösung der Gruppe hinzugefügt.
Die Tuckman-Phasen sind jedoch nicht als ein Automatismus zu verstehen, als ein Verlauf, den alle Gruppen durchlaufen. Die vier bzw. fünf Phasen stellen im besten Falle den Regelfall dar. Die jeweilige Ausprägung des phasenhaften Verlaufs einer Gruppe hängt von Einflussgrößen wie Aufgabenstellung, Motivation, Setting oder Führung ab und auch an der Art der Gruppe. Denn zwischen Teams und Gruppen lassen sich unterschiedliche Intensitäten der einzelnen Tuckman-Phasen ausmachen. Teams durchlaufen gleiche oder ähnliche Phasen wie Gruppen, es lässt sich jedoch beobachten, dass die Ausprägung emotionaler und stärker auf interpersonaler Ebene verzahnt ist. Sowohl die Konfrontations- als auch die Kooperationsphase werden von Teams intensiver beansprucht. Es sollen optimale Synergieteams entstehen, die als eine Gemeinschaft in der Wachstumsphase größere Leistungen erbringen sollen, als jeder Einzelne dazu in der Lage wäre. Wenn Mitglieder einer Gruppe mit dieser Motivation und Perspektive in die Phase einer Gruppen- bzw. Teambildung einsteigen, dann wird jede einzelne Tuckman-Phase zu einer emotionalen Herausforderung.

Die Tuckman-Phasen können aber nur intensiver erlebt werden, wenn die Aufgabe oder der Anlass der Teambildung alle Mitglieder emotionalisiert und herausfordert. Dann nämlich, wird es bedeutend zu wissen, wer die anderen Mitglieder des Teams sind, welche Kompetenzen sie besitzen und welche Positionen sie vertreten. Fesselt die Vision die Team-Mitglieder und jeder ist bereit viel Energie in den Gruppenprozess zu investieren, dann ist es notwendig die Phasen des Gruppenprozesses intensiv zu durchleben, weil jeder weiß, dass man nur als Team die anstehende Aufgabe erfüllen kann. Jeder hat daher ein starkes Interesse daran, dass die Gruppenmitglieder die richtigen sind, alle am gleichen Strang ziehen und die einzelnen Teammitglieder sich synergetisch ergänzen. Eine solche Konstellation und ein solcher intensiver Tuckman-Prozess macht aus einer Gruppe ein Team. Ein Team lässt sich daher auch wie folgt definieren:

Ein Team ist eine leidenschaftliche Gruppe.

Nach den hier genannten Definitionen und Beschreibungen verfügt ein Team also über notwendige *strukturelle* Bedingungen wie klare Zielvereinbarungen, Arbeitsteilung, vereinbarter Arbeitsprozess, spezifischer Workflow und entsprechende Rahmenbedingungen, eine klare Aufgabe, sowie *kooperative* Bedingungen wie Kohäsion, Interaktion, Partizipation und Synergie. Hinzu kommen Teamfunktionen, die sich als spezifische Teamrollen beobachten lassen. Als wichtigste Triebfeder eines Teams, lässt sich die gemeinsam geteilte Vision bezeichnen. Wenn in dieser Arbeit von kreativen Gruppen die Rede ist, dann sind Teams gemeint, deren Kooperation wie folgt zu beschreiben ist:

Ein Team besteht aus unterschiedlichen Persönlichkeiten, die ihre Ideen, ihr Wissen und ihre Erfahrungen einbringen und zu einem spezifischen Workflow verbinden, um ein gemeinsames Ziel zu erreichen. Durch geeignete Kommunikationsformen verbinden sie dabei Sach- und Beziehungsarbeit und formen diese Prozesse zu gemeinsamen leistungsstarken Entwicklungen, zu denen kein Teammitglied allein in der Lage gewesen wäre. Durch die Synergie und gleichberechtigte Beteiligung der Akteure, entwickeln sie eine soziale Kohäsion, die die Basis ihres kooperativen Handelns darstellt.

3.2 Kooperation und Kollaboration

Wenn sich ein Team gefunden hat und an einem alle gleichermaßen emotionalisierenden Thema arbeiten, dann erhält die Spezifika der Arbeitsformen eine hohe Bedeutung. Das Ziel der Kooperation ist die Nutzung der synergetischen Potentiale der Teammitglieder für eine gemeinsame Lösung. Entscheidend ist dabei die Art der Zusammenarbeit durch kooperative und kollaborative Arbeitssettings. Im deutschsprachigen Raum werden die Begriffe kooperatives und kollaboratives Arbeiten gemeinhin nahezu synonym verwendet. Patricia Arnold weist auf die klare Unterscheidung im englischen Sprachraum hin (vgl. Arnold 2003, S. 33) und erläutert die begriffliche Unterscheidung: Bei *cooperative learning* stehe ein Arbeitsprozess im Vordergrund, der durch eine starke Funktions- und Arbeitsteilung vorstrukturiert sei. *Collaboration* zeige sich dagegen als „eine enge, unmittelbar, auf geringer Arbeitsteilung basierende Zusammenarbeit" (ebd.).

Für Stadermann ist der kooperative Arbeitsprozess „durch eine individuelle Bearbeitung unterschiedlicher Teilaspekte von einzelnen Gruppenmitgliedern gekennzeichnet" (Stadermann 2010, S. 45), die Teilleistungen werden schließlich additiv zusammengeführt. Bei Kollaboration überwiegen selbst gesteuerte interaktive Austauschprozesse zwischen den beteiligten Gruppenmitgliedern. Man kann Kooperation daher als die verabredete und arbeitsteilige Wissens*teilung* von zwei oder mehreren Personen für die Lösung eines Problems definieren. Synergie ist dabei ein mögliches, aber kein notwendiges Kriterium. Der Begriff Kollaboration bezeichnet dagegen den synchronisierten Prozess der konstruktiven Wissens*generierung* von zwei oder mehreren Personen. Die einzelnen Schritte der Wissensgenerierung durch Kollaboration lassen sich dabei nicht bestimmten Beteiligten zuschreiben, sondern sind ein untrennbarer ko-konstruktiver Prozess. Bei diesem Vorgang werden nonsummative Prozesse befördert, die im Ergebnis mehr beinhalten können, als die reine Addition der Einzelleistungen. Möglicherweise lässt sich eine definitorische Grenze auch in der unterschiedlichen Akzentuierung der Zusammenarbeit bezüglich von Wissensteilung und gemeinsamer Wissenskonstruktion (vgl. Reinmann-Rothmeier/Mandl, 2002) ziehen. Hierbei variiert der Grad der individuellen Arbeit und ist als ein Indikator für die Art der Zusammenarbeit zu betrachten. Hohe individuelle Arbeitsphasen der Teammitglieder deuten auf kooperatives Arbeiten hin und geringe individuelle Phasen auf kollaborative Arbeitsverhältnisse.

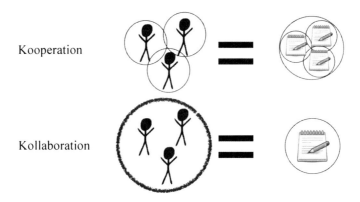

Schematische Darstellung Kooperation und Kollaboration

Bei der vorliegenden Studie wird für eine differenzierte Verwendung der Begriffe Kooperation und Kollaboration auch im deutschsprachigen Raum plädiert, weil die Begriffe eine unterschiedliche interpersonale Intensität der Zusammenarbeit anzudeuten vermögen. Kooperation steht hierbei als ein gesicherter und definierter Weg der Zusammenarbeit, bei dem die Güte des Ergebnisses mit der Klarheit der Aufgabenteilung in Verbindung steht und Kollaboration als der ergebnisoffene Prozess kollektiver Wissensaneignung, bei dem nonsummative Teameffekte erzielt werden können. Insofern besteht eine interessante inhaltliche Verwandtschaft zu dem Begriffspaar des vertikalen und lateralen Denkens (vgl. de Bono 1969; Kap. 2.1.4 in dieser Arbeit). Denn der kollaborative Austausch mit anderen Personen und deren Denk- und Lösungsmustern stellt eine Form lateralen Denkens dar, weil die innere Kontinuität der eigenen Denklogik durch die Konfrontation mit anderen Denklogiken durchbrochen wird. Für die Originalität der kreativen Lösung sind also kollaborative Teamprozesse eine überaus wichtige, wenn nicht sogar eine notwendige Rahmenbedingung.

3.2 Kooperation und Kollaboration

Die Übergänge der beiden Formen von Zusammenarbeit sind fließend und fluktuativ. Für die kreative Lösung eines Problems durch eine Gruppe treten beide Formen der Zusammenarbeit häufig gemeinsam auf, denn „jede Kooperation beinhaltet zwangsläufig auch kollaborative Momente" (Stadermann 2010, S.47). Bereits bei der Vergabe von Teilaufgaben müssen kollaborativ strukturelle Entscheidungen getroffen und sich gemeinsam auf Schwerpunkte geeinigt werden. Dagegen können Teams, die sich bei bestimmten Aufgaben- oder Problemstellungen gemeinschaftlich Erkenntnisse verschaffen, komplett auf Arbeitsteilung und individuelle Arbeitsphasen verzichten. Kollaboration bei Teamprozessen integriert also nicht zwangsläufig auch kooperative Arbeitsformen.

Der Nutzen einer starken Ausprägung kollaborativer Prozesselemente hängt von der Art der Problemstellung und von der Heterogenität der Teams ab. Auch hier können wir bei de Bonos Dichotomie nachschauen: vertikales Teamhandeln im Sinne von Kooperation bietet sich bei Aufgabenstellungen an, die ausschließlich durch bereits vorhandenes Wissen zu lösen sind. Durch eine kompetenzspezifische Aufgabenteilung, lassen sich effektive Lösungsstrukturen aufbauen, bei der jeder, gemäß seiner Aufgabe, eine Teillösung recherchiert und auf die Problemstellung bezieht. Schließlich werden die Teilergebnisse additiv verbunden. Wenn jedoch noch keine Lösung im Wissenskanon der jeweiligen Domäne vorhanden ist bzw. wenn die Aufgabe eine sehr starke Adaption vorhandener Lösungswege erfordert, dann muss lateral gearbeitet und die Kompetenzen kollaborativ verbunden werden. Gelingt dieser kollaborative Arbeitsprozess, dann können durch die Synergieeffekte nonsummative Leistungen erzielt werden. Bedeutsam für die Entwicklung eines effektiven Workflows beim gemeinschaftlichen Lösen eines spezifischen Problems ist das Schaffen von Freiräumen für beide Formen der Zusammenarbeit sowie die Gestaltung und Kommunikation von Übergängen von einer Phase zur anderen. Für Führungspersonen besteht daher die Aufgabe darin, flexible Strukturen zu schaffen, innerhalb derer beide Arbeitsformen möglich sind und eine Sensibilität für die situative Notwendigkeit des einen oder des anderen Arbeitsmodus zu entwickeln.

3.2.1 Netzwerke und kollaborative Cluster

Bei den oben vorgestellten Beschreibungen und Definitionen verschiedener Formen interpersonaler Gemeinschaften legen Arbeitswissenschaftler, Gruppenpsychologen und Teamentwickler meist eine institutionelle oder zumindest eine enge organisatorische Verbindung der beteiligten Personen zu Grunde. Die Organisationsform des Teams scheint optimal dafür geeignet zu sein, leidenschaftlich an einer gemeinsamen Vision zu arbeiten. Bei der Größe des Teams wird in der Forschung davon ausgegangen, dass keine Personenanzahl überschritten werden darf, die verhindert, dass jeder jeden persönlich wahrnehmen kann. Trotzdem gibt es immer wieder Beispiele, bei denen innovative Lösungen durch nicht institutionell verbundene Teams mit komplexen Kommunikationsstrukturen entwickelt wurden. Einen starken Schub solcher losen kreativen Vereinigungen sind vor allem durch virtuelle Gemeinschaften zu verzeichnen (Wikipedia, Wikileaks u.ä.). In einer immer globaleren Welt, die immer stärker miteinander vernetzt ist und in der man über immer funktionsreichere Systeme miteinander kommunizieren und kooperieren kann, gewinnen also offensichtlich zunehmend Formen kreativer Gemeinschaften an Bedeutung, die auf dem ersten Blick nicht mit dem klassischen Teamgedanken in Verbindung zu bringen sind. Diese neuen Formen von Gruppen sind institutionell nicht verbunden, die einzelnen Teammitglieder kennen sich oft nicht einmal. Die bekannten Teamattribute spielen bei diesen Teams keine oder nur eine untergeordnete Rolle. Dessen ungeachtet sind diese Gemeinschaften in der Lage Produkte zu entwickeln, die neu, nützlich, gewollt und zudem sehr erfolgreich sind.

Ein populäres Beispiel ist das Online-Lexikon Wikipedia, bei dem ohne eine wissenschaftliche Redaktion Wissen generiert und bereitgestellt wird. Die Ergebnisse sind durchaus als kreative Erzeugnisse zu werten. Die Artikel sind so erfolgreich, dass in Deutschland der bisherige Marktführer, die Brockhaus-Redaktion, seine Arbeit an Lexika in Buchform einstellen musste. Die immer wechselnden Mitglieder der virtuellen Redaktionsteams bei Wikipedia stellen eine neue Form innovativer Teams dar. Teams, die kollaborativ an einem Gegenstand arbeiten, die aber sonst kaum oder nur sehr lose miteinander organisatorisch verzahnt sind. Es scheint also neben den Kooperationsformen Gruppe und Team noch eine dritte Form kooperativer Gemeinschaften zu existieren. Ich möchte sie an dieser Stelle *kollaborative Cluster* nennen.

Internetcommunities wie StudiVZ oder Facebook schießen wie Pilze aus dem Boden und erfreuen sich anhaltender Beliebtheit. Facebook kann beispielsweise im Jahr 2011 auf 675 Millionen Mitglieder verweisen. Wäre Facebook ein Staat, so könnte dieses Land nach China und Indien die drittgrößte Bevölkerungszahl weltweit verzeichnen. Diese Netzgemeinschaften oder Social Communities werden für den gegenseitigen Austausch von Meinungen und Erfahrungen genutzt sowie für Möglichkeit Kontakte zu knüpfen. Internetanwendungen wie Twitter ermöglichen eine netzbasierte Umgebung für das öffentliche Führen von Tagebüchern. Es handelt sich bei diesen Communities um Gruppierung von Personen, die sich kaum oder überhaupt nicht persönlich kennen, dennoch aber im regen kommunikativen Austausch zueinander stehen und sich gegenseitig inspirieren. Solche Plattformen werden heute nicht mehr nur bei privater Kommunikation die Regel, sondern Community-Plattformen werden längst für professio-

3.2 Kooperation und Kollaboration

nelle Kommunikation im Wirtschaftsbereich und in der Gestaltungsbranche genutzt. Hierbei kommen Content-Management-Systeme, virtuelle Speicher und Projektmanagementsysteme zum Einsatz. Fast jeder moderne Internetbrowser besitzt bereits soziale Funktionen zum Vernetzen von Usern und einige Anwendungen von Suchmaschinen sind ebenfalls auf Netzgemeinschaften angelegt. Das Internet besitzt zunehmend einen sozialen Charakter.

Den Netzwerkforscher **Nicholas A. Christakis** überrascht diese Entwicklung kaum. Denn er geht davon aus, dass unsere Affinität zur Gründung von Gemeinschaften genetisch programmiert ist. Er betrachtet soziale Netze als eine Art Überorganismus, der Denken und Handeln beeinflusst (vgl. Christakis/ Fowler 2010, S.15). Christakis spricht sogar vom „Homo Diktyos", dem Netzwerkmenschen. Eine genetische Disposition für Netzwerkhandeln könnte sich herausbildet haben, weil heterogene Netze leistungsfähiger sind als andere Strategien (ebd, S.285f.). Denn Netzwerke können Ziele verwirklichen, die die Fähigkeiten des Einzelnen übersteigen (vgl. ebd., S.15). Daher macht eine Affinität zu Netzwerken einen Überlebensvorteil aus. Die Netzwerkforschung zeigt, dass soziale Netze von zwei grundlegenden Faktoren geprägt sind: Die *Beziehung* und die *Übertragung*. Netzwerkforscher fragen daher: Wer steht mit wem in Verbindung und was wird von wem an wen weitergegeben? Hierfür haben sich mittlerweile spezifische Gesetze herauskristallisiert, nach denen Netzwerke funktionieren:

(1) Wir prägen unser Netzwerk,
(2) Unser Netzwerk prägt uns,
(3) Unsere Freunde prägen uns,
(4) Die Freunde der Freunde prägen uns,
(5) Netzwerke führen ein Eigenleben. (vgl. ebd. S.33ff.)

Ein weiteres wichtiges Spezifikum von Netzwerken sind starke und schwache Verbindungen. Jeder kann mit jedem aus dem Netzwerk, unter Bezug auf einen gemeinsamen Bekannten, in Verbindung treten – auch wenn man ihn nicht persönlich kennt. Solche *schwachen Verbindungen* sind genau jene Beziehungsart, die für die Vermittlung von neuen Jobs oder Aufträgen sorgen. Die *starken Verbindungen* sind Verbindungen zu Personen, die wir sehr gut kennen und mit denen wir oft zu tun haben. Diese Verbindungen beeinflussen unsere eigene Stellung im Netz. Umso mehr und umso wichtigere starke Verbindungen wir im Netzwerk aufweisen können, desto zentraler ist unsere eigene Stellung im System.

Netzwerke stellen auch einen starken Katalysator bei dem Transport von Ideen in die Domäne dar. Bei diesem Vorgang sind vor allem die Netzwerkmitglieder gefragt, die über Verbindungen zu anderen Clustern innerhalb der Domäne verfügen. Da jedes Cluster sich verbessern kann, wenn es neue Informationen erhält, sei es in Form von Ideen, Verfahren oder Technologien, besteht ein großes Interesse an Verbindungen, die Neues in das Netzwerk einzuspeisen vermögen. Das hat zur Folge, dass Menschen mit zahlreichen Bindungen, häufig um Rat gebeten werden und somit eine besondere Stellung im Netzwerk oder sogar in mehreren Netzwerken einnehmen (Christakis/Fowler 2010, S.208). Christakis und Fowler zitieren in ihrem Buch „Connected" eine Reihe von Untersuchungen solcher kreativer Gruppen (vgl. ebd., S.213ff.). Im Fokus der Untersuchungen stehen die Zusammensetzung der Teammitglieder und ihre Art der Beziehung zueinander.

„Das Ideal war ein Gleichgewicht aus beiden Extremen: ein Team, in dem sich die Kreativität neuer Mitarbeiter und die Stabilität bewährter Beziehungen die Waage halten." (ebd., S.214)

Die Struktur eines Netzwerks muss flexibel gehalten werden, so dass neue Personen integriert werden können. Die Attraktivität eines solchen kreativen Netzwerks besteht in seiner flexiblen Struktur und erhält eine hohe Anziehungskraft durch die gemeinsame Absicht der Teilnehmer. Das Gefühl an etwas großen, wichtigen beteiligt zu sein und die Welt ein wenig zu verbessern, wird z.B. auch als ein Motivationsfaktor für das Engagement bei Wikipedia betrachtet.
Interessante Erkenntnisse konnten Netzwerkforscher auch durch die Analyse spezifischer Formen von Netzwerken erlangen. Die Effektivität der Netzwerke hängt nicht so sehr von ihrer Größe ab, sondern ist vielmehr in ihrer Struktur zu finden. So lösen beispielsweise ringförmige Netzwerke Aufgaben besser als komplexere Strukturen (vgl. Christakis/Fowler 2010, S.217). Insofern steht die Struktur und die Frage wer mit wem wie vernetzt ist, in unmittelbarer Beziehung zu der Effektivität sozialer Felder. Deshalb können auch nur marginale Unterschiede in der Beziehungsstruktur beträchtlichen Einfluss auf die Leistung der gesamten Gruppe haben. Die Strukturbezogenheit von Netzwerken bedingt es, dass einige Personen, die aufgrund ihrer Lage im Netzwerk besonders viele Beziehungen besitzen, sich mit ihrer Meinung am häufigsten durchsetzen. Diese Meinung ist aber nicht unbedingt die beste oder treffendste Position. Damit verhindert werden kann, dass sich schlechte Ideen und unpassende Meinungen durchsetzen, kommt der Transparenz der Netzwerkstruktur für alle Mitglieder eine bedeutende Rolle zu. Das Wissen über die Struktur des Netzes kann das Entstehen von Einseitigkeit durch soziale Evaluation verhindern. Die Transparenz hängt natürlich immer auch von der Größe des Netzwerks ab. Netzwerke mit weniger als zehn Personen besitzen in der Regel automatisch eine höhere

3.2 Kooperation und Kollaboration

Transparenz der Kommunikations- und Entscheidungswege. Der Transparenz über den Grad der Vernetzung aller Teilnehmer untereinander kommt eine hohe Bedeutung zu. Umso mehr Knotenpunkte bestehen, desto höher ist der Grad der Vernetzung. Eine Möglichkeit die Effektivität eines sozialen Feldes zu erhöhen, liegt daher in der Partizipation aller Beteiligten bei Prozessschritten, Entscheidungen und Problemen.

Die Wirkungen des Netzwerkes verlaufen über mehrere *Ecken* und ohne, dass es jedem Einzelnen bewusst wird. Dadurch entsteht so etwas wie eine kaum wahrzunehmende Kollaboration. Beispielsweise profitieren Erfinder, Künstler und Unternehmer voneinander, indem sie die Entwicklungen anderer aufgreifen und verbessern. Wieder andere vermarkten die Produkte oder platzieren sie in relevanten Feldern. Beispielsweise konnte sich Apple-Gründer Steve Jobs über die Möglichkeiten von visuellen Schnittstellen von Computern bei einer Führung beim Xerox Palo Alto Research Center (Xerox PARC) informieren. Dort wurde durch den Informatiker Butler Wright Lampson seit Anfang der 1970er Jahre an der Vision gearbeitet, Computer nicht durch schriftliche Befehlszeilen zu steuern, sondern durch Icons. Steve Jobs ließ sich vom Konzept des Graphik User Interface nicht nur inspirieren, sondern er wusste in Verbindung mit seinem kongenialen Programmierer Steve Wozniak, die grafische Benutzeroberfläche kommerziell zu nutzen und entwickelte 1983 den Computer Apple Lisa. Lampson wiederum wechselte später zu Microsoft, die erst durch Apple auf die Bedeutung der grafischen Oberfläche aufmerksam wurden.

Durch die moderne Netzwerkforschung wird erklärbar, dass Innovation kein singulärer linearer Prozess ist, sondern dass auch vermeintliche Geniestreiche, das Ergebnis kollaborativer Strukturen sind. Der Erziehungswissenschaftler an der Washington University in St. Louis **Keith Sawyer** spricht daher von „*invisible collaboration*", von unsichtbarer Kollaboration (vgl. Sawyer 2007), die ohne wissenschaftliche Analyse in der Regel unsichtbar bleibt. Die moderne Netzwerkforschung betrachtet die vermeintliche Innovation Einzelner als Resultat unsichtbarer Kollaboration. Unzählige Beispiele sind aus dieser Schule der Kreativitätsforschung bekannt: Warren Bennis beschreibt in *Geniale Teams* (1998) am Beispiel der *Disney-Animation* den kreativen Erfolg durch Teamwork. Olaf Axel Burow erzählt in der *Individualisierungsfalle* (1999) die Geschichten der *Comedian Harmonists* und der *Beatles*. Bei Bennis und Burow geht es zunächst noch um die klassischen Formen von Teams, die in einer kreativen Gemeinschaft organisatorisch verbunden sind. Interessant wäre die noch nicht geschriebene Geschichte der Malerwerkstätten während des Barock. Rubens unterhielt ein gut organisiertes Atelier mit angestellten Malern, die für spezifische Aufgaben zuständig waren. Einige Künstler waren für das Mischen der Farben zuständig. Andere malten bei den Rubensmeisterwerken den Himmel oder die

Bäume, wieder andere waren für das Malen von Menschen oder Gesichtern zuständig. Der Meister selbst überwachte den Prozess und griff hier und dort ein und war für das umfassende Thema bzw. die Vision zuständig. Die Ergebnisse dieser Malergenies, sind nichts anderes als kollaborative Teamleistungen. Diese Beispiele zeigen bereits die umfangreiche Bandbreite gemeinsamen, kooperativen und kollaborativen Schöpfertums. Die Frage, die sich aufgrund dieser Erkenntnisse ergibt, ist die Frage nach den möglichen Interventionsmaßnahmen, um für kreative Teams effektive Netzwerkstrukturen aufzubauen. Was sind die Stellschrauben, an denen es zu schrauben gilt? In der vorliegenden Arbeit wird mit dem Netzwerk um Charles Darwin, die konkreativen Prinzipien bei der Entwicklung der Evolutionstheorie in Form einer Netzwerkanalyse aufgezeigt (vgl. Kap. 4.4. KF-Analyse in dieser Arbeit).

Saywer nennt schließlich in „Group Genius" (2007) eingie Beispiele nicht institutionell verbundener Teamleistungen. Solche *kollaborativen Cluster* waren etwa bei der Entwicklung des *Mountainbikes* und bei der Erfindung des *Bankautomaten* in den 1970er-Jahren in Amerika wirksam. Sawyer ist überzeugt, dass es der Gruppengeist, *the group genius*, sei, der innovative Durchbrüche ermögliche (vgl. Saywer 2007). Kreativität betrachtet er als das Ergebnis einer Reihe von Verbesserungen und nicht lediglich als das Ergebnis eines einzelnen Geistesblitzes. Innovation entstehe durch das gemeinsame *Polieren* roher Ideen, die zunächst noch unverbunden seien und die keinem eindeutig planbaren Prozess folgten. Sawyer nennt mit dem Aufstieg des Silicon Valleys ein weiteres Beispiel für ein kollaboratives Cluster. Ende der 1980er-Jahre war im Silicon Valley durch dem von der Stanford University vorangetriebenen Cluster eine starke, innovative Struktur entstanden. Es gab viele informelle Treffpunkte und es entstand eine Kultur der firmenübergreifenden Begegnung. Diese besondere Arbeitskultur des Silicon Valleys ermöglichte das Entstehen eines kollaborativen Netzwerks. Man glaubte, an einer gemeinsamen Vision der Zukunft zu arbeiten und verstand sich weniger als Konkurrenz, sondern vielmehr als Partner. Viele kleine Firmen waren durch Unterverträge und Partnerschaften miteinander verbunden und die Mitarbeiter wechselten häufig zwischen den Firmen. Durch dieses informelle Netzwerk erfuhr das Silicon Valley schließlich diesen enormen wirtschaftlichen Aufschwung, der noch heute legendär ist.
Einige erfolgreiche Firmen des Kooperationsraums Silicon Valley sind Hewlett-Packard, Microsoft oder Google. Diese Firmen sind Beispiele für die Struktur von Sub-Netzwerken, welche als begrenzte Kraftfelder innerhalb eines großen Netzwerks eine gewaltige Eigendynamik entwickeln konnten. Offensichtlich stellt auch eine solche Gemeinschaft, bei der nicht unbedingt jeder den anderen kennt und die nicht durch eine gemeinsame verbindliche Organisationsstruktur miteinander verbunden sind, ein hervorragendes Milieu für die Entwicklung von

Innovation dar. Hinter diesen kollaborativen Clustern stehen bestimmte Innovationsprinzipien, deren personale Dimension von der interpersonalen Perspektive der Kreativitätsforschung identifiziert und beschrieben wird. Eine wichtige theoretische Grundlage für die wissenschaftliche und praktische Beschreibung der interpersonalen Perspektive besteht in der Theorie der Kreativen Felder (Burow 1999).

3.3 Die Theorie der Kreativen Felder

Der Organisationsentwickler und Kreativitätsforscher Olaf-Axel Burow von der Universität Kassel entwickelte Ende der 1990er-Jahre ein Modell, mit dem durch bestimmte Schlüsselelemente die Kräfte innerhalb sozialer Felder gebündelt und organisiert werden können. Das Modell stellt eine Rahmenkonstruktion für innovative Prozesse dar, bei der durch bestimmte Organisations- und Kommunikationsprinzipien das soziale Feld zu einem *Kreativen Feld* werden kann. Die spezifische Form des sozialen Feldes besteht aus verschiedenen Personen, die *als Kräfte aufeinander wirken* und als Gesamtkraftfeld einen *kohärenten* Zustand erzeugen. Entscheidend ist dabei die Passung der beteiligten Personen, die durch heterogene Eigenschaften, Kompetenzen und Haltungen auf bestimmte Art und Weise miteinander interagieren und dabei durch einen partizipativen Prozess Neues erzeugen.

Isaac Newton sprach als erster von einem „Feld" und bezog sich dabei auf das Feld der Schwerkraft. Dabei beschreibt er das Gravitationsfeld als einen Bereich, bei dem eine Kraft von einem Ursprung auf andere Kräfte des Feldes wirkt. Der Raum wird bei Gravitationsfeldern durch Zug- und Druckkräfte bestimmt. Der Sozialpsychologe Kurt Lewin übertrug in einem viel beachteten Entwurf Newtons Konzept auf den sozialen Raum. Der Mensch steht in Lewins Konzept ebenfalls in Spannungsfeldern und ist entsprechenden Zug- und Druckkräften ausgesetzt. Bei dem „Lebensraum" von dem Lewin handelt es sich um einen sozialen Raum. Im Gegensatz zum physikalischen Raum wird der soziale Raum vom Subjekt selbst aktiv konstruiert und ist nicht nur von objektiv gegebenen Kräften geprägt. Lewin führt hierfür das Beispiel des gefechtsfeldzentrierten Blicks eines Soldaten an. Der Raum wird aufgrund von Gefahrenräumen und Schutzmöglichkeiten betrachtet. Eine Wiese beispielsweise, stellt eine Gefahr dar, da sie wenig Schutz bietet. Die Landschaft wird zudem in eigenes Gelände und in Gelände, das sich in Feindeshand befindet, aufgeteilt. Damit ändert sich auch die naturgeformte Landschaft. Die selbe Landschaft wird von einem Soldaten völlig anders wahrgenommen, als von einem Touristen, Landarbeiter oder Förster. Lewin verdeutlicht damit, dass die Landschaft immer auch eine erlebte

Landschaft ist und geht daher davon aus, dass der uns umgebende Lebensraum subjektiv, aufgrund des eigenen Erlebens strukturiert ist. Der Schlüssel von Verhalten liegt für Lewin in der Beziehung von Mensch und Umwelt.

Lewins Feldtheorie ist in ihren Grundzügen eine Gestalttheorie. Neu bei Lewin ist aber die topologisch-psychologische Beschreibung. Bereits 1932 hatte er das Manuskript zu den „Grundlagen der toplogischen Psychologie weitgehend fertig gestellt (vgl. Lück 1996, S.40). Für Lewin geht es in seiner Theorie nicht um das Auffinden von Gesetzmäßigkeiten, sondern er versucht, „das Einmalige, das Individuum als solches" (zit. n. ebd., S.41) zu fassen. Lewin deklariert durch die reine Beobachtung ein Phänomen als bestätigt und nicht erst durch die wissenschaftliche Wiederholung. Das unterscheidet seinen Wissenschaftsbegriff von dem der modernen Empirie. Lewins Kritik am empirischen Wissenschaftsbegriff bezieht sich vor allem darauf, dass man mit dieser Art Wissenschaft nur das Normale, Gewöhnliche erfassen kann, nicht aber das Besondere und Ungewöhnliche. Somit könne man damit auch nicht das Individuelle erfassen. Dieses Verständnis entspricht insbesondere den Anforderungen der Kreativitätsforschung. Lewin betrachtet in seinen Beobachtungen das ganze System und versucht durch möglichst genaue Analyse der verhaltensauslösenden Faktoren, Verhalten zu beschreiben, zu erklären und nicht zuletzt auch vorherzusagen. Diese Faktoren sind zum einen die Person selbst und zum anderen sind es die Umweltbedingungen, die auf die Person einwirken. Die Verbindung aus Person (P) und Umwelt (U) bezeichnet Lewin als Lebensraum (L). Das Verhalten eines Individuums ist daher eine Funktion des Lebensraums. Er kommt in dieser Konsequenz auf die allgemeine Verhaltensformel: *Verhalten ist eine Funktion von Person und Umfeld:* $V = f(P, U)$. Die Umwelt unterteilt Lewin dabei in eine physikalische, psychologische und innere Umwelt.

Nach den Gestaltgesetzen (u.a. Chr. v. Ehrenfels 1890) zeichnen sich Gestalten durch Übersummativität und Transponierbarkeit aus. Daraus leitet sich auch die grundlegende Überzeugung der Gestalttheorie ab: Das Ganze ist mehr als die Summe der Bestandteile. Lewins Verhaltensformel ist dem entsprechend auch nicht in mathematischer Leseweise zu verstehen. Lewins Lebensraum besteht zwar aus den Faktoren Person und Umwelt, ergibt aber nicht die Summe aus beiden. Die Funktionalität dieser Elemente bestimmt zwar das Verhalten, die Elemente selbst sind aber nicht exakt zu fassen, sondern nur die Möglichkeiten sind umfassend zu beschreiben. Genau hierin liegt der Kernpunkt der Feldtheorie Kurt Lewins: In der Annäherung an die im Feld agierende Person und ihrer Umwelteinflüsse. Der Lebensraum lässt sich nach Lewin am besten in Form einer Jordankurve darstellen. Darin ist die Person verzeichnet und die Regionen des Umfeldes, die mit positivem oder negativem Aufforderungscharakter (Valenzen)

3.3 Die Theorie der Kreativen Felder

beschrieben werden. Zudem gibt es bei Lewin einen für die Person unzugänglichen Bereich, der schraffiert dargestellt wird.

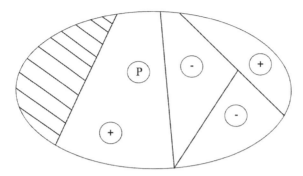

Abb. 10, Lebensraumdarstellung nach Lewin

Einzelne Regionen besitzen eine mehr oder weniger starke Anziehungs- oder auch Abstoßungskraft. Diese werden bei der topologischen Beschreibung des Lebensraums oder konkreter Verhaltenssituationen mit Pfeilen (Vektoren) dargestellt. Barrieren erschweren der Person (P), Regionen mit positiven Valenzen zu erreichen. Der Lebensraum einer Person ist aber nicht statisch, sondern befindet sich in stetiger Veränderung, denn durch *Lokomotion* durchschreitet die Person gedanklich oder durch aktive Handlung ihren eigenen Lebensraum. Dadurch verändern sich nicht nur die Perspektive der Person, sondern auch die jeweiligen Umweltbedingungen und die zugehörigen Valenzen. Eine andere Person ist im Lewinschen toplogischen Modell auch nur eine Region des Lebensraums. Eine besondere Gewichtung dieser Betrachtungsweise liegt auf der Gegenwart. Wobei die psychologische Zukunft und die psychologische Vergangenheit Teil des psychologischen Feldes in dem gegebenen Augenblick sind. Lück betont, dass eine Beschreibung einer Situation immer eine Zeitdimension besitzt. Daher erfolgt eine psychologische Beschreibung auf verschiedenen mikro- und makroskopischen Ebenen (vgl. Lück 1996, S.55). Spezifisch an Lewins Feldtheorie ist der subjektive Blick auf das Feld. Das Feld ist demnach nicht nach objektiven Maßstäben zu beschreiben, sondern nur aus einem subjektiven und dynamischen Blickwinkel. Die Valenz einer Region im Lebensraum (das kann eine andere Person sein, ein materielles oder immaterielles Ziel, aber auch ein Gedanke) spielt in diesem Zusammenhang eine entscheidende Rolle.

Burows Kunstgriff liegt nun darin, das *soziale* Feld unter dem Blickwinkel des Kreativen zu betrachten und dadurch spezifische Zug- und Druckkräfte für innovative Prozesse zu identifizieren. Burows Ansatz basiert auf gestaltpädagogischer Grundlage und versucht durch spezifische prozessorientierte Verfahren Ko-Kreativität innerhalb von Gruppen zu erzeugen. Burow folgt mit der Theorie der Kreativen Felder der interpersonalen Perspektive der Kreativitätsforschung und entwickelt eine spezifische Sicht auf das Lebensfeld kooperierender Personen innerhalb sozialer Felder.

Einige Soziologen sehen die Gesellschaft am Übergang von der Wissens- zu einer Kreativ-Gesellschaft (vgl. Schäfers 2007), bei der die Bedeutung von Wissen im immateriellen Bereich wie Emotionalität und Netzwerkfähigkeit zunehmen wird. Damit geht die steigende Bedeutung der *kreativen Klasse* (vgl. Florida 2002) einher. In einer Kreativgesellschaft werden Verfahren zur Erschließung und Bündelung kreativer Potentiale zu synergetischen Ergänzungsprozessen hohe Priorität erhalten. Vor diesem Hintergrund sind Strategien gefragt, wie Firmen und Institutionen, „das ungenutzte Wissen ihrer Mitarbeiter freisetzen und vernetzen" (Burow 2000a, S.22) und wie eine Unternehmens- und Kommunikationskultur entstehen kann, bei der sich neue Formen der Zusammenarbeit und des transdisziplinären Denkens entwickeln können. Denn in unserer differenzierten, hoch komplexen, spezialisierten Gesellschaft gehe es schon längst nicht mehr darum, so Burow, dass jeder alles könne. Vielmehr bedarf es profilierter Egos, die in der Lage sind, sich in Teams synergetisch zu ergänzen (ebd., S. 25).

Die Wirkung Kreativer Felder fußt auf der These „Kreativität gibt es nur im Plural" (Burow 1999, S.147). Damit tritt an die Stelle der herausragenden Leistung eines genialen Individuums, die überlegene Struktur des Kreativteams. Ein Kreativteam besteht aus heterogenen Persönlichkeiten, die es verstehen miteinander zu interagieren und gemeinsame Lösungen zu entwickeln. Der Weg zu neuen Ideen durch Kreative Felder, führt nicht ausschließlich über ein kreatives Talent, sondern vielmehr über das Entlarven der eigenen Stärken und Schwächen und ein Zusammenführen unterschiedlicher Kompetenzen zu einer Kollektiv-Kompetenz. Diese Perspektive eröffnet auch durchschnittlich begabten Personen die Möglichkeit zu schöpferischem Reichtum. Die individuellen Schwächen stellen bei Burows *Synergieanalyse* (vgl. Burow 1999, S.143ff.) die Andockstellen für die Stärken anderer dar. Die Erkenntnis der eigenen Defizite sei „geradezu die Voraussetzung für die Bildung befriedigender Partnerschaften" (ebd., S.145). Wenn es also durchschnittlich begabten Personen gelingt, durch passende Partner, Synergiebeziehungen aufzubauen und diese zu einem Kreativen Feld zusammenzuschließen, dann sind grundsätzlich alle Menschen zu großen kreativen Leistungen fähig. Insofern sind Kreative Felder durch das Aufzeigen einer sozialen Struktur für kreative Kooperationen auch ein Weg für die Entwicklung zu persönlichem Erfolg.

3.3 Die Theorie der Kreativen Felder

Burows Forschungsschwerpunkt gilt insbesondere den Konstruktionsmöglichkeiten kreativitätsfördernder Rahmenbedingungen durch interpersonale Beziehungen. Kreative Felder will Burow durch die Nutzung kollaborativer Strukturen und Techniken erzeugen. Er folgt dabei den Erkenntnissen der modernen Netzwerkforschung, bei denen das kreative Produkt nicht das Ergebnis eines isolierten Geistes, sondern der Verknüpfung einer Reihe kreativer Erzeugnisse ist. Bei Burow finden allerdings die synergetischen Beziehungen der im Feld vorhandenen Persönlichkeiten eine besondere Beachtung, den Kreativität sei „immer auch Ergebnis einer Kette berührender zwischenmenschlicher Begegnungen" (Burow 1999, S.124). Die Wirkung der Begegnungen steht in Abhängigkeit zur gegenseitigen Beziehung, das heißt, sie variiert mit der Unterschiedlichkeit der an der Begegnung beteiligten Persönlichkeiten und der Art und Weise, wie diese Personen miteinander in Beziehung treten. Insofern bezeichnet das Kreative Feld „einen Raum, der in besonderer Weise durch die unterschiedlichen Egos energetisch aufgeladen ist." (ebd., S.137).

Bei den interpersonalen Beziehungen und Synergien stellt der Common Ground (vgl. Weisbord 1992), also der gemeinsame Boden auf dem alle Beteiligten stehen und aufgrund dessen sie eine gemeinsame Vision entwickeln konnten, einen wichtigen Katalysator des Kreativen Feldes dar. Die Wege die zur Realisierung der Vision führen, sind jedoch individuell sehr unterschiedlich. Es müssen daher Strukturen entwickelt werden, um die individuellen, personenbezogenen Lösungswege zu erhalten. Die strukturellen Rahmenbedingungen wie Partizipation und die richtige Passung der Teamcharaktere sowie bestimmte dialogorientierte Verfahren für die Kommunikation der beteiligten Personen, stellen daher entscheidende Instrumente für das Gelingen eines Kreativen Feldes dar. Ein weiterer wichtiger Faktor hängt von dem so genannten Kristallisationskern des Feldes ab. Oft ist dies eine einzelne Person, die aufgrund ihrer Persönlichkeit und der Klarheit ihrer Vision, in der Lage ist andere mitzuziehen – wohlgemerkt mitzuziehen und nicht anzuführen. Denn die Probleme wie auch die Lösungen gehören allen Beteiligten und nicht nur Einzelnen. Durch diese Machtteilung sind alle gemeinsam für das Erreichen des Ziels bzw. der Annäherung an die Vision zuständig. Solche Anführer, Verdichter oder Kristallisationskerne

„sind Menschen, die ein Thema entdeckt haben, das eng mit ihrer Identität, ihrem persönlichen Wollen im Einklang steht. Sie haben ein so hohes Maß an innerer Kohärenz erreicht, dass ihre Art sich zu geben wie eine anziehende Botschaft auf ihre soziale Umgebung wirkt." (Burow 2000a, S.24)

Kristallisationskerne sind Personen, die nicht unbedingt über hervorragende Begabungen oder Fähigkeiten in einer einzelnen Fachdisziplin verfügen müssen. Möglicherweise sind solche Kompetenzen in bestimmten Situationen sogar störend, da sie die Kreativität der anderen und damit die Co-Kreativität hemmen könnten. Kristallisationskerne sind also nicht zwingend Fachexperten, viel wichtiger scheint die Eigenschaft zu sein, dass sie von ihrer Idee bzw. ihrem Projekt fasziniert sind und über Führungs- und Teamfähigkeiten verfügen. Kristallisationskerne im Kreativen Feld übernehmen nur bestimmte Funktionen und fungieren in der Betrachtungsweise Burows nur phasenweise als eine Art Führer. Im Sinne einer aufgabenbezogenen Führungsrotation können entsprechend der geforderten Fähigkeiten auch andere Mitglieder des Teams zeitweise die Führung übernehmen (vgl. Burow 2000a, S.24).

Nach dem nonsummativen Ansatz der Gestalttheorie, bei dem das Ganze mehr ist, als die Summe der Einzelteile, führt ein Kreatives Feld zu einem Leistungsgewinn gegenüber einer Gruppe kreativer Einzelpersonen. Burow spricht hierbei von Co-Kreativität. Eine Analyse bzw. Diagnose der Co-Kreativität ist allerdings nicht durch Verfahren möglich, die lediglich auf Einzelpersonen fixiert sind, wie bspw. IQ-Tests, sondern, hierfür muss „das kreative Potential von Feldern" (Burow 2000b, S.49) gemessen werden. Zu diesem Feld gehören eben nicht nur einzelne Personen, sondern es ist zudem von großer Bedeutung wie diese Personen zueinander stehen und wie sie miteinander interagieren. Will man *kreative Intelligenz* (vgl. Sternberg 1988) im Sinne der Fähigkeit messen, die einen Menschen dazu befähigt soziale Beziehungen zu knüpfen und Zugang zu Feldern zu finden, dann helfen keine individuellen Fragebögen weiter, sondern es müssen zudem Aspekte wie Sympathie und Vertrauen erhoben und in den Kontext zur Aufgabe gestellt werden.

In der Forschungs- und Praxisliteratur wird der gelingende Prozess beim Entwickeln von Neuem als ein Fließen von Zeit und Raum beschrieben (vgl. Lantermann 1992 od. Csikszentmihalyi 1992). Dieser „Flow" skizziert den Zustand eines Einzelnen bei der Entwicklung von etwas, was zumindest ihm selbst neu ist. Csikszentmihalyis Flow-Konzept „kann als ein psychischer Zustand verstanden werden, bei dem sich der Mensch in eine Tätigkeit um ihrer selbst willen vertieft." (Sonnenburg 2007, S.131). Ein Flow-Zustand wird erreicht, wenn sich die Aufgabenstellung in der Schnittmenge aus eigener Leistungsfähigkeit und der Komplexität der Anforderungen befindet. Eine Überforderung führt zur Frustration, eine Unterforderung zur Langeweile, in der Schnittmenge jedoch liegt der Flow-Kanal (siehe Abb. 11).

3.3 Die Theorie der Kreativen Felder

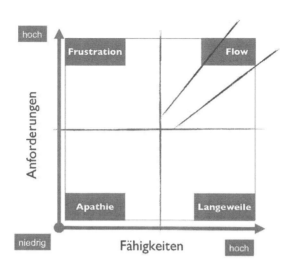

Abb. 11, Flow-Kanal nach Csikszentmihahlyi

Bei einer optimierten Abstimmung der Fähigkeiten des Einzelnen mit den Anforderungen der Aufgabe, kann ein Flow-Zustand entstehen, bei dem die Person seine Leistungsfähigkeit erweitert und im gleichen Zug komplexere Aufgaben des jeweiligen Themenzusammenhanges übernehmen kann. Umso komplexer die Aufgabenstellung jedoch ist, desto unwahrscheinlicher wird es, dass ein Einzelner den Flow-Kanal erreichen kann. Die Aufgabe übersteigt die eigenen begrenzten Fähigkeiten. Damit man in solchen komplexen Situationen erfolgreich agieren kann, muss kooperiert und kollaboriert werden. Sawyer wendet den Flow-Begriff daher auf Situationen an, in denen Menschen auf einem Höhepunkt zusammen agieren und spricht hierbei vom Group Flow oder vom Group-Genius (vgl. Sawyer 2007). Die kooperative Leistungsfähigkeit der Akteure eines Teams ermöglicht ein höheres Komplexitätsniveau. Allerdings ist ein Group-Flow sehr viel schwieriger zu konstruieren als ein Individual-Flow. Für ein Individuum birgt ein Flow-Erlebnis immer einen persönlichen Gewinn, der sich durch eine Leistungssteigerung ausdrückt. Erlangt eine Gruppe eine höhere Leistungsfähigkeit, so ist das nicht unbedingt mit einem persönlichen Gewinn der einzelnen Beteiligten verbunden. Hierfür müssen noch andere Bedingungen erfüllt sein. Eine Kooperationsbereitschaft ist beispielsweise nur dann gegeben, wenn soziale Kohäsion im Team besteht. Die Teammitglieder benötigen einen gemeinsamen Grund des Handelns, alle müssen am Prozess und am Erfolg partizipieren und allen muss bewusst sein, dass die oft schwierige Unterschiedlichkeit der Charaktere der Schlüssel zum Erfolg ist. Das Team muss schließlich einen Workflow finden, der effektiv ist und die einzelnen Persönlichkeitsstile nicht in einem Gruppenzwang auflöst. In solchen Konstellationen ist Group-Flow möglich. Solche Group-Flows sind in ihrer Funktion mit einer Jazzband zu vergleichen (vgl. Burow/Hinz 2005, S.47f.). Der entscheidende Aspekt einer frei aufspielenden Jazzband liegt vor allem in der Undurchsichtigkeit des Ergebnisses. Anders als in einem Orchester gibt hier niemand durch Noten oder explizite Anweisungen die Richtung oder das Endprodukt vor. Die Musik entsteht durch die Synergie der sich im Flow befindlichen Akteure. Hierbei orientieren sich die Musiker nicht nach Noten oder dem Dirigenten, sondern an den einzelnen Qualitäten und individuellen Stilen der beteiligten Musiker.

Burow beschreibt die für einen Group-Flow nötigen Attribute als die *Schlüsselelemente des Kreativen Feldes*. Die Analogie der Betrachtung eines Elefanten verdeutlicht die Wirkmechanismen Kreativer Felder durch Multiperspektivität: Der Elefant ist so groß, dass wir ihn nicht allein und aus einer einzigen Perspektive heraus erfassen können. Erst die Wahrnehmung durch mehrere Personen aus unterschiedlichen Perspektiven hilft den Elefanten als ganzes betrachten zu können. Diese Metapher kann in seiner Grundform auch das Konzept der „Weisheit der Vielen" (siehe Surowiecki 2004) verdeutlichen, das in der Naturwissenschaft schon länger als Schwarmintelligenz bekannt ist. Hiernach schafft es eine Gruppe, richtige Entscheidung genau und schnell zu treffen. Im Sinne der Elefanten-Metapher schaffen also *viele*, was ein *einzelner* nicht schaffen kann – unabhängig von seiner Qualifikation.

Eine Möglichkeit Kreative Felder zu konstruieren, liegt daher im Entwickeln und Anwenden von Prinzipien und Verfahren, die den interaktiven Prozess der Personen und Beziehungen innerhalb des Kreativen Feldes gestalten. Für Burow entsteht Kreativität im Team, weil die besondere Mischung Einzelner, für sich genommen „unspektakulärer Zutaten", das Neue entstehen lässt (vgl. Burow 1999, S.128).

„Das Kreative Feld zeichnet sich durch den Zusammenschluß von Persönlichkeiten mit stark unterschiedlich ausgeprägten Fähigkeiten aus, die eine gemeinsam geteilte Vision verbindet: Zwei (oder mehr) unverwechselbare Egos, die sich trotz ihrer Verschiedenheit ihres gemeinsamen Grundes bewußt sind, versuchen in einem wechselseitigen Lernprozeß ihr kreatives Potential gegenseitig hervorzulocken, zu erweitern und zu entfalten." (Burow 1999, S.123)

Zur kollektiven Erschließung eines Kreativen Feldes, benötigt man daher individuelle Ressourcen, die im dialogischen Prozess genutzt und durch den Einsatz

3.3 Die Theorie der Kreativen Felder

inkubativer Verfahren und innovationsfördernder Umgebungsmerkmale zur Umsetzung einer gemeinsamen Vision synergetisch weiter entwickelt werden.

Worauf es Burow mit der Theorie der Kreativen Felder insbesondere ankommt, ist ein Perspektivwechsel, der weg von der Mystik des Genies und hin zum Glauben an die Kraft der Kooperation führt. Einzelleistungen sind wichtige Elemente des kreativen Prozesses, die jedoch durch Kombination der Leistungen und Potentiale in der Summe von der Kollektivleistung übertroffen werden. Die Entwicklung von Synergiebewusstsein und Kooperationswillen ist nicht nur eine Frage von Techniken (Synergieanalyse, Dialogverfahren, TZI, Teambildungstechnologien u.a.), sondern vielmehr eine Frage der Haltung. Gemäß der Erfolgsformel „Ich bin gut – wir sind besser" kann mit der richtigen Mischung der Teamtypen und der richtigen Haltung der Teammitglieder, jede Person und jede Institution Kreative Felder konstruieren und damit optimierte Bedingungen für das Schaffen von Neuem und für das Entwickeln spezifischer Problemlösungen ermöglichen.

Innovationen und kreative Prozesse lassen sich zwar nur begrenzt planen, es ist aber möglich, strukturelle, organisatorische und personelle Umgebungen zu schaffen, die Innovationen zumindest wahrscheinlicher machen. Burows Kreative Felder beschreiben eine solche Innovations-Landschaft. Burow hat bestimmte Feldfaktoren identifiziert und beschrieben (vgl. Burow 1999, S.124ff.) mit denen Kreative Felder aktiv gestaltet werden können. Kreative Felder zeichnen sich durch sieben Schlüsselelemente aus, mit denen das Phänomen und seine Wirkmechanismen beschreibbar werden: Vision- und Produktorientierung, Vielfalt, Personenzentrierung, Dialog, Partizipation, Synergieprozess und Nachhaltigkeit (siehe Burow 1999, 2000b, 2005, 2011).

3.3.1 Die Schlüsselelemente Kreativer Felder

3.3.1.1 Vision und Produktorientierung
Fokus: Idee und Ziel als Motivationsfaktor / bestimmte Person(en) als Kristallisationskern des Teams

Das Attribut „Vision und Produktorientierung" beschreibt die Arbeitsbasis durch eine gemeinsame Handlungsmotivation. Diese kann durch die Wirkkraft einer Person oder die Wirkkraft einer Idee hervorgerufen werden. Den Teammitgliedern sind die Aufgabe und das anzustrebende Ziel bekannt und sie erachten diese Aufgabe als sinnvoll. Bei diesem Attribut des Kreativen Feldes geht es also um das Vorhandensein einer von allen geteilten Zielvorstellung. Diese Zielvorstellung kann von einer einzelnen Person ausgehen und mit dieser verbunden sein, es kann aber auch eine kollektive Vorstellung sein, die nicht personalisiert ist. Das Attribut „Vision und Produktorientierung" umfasst also gleichermaßen die Person, die eine Vision verkörpert und den gemeinsamen Grund des Handelns, dem alle folgen. Dieses Schlüsselelement Kreativer Felder meint daher auch eine „allen gemeinsame optimistische Zuversicht" (Burow 1999, S.127).

Der Führungsforscher und Berater einiger US-Präsidenten Warren Bennis ist überzeugt, dass Menschen für eine Idee oder eine Sache, an die sie glauben, leben wollen. Dieser bedeutungsvolle Zweck sei die intrinsische Motivation aller Menschen. Wenn ein „Anführer" es versteht, eine faszinierende, außergewöhnlich signifikante Vision zu entwickeln, kann es gelingen, gemeinsam mit anderen, Berge zu versetzen.

„Das ist es, was meines Erachtens effektive Führungspersönlichkeiten und kreative Kooperation und Kollaboration ausmacht: die Schaffung eines gemeinsam getragenen Zweckbewußtseins" (Bennis 1997, S.240).

Marvin Weisbord ist in diesem Sinne überzeugt, „when we work on common ground and common futures, we tap deep wells of creativity and commitment." (Weisbord 1992, S.6). Weisbord hat mit der „Zukunftskonferenz" eine bemerkenswerte Methode entwickelt, die es Menschen und Gruppen mit unterschiedlichen Interessen ermöglicht, gemeinsame Ziele zu finden. Mit dieser sozialen Technologie kann es gelingen, eine möglichst hohe Heterogenität der Beteiligten herzustellen. Hierbei wird das ganze System in einen Raum gebracht und den Common Ground dieser heterogenen Gruppe in einem speziell vorbereiteten Raum methodisch zu bestimmen versucht. Durch Erkennen dieser gemeinsamen Basis und dem Formulieren einer geteilten Vision, entwickelt sich eine derart starke Magnetwirkung auf die Mitglieder des Teams, dass vermeintliche Gegensatzpaare wie *Individualität vs. Synergie* oder *Dialog vs. Heterogenität* an Dynamik verlieren und durch den gemeinsamen Grund des Handelns ihre produktive Energie entfalten.

Die Vision ist eine wichtige Basis für das Entstehen von Teamkreativität. Aus den Grundlagen der Motivationspsychologie wissen wir, dass die persönliche Anstrengung (Motivation) vom Wert der erwarteten Belohnung und von der Erfolgswahrscheinlichkeit der Handlung abhängig ist. Die Erfolgswahrscheinlichkeit steigt, indem alle oder zumindest der Großteil der Gruppe einer gemeinsamen Vision folgt, die persönliche Belohnung muss hierbei über partizipative Regelungen erfolgen. In Burows Auffassung kann eine Idee oder die Vorstellung einer Person bereits vor der Entstehung des Kreativen Feldes als Kristallisationskern vorhanden sein. Durch die Kräfte der Strahlkraft der Idee oder der sie tragenden Person kann sich das Kreative Feld bilden (Bsp. Comedian Har-

3.3 Die Theorie der Kreativen Felder

monists: Harry Frommermann). Die Vision kann aber auch erst im Verlaufe der kreativen Interaktion entstehen. In dem Fall treten bestimmte Ideen während des Prozesses in den Vordergrund und werden zu vorübergehenden Kristallisationskernen bzw. temporären Leitlinien im Feld.

> „Geeignete Visionen und ihre Protagonisten entwickeln eine derartige Anziehungskraft, daß sie zur stärksten Valenz im Feld werden können. [...] die Vision wird zum alles überdeckenden Vordergrund." (Burow 1999, S.137)

Die gemeinsame Vision ist dadurch auch eine Treibkraft für das Entstehen von *sozialer Kohäsion*. Die Vision wirkt hierbei *als Urkraft des Teams* und hilft über individuelle und scheinbar kaum zu verbindende Perspektiven oder auch persönliche Eitelkeiten hinweg. Die gemeinsame Vision erzeugt eine Kraft oder Energie, die dafür sorgt, dass sich Menschen in einer Gruppe wohlfühlen, sich für die Gruppe einsetzen und sich mit ihr, den Produkten und den Zielen identifizieren. Dieses Phänomen lässt sich also auch ganz allgemein als der Zusammenhalt einer Gruppe beschreiben (von Rosenstiel, et.al. 1995, S.119). Kohäsion besitzt eine identitätsstiftende Funktion und macht damit den „magischen" Unterschied zwischen einer Gruppe und einem Team aus. Durch Kohäsion wird aus den unterschiedlichen ICHs ein gemeinsames WIR. Diese Gemeinsamkeit wird von den Teammitgliedern als persönliche Bereicherung und als steigendes Sicherheitsgefühl wahrgenommen. Umso stärker der Gruppenzusammenhalt wahrnehmbar ist, desto attraktiver wirkt das Team nach außen. Die am häufigsten verwendete Definition des Zusammenhalts von Gruppen in der Sozialpsychologie stammt von dem amerikanischen Psychologen Leon Festinger von 1950 und beschreibt Kohäsion als Resultat aller Kräfte, die ein Verbleiben in der Gruppe bewirken (vgl. Dorsch 1998, S.443). Adelt-Gattinger ergänzt die Definition als eine Summe von Teilkräften, die sich zusammensetzt aus der emotionalen, der sozialen und der materiellen Motivation (Adelt-Gattinger 1989, S.354). Kohäsion kann also als Energie bezeichnet werden, die zu großem Vertrauen, zu Hilfsbereitschaft sowie zu gesteigertem Interesse des Einzelnen an den Aktivitäten der Anderen führt (vgl. Sonnenburg 2007, S.138ff.).

Einige Gruppenpsychologen sehen eine Korrelation zwischen dem Ausmaß der Kohäsion eines Teams und der Anzahl der Kontakte bzw. der Kommunikationshäufigkeit der Teammitglieder untereinander (vgl. von Rosenstiel, et.al. 1995, S. 136). Das Vorhandensein von Kommunikation ist allerdings nicht die Ursache von Kohäsion, sondern ein Effekt des Gruppenzusammenhalts. Häufige Kommunikation, die nicht auf einer Basis aus gegenseitigem Vertrauen und Synergie der Kompetenzen beruht, kann auch zur Dissoziation, also zur Trennung gemeinsamer Werte und Normen führen. Kommunikationsfördernde Verfahren sind also kein Effektor für das Fördern von Kohäsion, können aber als Instrument zur Steuerung kohäsionsfördernder Faktoren betrachtet werden. Eine hohe Kohäsion kann insbesondere dann entstehen, wenn den Teammitgliedern bewusst ist, dass das Team ein Mittel ist, um eigene Bedürfnisse, Erwartungen und Zielperspektiven zu erfüllen – besser zu erfüllen, als man allein dazu in der Lage wäre. Insofern können Spiegelungs- und Reflexionsprozesse zu dieser Einsicht führen.

Zusammenfassend können folgende Faktoren als Instrumente bei der Arbeit mit Gruppen betrachtet werden, um Kohäsion zu fördern oder sie auszulösen:

1. Finden eines gemeinsamen Ziels (Vision),
2. Beteiligung aller Teammitglieder (Partizipation und Dialog),
3. Vorhandensein eines Kristallisationskerns (Führung und Hierarchie),
4. Exklusivität des Teams (Heterogenität und Passung des Teams).

Als Folge solcher kommunikativen und strukturellen Rahmenbedingungen wird das Team von den Mitgliedern als eine *kohärente Situation* realisiert. Die Elemente der Ich-Stärke und des Wir-Gefühls stehen dabei in einer dauernden Wechselbeziehung zueinander und stellen die Pole des Teams dar.

„Sobald die Ichbezogenheit einzelner im Team dominiert, verkommt dieses zu einer Ansammlung konkurrierender Einzelkämpfer; wird das Wir-Gefühl überbetont, verliert sich der einzelne selbst, gibt seine Selbstverantwortlichkeit an das Team ab – zum Nachteil für ihn selbst und das Team." (Besemer 1998, S.53)

Es kommt also auf eine ausgewogene Bilanz von Ich- und Wir-Kräften an (vgl Cohn 1998). Eine solche Teambalance bewirkt u.a., dass die Teammitglieder auf das Verbindende und weniger auf das Trennende reagieren. Eine grundsätzliche Affinität zum Teamagieren ist bei Menschen biologisch determiniert. Dörner beschreibt die affiliative Tendenz von Menschen als notwendige Bedingung für die Interaktion innerhalb eines Teams: „Wir sind von der Natur her soziale Tiere, es ist uns ein Bedürfnis, uns einer Gruppe anzupassen" (Dörner 2007, S.276). Damit eine Gruppe trotz unterschiedlicher Positionen und Meinungen den Lösungsweg gemeinsam geht, muss sie etwas zusammenhalten. Das macht Dörner in dem Hormon Oxytocin aus, welches Endokrinologen als verantwortlich für das Stiften von zwischenmenschlichen Verbindungen bzw. für das Phänomen der Gruppenangleichung betrachten (ebd.). Oxytocin wird in Boulevardblättern gern auch als Kuschelhormon bezeichnet. Die Bedingung für das Wirksam-

3.3 Die Theorie der Kreativen Felder

werden dieses Hormons ist u.a. das Gefühl, Bestandteil einer Gruppe zu sein. Dazu reicht es nicht, gemeinsam in einem Raum zu sitzen und ein Problem zu diskutieren, sondern es müssen für die Ausschüttung des Hormons Emotionen angeregt werden. In besonderen Notzeiten, so Dörner, spiele das Gefühl, einer Gruppe anzugehören, eine große Rolle. Eine wichtige Problemstellung oder eine zu lösende Frage, könnte man ebenfalls als eine solche Notzeit bezeichnen. Das Hören einer faszinierenden Lösungsidee oder das Wahrnehmen eines beeindruckenden Menschen kann ebenfalls eine Ausschüttung von Oxytocin bewirken. Das was dabei auf Teamebene entsteht ist nichts anderes als soziale Kohäsion – ein stabiles Wir-Gefühl.

Vision und Produktorientierung beim Kreativen Feld beschreibt die immaterielle Idee und die Personen, die als Urheber oder Verdichter der Idee fungieren (vgl. Jackson/Messick 1964). Vision meint also sowohl die Kraft der Idee als auch die Magnetkraft des Protagonisten dieser Idee. Insofern sind bei der Konstruktion Kreativer Felder auch Führungsstile, Führungskompetenzen und individuelle Traits des Visionärs von Bedeutung.

3.3.1.2 Vielfalt
Fokus: verändertes Kräftefeld durch neue Mischung / Perspektiven- und Kompetenzvielfalt sowie Vielfalt der individuellen Handlungsstile

Mit Vielfalt und Heterogenität ist die Unterschiedlichkeit bestimmter Merkmale gemeint, die als leistungsrelevant für die Lösung eines spezifischen Problems betrachtet werden. Hierbei können Aspekte wie unterschiedliche Profession, unterschiedliche Arbeitsschwerpunkte oder unterschiedliche Betrachtungsweisen eine Rolle spielen. Eine bedeutende Funktion bei der Verteilung von Rollen nehmen hierbei individuelle Handlungsstile in Teams ein. Eine effektive Mischung entsteht erst bei einer breiten Vielfalt, die überraschende Perspektiven zulässt und die unterschiedliche Positionen miteinander kombiniert. Kommen alle Teilnehmer aus einer gemeinsamen „Denkschule" oder besitzen alle die gleiche professionelle Grundbildung, sind querdenkerische Ansätze und neue Ideen kaum zu erwarten. Die Vielfalt dagegen „erhöht die Wahrscheinlichkeit, dass etwas Neues entsteht" (Burow 2000a, S.27) und zudem kommt durch die Konfrontation unterschiedlicher Standpunkte Bewegung in die Gruppe.

Meredith Belbin (vgl. Belbin 2000) hat für die NASA ein Teamrollenmodell entwickelt und dabei neun verschiedene Handlungsstile identifiziert. Belbin bezeichnet seine Teamtypen u.a. als Macher, Umsetzer oder Koordinator. Dabei fokussiert er auf die Wirkungsmöglichkeiten, die durch eine heterogene Zusammensetzung von Teams bezüglich der Effektivität von Teamarbeit entstehen können. Belbins Teamrollen ergeben sich aus den Handlungsmustern der Teammitglieder, die durch ihre Persönlichkeit und Charakterzüge bestimmt werden. Diese Charaktere stellen allerdings lediglich archetypische Charakterzüge dar, die selten in klarer und abgrenzbarer Form vorkommen. Mit ihnen lässt sich jedoch eine grobe Tendenz des persönlichen Handlungsstils in Teams bestimmen. Die neun Teamcharakterisierungen bei Belbin sind in die groben Muster der (a) handlungsorientierten-, (b) sachorientierten- und (c) kommunikationsorientierten Team-Typen einzuteilen (vgl. Strobel 2007, S.34f.). Es existieren in der Team- und Gruppenforschung einige Modelle dieser Art (vgl. Kauffeld 2001, S.49ff.), die jeweils für spezifische Zwecke für die Konstruktion kreativ arbeitender Teams wichtige Instrumente darstellen, um Heterogenität zu entdecken, zu gewährleisten und zu kommunizieren.

Bei Kreativen Feldern geht es ebenso darum, möglichst viele Kompetenzen, Handlungsstile und Perspektiven einzubinden, damit das Problem von allen Seiten betrachtet werden kann und ungewöhnliche, kreative Lösungen entwickelt werden können. Oft ist die Summe aller unterschiedlichen Perspektiven, die genialste Lösung. Diese These vertrat bereits Aristoteles in seiner Summierungstheorie (in seinem Hauptwerk: Politik). Ihr zufolge kann die Entscheidung einer größeren Gruppe von Menschen besser sein, als die weniger Einzelner oder Fachkundiger. Im Grunde geht es um das Prinzip des Mittelmaßes. Schätzt eine Gruppe von Menschen bspw. das Gewicht eines jungen Ochsen, dann wird das Mittelmaß, bzw. der Durchschnitt der Schätzungen genauso nahe oder oft näher an dem tatsächlichen Gewicht liegen, als ein einzelner Experte, in diesem Fall ein Landwirt oder ein Metzger es schätzen würde. James Surowiecki beschreibt dieses Phänomen in seinem Buch *The Wisdom of Crowds*, die Weisheit der Vielen durch Beispiele aus der Ökonomie und Psychologie (vgl. Surrowiecki 2005). Kumulation von Informationen in Gruppen, so Surowiecki, kann zu gemeinsamen Gruppenentscheidungen führen, die in der Regel leistungsfähiger sind als Lösungsansätze einzelner Teilnehmer. Bedingung für die Weisheit der Vielen ist allerdings, dass die Gruppe gut informiert und unabhängig sein muss. Unabhängigkeit im Urteil braucht es, um die Unterschiedlichkeit als Potential der Gruppe nutzen zu können. Ansonsten verfälschen Phänomene wie Konformitätsdruck oder uneingeschränkter Expertenglauben das Ergebnis. Deswegen sind „Teams [...] einzelnen Kreativen überlegen, weil Teams über eine höhere Anregungsvielfalt verfügen." (Besemer 1998, S.50). Die Unterschiedlichkeit der Standpunkte, der Wissensbestände und der individuellen Handlungsstile stellen deshalb einen entscheidenden Vorteil von Kreativteams gegenüber einzelnen Kreativen dar. Mehrere Personen erschließen die Komplexität umfassender Probleme besser als ein – noch so talentiertes – einzelnes Gehirn.

3.3 Die Theorie der Kreativen Felder

Wichtig dabei ist jedoch nicht nur die Diversität, sondern auch der daraus resultierende Dissens der unterschiedlichen Profile. Denn Dissens in heterogenen Gruppen führt zu einer natürlichen Evaluation der Ideen durch das Team. Insofern könnte man die These äußern, dass Dissens-Gruppen bessere Ergebnisse als harmonische Gruppen produzieren (vgl. Bosse 2007, S.74f.). Der Umstand unterschiedlicher oder sogar scheinbar unvereinbarer Meinungen darf in einem Team jedoch nicht das Ende der Diskussion bedeuten. Das Spannungsverhältnis zwischen thematischem Dissens und gewünschter sozialer Homogenität mit dem Ziel der qualitativen Lösung muss hierbei in Balance gehalten werden. Dann kann eine gelingende Gruppenevaluation zu effektvollen Prozessgewinnen bei der qualitativen Bewertung von Ideen führen. Daher ist *Unterschiedlichkeit eine wichtige Grundbedingung für das Finden ungewöhnlicher Lösungen in Gruppen*.

Das Element Heterogenität besitzt allerdings ebenso viel förderndes wie hemmendes Potential. Unterschiedlichkeit führt zwar zu einer wichtigen Perspektivenvielfalt, kann aber auch zu schwer überwindlichen Kommunikations- und Handlungsproblemen führen. Ein Weg, der über diese Hürde hinweg führt, ist das Wissen und die Transparenz über die Unterschiedlichkeit der Teammitglieder. Durch das Wissens über die Unterschiedlichkeit der Handlungsstile, können abweichende Handlungseigenschaften leichter akzeptiert werden. Entscheidend ist die Erkenntnis, dass Heterogenität die Erfolgsaussichten der Gruppe erhöhen – obwohl es die praktische Zusammenarbeit zunächst stört.

Die Netzwerkforscherin Daniela Manger untersuchte ein regionales Innovationsnetzwerk, welches aus Hochschulen und deren Praxispartnern besteht (Manger 2006). Sie interessierte sich für die Anfänge dieser gegenseitigen Kooperation. Durch Auswertung qualitativer Interviews konnte sie die Bedeutung des Perspektivwechsels auf die eigene Leistungsfähigkeit und die der jeweiligen Partner herausarbeiten:

„Indem die Kooperationspartner sich gegenseitig unter der Perspektive komplementärer Ergänzung beobachteten, veränderte sich auch die Wahrnehmung der eigenen Arbeit. Zunehmend entdeckten die Netzwerkpartner in ihrer eigenen Arbeit Wissensbezüge zu anderen Netzwerkakteuren und banden deren Wissen in die eigenen Projekte ein. Je mehr man miteinander arbeitete, desto mehr wurden wechselseitige Bezugspunkte entdeckt." (Manger 2006, S.236).

Auch dieser Befund bestätigt die Bedeutung des Wissens und der Transparenz über Unterschiedlichkeit. Erst wenn man die Kompetenzen, Potentiale und die individuellen Handlungsstile der Kooperationspartner kennt, lassen sich synergetische Ergänzungen erkennen und nutzen. Heterogenität erhöht also die Erfolgsaussichten einer Gruppe, stört aber zunächst die praktische Zusammenarbeit. Denn bei Teams mit unterschiedlichen Handlungsstilen und Kompetenzen treten im Anfangsstadium Schwierigkeiten durch Missverständnisse, Vorurteile oder durch die Unterschiedlichkeit von Verfahren und Techniken auf. Damit diese Hürden der Unterschiedlichkeit überwunden werden können, muss die Spezifika der Unterschiedlichkeit transparent gemacht und im Prozess aktiv erlebt werden. Dann lassen sich die Stärken der anderen erkennen und man ist eher bereit seine eigenen Schwächen einzugestehen. Insofern ist Transparenz der Unterschiedlichkeit die Grundvoraussetzung für das Nutzen synergetischer Potentiale.

Eine Möglichkeit Heterogenität bei der Konstruktion von Teams zu berücksichtigen ist die Profilierung der Teamteilnehmer. Durch formalisierte Verfahren, aber auch durch einfache Selbst- und Fremdeinschätzung lassen sich individuelle Handlungsstile und Kompetenzen herausarbeiten und kommunizieren. Durch Informationen und Profildarstellungen werden diese Unterschiede als Nutzungspotential kenntlich gemacht und helfen somit über die praktischen Probleme von Unterschiedlichkeit hinweg.

Das Schlüsselelement Vielfalt beim Kreativen Feld macht sich das Prinzip der kollektiven Intelligenz zu Nutze, indem die richtige Mischung des Teams, ein verändertes Kräftefeld erzeugen kann. Dieses besonders geartete Kräftefeld ist leistungsfähiger bei der Entwicklung von Neuem, als es das kreative Potential der Einzelteilnehmer vermuten lässt. Umso komplexer das zu lösende Problem ist, desto wichtiger wird die Heterogenität der Teammitglieder.

3.3.1.3 Personenzentrierung
Fokus: Möglichkeit des Beschreitens individueller Wege des Lernens, Arbeitens und Kommunizierens / Wertschätzende Grundhaltung

Personenzentrierung meint die Wertschätzung der individuellen Eigenheiten von Personen und das Zulassen dieser unterschiedlichen Lern- und Arbeitsstile in kooperativen Arbeitssituationen. Dahinter steht die aus der Lernpsychologie stammende Überzeugung, dass Menschen einige wenige individuelle Methoden bevorzugen, um Informationen zu verarbeiten und neue Informationen zu erzeugen. Diese bevorzugten Methoden sind aber nicht immer passend zu den von anderen bevorzugten Methoden. Das wird auch durch die Tatsache bestätigt, dass verschiedene Personen unter gleichen Arbeitsbedingungen unterschiedliche Ergebnisse erzielen, unterschiedliche Zeit benötigen und vor allem unterschiedliche Akzente setzen. Will man den Arbeitsworkflow für alle Teammitglieder optimieren, ist die Vorgabe einer bestimmten Methode kontraproduktiv. Es muss vielmehr die individuelle Entwicklung von Arbeits- und Lernmethoden für spezi-

3.3 Die Theorie der Kreativen Felder

fische Personen zugelassen werden. Erst wenn diese Zentrierung auf die persönlichen Anforderungen aller Teammitglieder gewährleistet ist, kann jeder die maximale Effizienz an kreativer Leistung erzielen und damit die Gruppe voranbringen. Die unterschiedlichen Arbeitsstile können sich beispielsweise als visuelle, auditive oder kinästhetische Zugänge darstellen. Das Setting eines Kreativen Feldes muss alle möglichen individuellen Lösungswege zur Verarbeitung von Wissen und Ideen zulassen und in einem Arbeitssetting verbinden.

Das Element Personenzentrierung betrifft auch sehr stark die Organisations- und Führungsstruktur innerhalb eines Teams. Individualität lässt sich an dem Grad der Möglichkeiten ablesen, inwiefern jeder einzelne im Team seine individuellen Neigungen, Überzeugungen und persönlichen Handlungsstile nutzen kann, um an der Lösung des gemeinsamen Problems mitzuarbeiten. Schließlich fallen unter das Attribut Individualität auch die persönlichen Traits, die dazu beitragen, den kreativen Prozess des Teams voranzutreiben. Solche Traits könnten etwa Spezialkompetenzen sein, wie die Fähigkeit Netzwerke zu knüpfen oder die Gabe die Basis einer Diskussion oder eines Problems zu erkennen und zu benennen, es kann sich aber auch um fachliche und sachliche Kompetenzen handeln. Mit dem Fokus auf Personenzentrierung des Einzelnen, wird innerhalb des Kreativen Feldes Individualität gewährleistet. Dieses Attribut weicht also von der allgemeinen Vorstellung ab, kollektive Kreativität gehe mit der Aufgabe der eigenen Individualität einher, denn:

„Das Zulassen von Eigensinn ist eine Voraussetzung für das Entstehen von Gemeinsinn." (Burow 1999, S.131)

Die Frage, die Organisationen hierbei lösen müssen, ist die Frage wie beide Wege, der individualisierte und der kooperative, parallel funktionieren können. Eine Lösungsstrategie hierfür hat Ruth C. Cohn in den 1970er-Jahren mit ihrer Themenzentrierten Interaktion (TZI) entwickelt. Ziel der TZI ist die Balance der Elemente Ich (Individuum), Wir (Team) und Es (Thema/ Problem). Die Dreiheit von Ich-Wir-Es in dynamischer Balance zu halten, soll „die jeweilige Arbeit und das Streben nach dem Bewusstsein von Autonomie und zwischenmenschlicher Verbundenheit fördern" (Cohn 1997, S.115). Denn die Arbeit in Teams verlangt immer auch den offenen Austausch von Gefühlen und Zuständen. Cohn hat hierfür verschiedene Postulate entwickelt, die sich als eine Richtschnur zum Erreichen der Balance zwischen Ich, Wir und Es verstehen. So fordert die TZI bspw. mit dem Postulat „Sei dein eigener Chairman" (ebd., S.179) jedes Teammitglied auf, sich die eigene innere und äußere Wirklichkeit bewusst zu machen und durch Sinne, Gefühle und gedankliche Fähigkeit sich „verantwortlich von deiner eigenen Perspektive her" (ebd., S.179) zu entscheiden. Cohn geht es nicht um das Unterdrücken der Individualität, sondern um das Ausdrücken dieser, damit diese allen anderen transparent und zugänglich wird. Dadurch könne man erleben, dass die Gruppennachbarn *gar nicht so gefährlich sind*, wie man gedacht hat (vgl. Cohn 1997, S.183). Cohn verdeutlicht mit dieser Argumentation, dass das Herausstellen der eigenen Individualität eine Bedingung für die Kooperation mit anderen darstellt.

Um Raum für Eigensinn zu schaffen, muss ein individualisierter und flexibler Workflow immer wieder neu geschaffen werden. Das gelingt, wenn individuelle Traits, Überzeugungen und auch Spleens der einzelnen Teammitglieder durch eine Zentrierung auf die Individualität der Personen des Kreativen Feldes gewährleistet bleiben. Auf diese Weise kann ein innovationsfördernder Dialog der unterschiedlichen Charaktere entstehen.

3.3.1.4 Dialog
Fokus: Prozess der gemeinsamen Innovationsfähigkeit / Empathie, Sympathie und gegenseitiges Anregen

Dialog als Schlüsselelement des Kreativen Feldes beschreibt verschiedene Formen der Kommunikationsstruktur und steht synonym für eine bestimmte Kommunikations*kultur*. Mit dem Kultur-Aspekt erhalten auch die Form der Dialog-Verhältnisse und die Transferfähigkeit der Aussagen eine wichtige Funktion bei der Kommunikation in Gruppen. Mit Struktur ist zunächst die Kommunikation auf Augenhöhe bzw. in flachen Hierarchien und die Wertschätzung des Gesagten gemeint. Insbesondere bei größeren Gruppen spielt das Kommunikationsmuster der Gruppe eine gewichtige Rolle. Handelt es sich beispielsweise um eine „Kettenform", so gelangt die Information jeweils nur von einem Mitglied zum anderen. Bei der „Radform", steht eine Person im kommunikativen Zentrum und alle anderen kommunizieren über diese Person zu den anderen. Beim Dialog-Konzept des Kreativen Feldes handelt es sich um die so genannte „All-Form", bei der jedes Teammitglied eine direkte kommunikative Verbindung zu jedem anderen Teammitglied aufbauen kann (vgl. Sonnenburg 2007, S.136ff.). Auf diese Weise wird die Heterogenität des Teams am effektivsten genutzt und Synergiepartner können sich finden. Insofern zeichnet sich die Effizienz kreativer Teams auch durch die Art und Weise der Kommunikationsmuster bzw. der Dialog-Strukturen aus.

3.3 Die Theorie der Kreativen Felder

All-Form   Kreisform   Kettenform   Y-Form   Radform

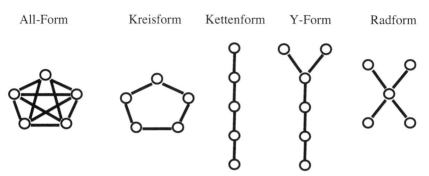

Abb. 12, Verschiedene Muster der Kommunikation

Dialog steht beim Konzept des Kreativen Feldes auch für die Kultur von Begegnung und Austausch. Damit ist auch das Ausschöpfen der Möglichkeiten gemeint, wie gemeinsam durch Kommunikation Innovation möglich wird. Hierfür müssen Hierarchien aus dem Weg geräumt und ein Rahmen geschaffen werden, innerhalb dessen strategische oder egoistische Profilierungen unnütz erscheinen.

Koevolutionäre Entwicklungen entstehen natürlich nicht ausschließlich durch Begegnungen im Hier und Jetzt, sondern die persönliche Entfaltung (auch kreativer Kompetenzen) ist immer auch Ausdruck früherer Erfahrungs- und Beziehungsfelder: „Wir erleben unser Selbst im Hervorgerufenwerden durch andere Menschen" (Willi 1996, S.126). Was Willi hier beschreibt, ist ein wirksames pädagogisches Prinzip, welches besagt, dass man beim Vorgang des Erklärens eines komplizierten Sachverhalts, dessen innere Struktur und manchmal auch schon dessen Lösungsweg erkennen kann. In der Pädagogik wird dieses Prinzip beispielsweise durch die Methode *Lernen durch Lehren* didaktisch genutzt (vgl. Martin 1998).

Voraussetzung beim Dialog ist die Wertschätzung des Dialogpartners. Nur dadurch kann offen und auch ergebnisoffen kooperiert werden. Ist diese Voraussetzung nicht gegeben, bleibt es i.d.R. beim Ping-Pong-Spiel, also dem bloßen Austauschen von Meinungen. Der Physiker David Bohm betrachtet den Dialog daher nicht als die Mitteilung von Dingen, die den Gesprächsteilnehmern bereits bekannt sind. „Vielmehr könnte man sagen, daß die beiden *etwas gemeinsam machen*, das heißt, daß sie zusammen etwas Neues schaffen." (Bohm 2002, S.27). Beim Dialog-Konzept David Bohms steht die Struktur unseres eigenen Denkens und Handelns im Bezug auf Interaktionspartner im Vordergrund. Das Interesse der Dialog-Partner muss Wahrheit und Kohärenz sein, sodass alte Vorstellungen und Absichten fallengelassen werden können (vgl. ebd., S.28). Bohm entwickelt in seinem Konzept eine Selbstreflexionsebene, welche schließlich zu einem Zustand des Schwebenlassens bei Hemmungen, Widersprüchen oder Gegenmeinungen führen kann, bei denen der Dialogteilnehmer „weder entsprechend handelt noch sie unterdrückt" (ebd., S.55). Bohm spricht hierbei von der Propriozeption des Denkens (vg. ebd. S.62ff.), es handelt sich um einen entlehnten Begriff aus der Neurophysiologie und bedeutet „Eigenwahrnemung". Bohm versteht Propriozeption als einen nötigen Mechanismus, um einen Dialog führen zu können, bei dem etwas Neues entstehen kann.

„Der Sinn des In-der-Schwebe-Haltens ist es, Propriozeption möglich zu machen, einen Spiegel zu schaffen, damit wir die Folgen unseres Denkens erkennen können." (Bohm 2002, S.64)

Einen ähnlichen Effekt möchte Claus Otto Scharmer mit seinem Precensing-Konzept erreichen. Hierzu muss eine Person oder eine Gruppe zunächst durch ein Nadelöhr gehen, welches im metaphorischen Sinne so eng ist, dass man „alles fallen lassen muss, was nicht wesentlich ist" (Scharmer 2009, S.193), um dem Neuen Raum zu geben. Dieser Raum, so Scharmer, schließt die „im Entstehen begriffene Zukunft" (ebd., S.189) mit ein. Scharmer nennt dieses in-die-Zukunft-schauen *Presencing*.

„Presencing beschreibt den Moment, in dem unsere Wahrnehmung sich mit der Quelle der im Entstehen befindlichen Zukunft zu verbinden beginnt." (Scharmer 2009, S.170)

Durch Presencing begibt man sich an einen anderen Ort des Denkens und Handelns und öffnet dadurch eine Verbindung mit anderen Personen, die vom gleichen Ort aus agieren (vgl. ebd., S.193f.). Diese Verbindung hebt Unterschiede und individuelle Interessen auf und ermöglicht einen Dialog im Sinne Bohms. Durch Presencing lernt man also aus der gemeinsamen Zukunft, nicht aus der eigenen Vergangenheit. Um diesen Zustand und diese Haltung erfahren zu können, ist Empathiefähigkeit der einzelnen Teammitglieder von großer Bedeutung. Zum Dialog im Sinne Scharmers gehört auch, sein Gegenüber kennen zu lernen und die Gemeinsamkeiten und Unterschiede zu bestimmen und zu erleben. Hierfür stehen Verfahren der prozessorientierten Zukunftsmoderation (vgl. Burow 2000b) zur Verfügung. Mit diesen Verfahren und Gruppenmoderationstechniken werden Begegnungsräume geschaffen, die das strukturelle Erfahren von Dialog ermöglichen.

In die gleiche Richtung geht Ronald Carter. Der Linguist untersuchte, inwiefern die Strukturen kollaborativer Gespräche als Substrat Kreativität hervorzubringen vermögen. Entscheidend sind nach Carters Erkenntnissen, die Offen-

3.3 Die Theorie der Kreativen Felder

heit beider Gesprächspartner für die Gedanken des anderen, sowie die Fähigkeit zu kreativer Improvisation, im Sinne einer gegenseitigen Resonanz (vgl. Carter 2004). Im Sog dieser Resonanz oder wie Carter es ausdrückt, des gemeinsamen Schwingens von Ideen, entwickelt sich im Gespräch das Neue. Dies geschieht indem die Dialog-Partner sich gegenseitig die Ideenbälle zuwerfen, sie untersuchen und variieren, um sie dann in modifizierter Form weiterzugeben. Carter nennt diese Form des kollaborativen Gesprächs *the art of common talk.*

Sowohl bei Bohms *Propriozeption*, Scharmers *Presencing* als auch bei Carters *common talk* geht es um die Änderung der Struktur der Aufmerksamkeit. Genau hierauf liegt der Betrachtungsfokus des Schlüsselelements Dialog beim Kreativen Feld. Dialog beschreibt also das WIE des Miteinanders. Durch eine dialogische Grundhaltung begibt man sich in die Lage, eigene Ideen mit anderen zu teilen, um gemeinsam etwas Neues zu erschaffen. Damit man sich dafür öffnet, bedarf es einer großen Vertrauensbasis in sich selbst, in die anderen und in das ganze System des Kreativen Feldes. Eine wichtige Grundvoraussetzung für eine solche Vertrauensbasis ist Partizipation – die Beteiligung aller Teammitglieder an den Zielen, Prozessen und Entscheidungen.

3.3.1.5 Partizipation
Fokus: Teilhabe am Prozess und am Erfolg / Entscheidungsmacht / Führungsfunktionen

Partizipation geht, im Gegensatz zu dem oft verwendeten Missverständnis, über das reine Informieren der Teammitglieder hinaus und hat damit immer etwas mit der Verteilung von Macht zu tun. Partizipation umfasst das gemeinsame Bestimmen der Ziele und der Wege dorthin. Es geht um die richtigen Formen der Beteiligung aller Teammitglieder am Prozess, an Entscheidungen und schließlich auch am Erfolg des gesamten Projekts. Partizipation meint also nicht nur die Information und die Befragung aller Beteiligten, sondern die Möglichkeit zur Mitentscheidung. Die Nutzung partizipativer Strukturen hat insofern sehr viel mit Wertschätzung der Teammitglieder zu tun – man traut ihnen zu, das Ziel erkennen und den Weg beschreiten zu können. Die Beteiligung am Gesamtprojekt setzt Energien frei, die es dem Team ermöglichen, trotz aller Unterschiede und Schwierigkeiten, gemeinsam nach einer Lösung zu suchen und sie zu finden. Hierbei stehen zudem das Prinzip der Verantwortlichkeit und das der Transparenz im Fokus.

„Verantwortlichkeit heißt in diesem Zusammenhang, dass jeder für den Erfolg der gemeinsamen Arbeit mitverantwortlich ist und seine Wünsche, seine Bedürfnisse, seine Kompetenzen, aber auch sein Unbehagen, seine Kritik etc. artikulieren soll." (Burow 2000a, S.28)

In der Beachtung des Prinzips der Transparenz sieht Burow die wichtigste Voraussetzung, damit sich Mitarbeiter auf den ungewöhnlichen Prozess der Bildung eines Kreativen Feldes einlassen (vgl. Burow 2000a, S.29). Gerade bei kreativen Teamprozessen fragen sich viele, warum man sein Wissen und seine Ideen für ein Projekt zur Verfügung stellen soll, wenn die spätere Nutzung, die Verteilung der Gewinne und die soziale Anerkennung ungeregelt sind. Warum soll man sein spezifisches Können für ein Projekt investieren, wenn man womöglich selbst nichts davon hat? Beim Konzept des Kreativen Feldes besteht in der Bereitschaft zur Beisteuerung von Wissen, von Kompetenzen und von sozialen Ressourcen die alles entscheidende Grundlage für den Erfolg des Teams. Hierfür müssen die Teamleitung und die tragende Institution bereit sein, Macht abzugeben und sie zu verteilen. Partizipation bedeutet die kompromisslose Beteiligung aller durch Mitspracherecht, Selbstbestimmung und Entscheidungsmacht.

Bei der Konzeption der Kreativen Felder gibt es nach Burow keine alleinigen Bestimmer – diese Funktion hat nicht einmal der Gruppenleiter oder der Kristallisationskern des Feldes. Kreative Felder sind vielmehr durch eine effektive Hierachiefreiheit geprägt. Damit ein partizipierendes System effektiv funktionieren kann, sind flexible Motoren mit, so Burows, wechselnden themenbezogenen Führungspersonen nötig. Dem gehen auch Entscheidungen einher, die nicht von allen getroffen werden können, weil es andere Kompetenzbereiche betrifft.[3] Partizipation heißt beim Kreativen Feld daher auch:

- Anerkennen bestimmter Kompetenzen und bestimmter Verfahrensweisen
- Entscheidungen zu akzeptieren, bei denen man aufgrund der eigenen Kompetenzen nur partiell beteiligt war
- Unterstützen anderer, um das Ziel zu erreichen.

Das wahrscheinlich wichtigste Element der Partizipation ist jenes der kollektiven Belohnung. Jeder muss am Produkt in spezifischer Weise beteiligt sein, jeder muss ein Recht auf das Produkt haben. Wenn das Projekt erfolgreich ist, dann müssen alle daran partizipieren – auf angemessene Weise.

Partizipation wird zwar insbesondere durch den Führungsstil getragen, die Beteiligung am Erfolg und am Produkt muss aber auch auf struktureller Ebene

---

[3] Die in dieser Arbeit durchgeführte Studie zum Kreativen Feld von Charles Darwin, weist dem personalisierten Kristallisationskern eine stärkere und beständigere Rolle zu, als das Burow beschreibt. Hierbei gilt zwar nach wie vor der Partizipationsansatz (bei Darwin sind das Win-Win-Koalitionen), der Kristallisationskern besitzt aber eine vorherrschende *emotionale* Stellung im Feld.

3.3 Die Theorie der Kreativen Felder

gewährleistet werden. Führung kann als zielgerichtete Gestaltung, Steuerung und Überwachung einer Organisation als sozio-technisches System im Hinblick auf sachbezogene und personenorientierte (individuelle und kollektive) Dimensionen definiert werden, wobei zugleich die Wechselbeziehungen zu den Umfeldbedingungen und der jeweiligen Situation zu beachten sind (vgl. Macharzina 1999). Bei einem kollektiven Führungsstil ersetzt die Gruppenführung die Vorgesetztenrolle. Dieser zeigt das Problem auf und steckt die Entscheidungsgrenzen ab. Bei Partizipation im Sinne der Theorie der Kreativen Felder geht es insofern auch um die Organisation der sozialen Ressourcen der Teammitglieder. Umso höher die soziale Kohäsion in der Gruppe ist, desto partizipativer kann der Führungsstil ausgefüllt werden. Das durchaus erreichbare Ziel, ist die gänzliche Aufgabe einer formalisierten Entscheidungsstruktur. Partizipation setzt also sowohl bei der Konstruktion Kreativer Felder an, indem bestimmte Struktur- und Kommunikationsbedingungen geschaffen werden, als auch beim Arbeits- und Innovationsprozess selbst. Das Prinzip welches hinter dem Schlüsselelement „Partizipation" steht, lautet also: Allen gehört das Problem und allen gehört das Produkt.

Ein interessantes Beispiel für diese Art der Beteiligung sich bei einer der ersten wissenschaftlichen Publikationen am internationalen Forschungszentrum CERN. Bei der Publikation waren mehrere hundert Wissenschaftler mehr oder weniger beteiligt. Aus Sicht der Herausgeber gibt es aber keine Hierarchien zwischen *wichtigen* und *ganz wichtigen* Wissenschaftlern. Bei Publikationen des CERN füllen daher allein die in alphabetischer Reihenfolge aufgelisteten Autoren mehrere Seiten. Auf Kongressen präsentieren oft jene Mitarbeiter ein Experiment, die einen Auftritt für ihre Karriere gut benötigen können – wer seine Ziele diesbezüglich bereits erreicht hat, der verzichtet auf seinen Auftritt in der wissenschaftlichen Öffentlichkeit. Nur bei einer solch konsequenten Partizipation sind alle Mitarbeiter bereit wirklich *alles* zu geben und nur so kann jenes Phänomen entstehen, welches man als *Teilchenbeschleuniger* der Kreativität bezeichnen könnte: die Synergie der Beteiligten.

3.3.1.6 Synergieprozess
Fokus: Ausschöpfen des Ergänzungspotentials / Win-Win-Prozesse / Stärken-Schwächen-Abgleich / Nonsummativität

Bei Synergie geht es um die Wechselwirkung zwischen zwei oder mehr Elementen, die zu einem emergenten Effekt führt. Bei einem Synergieprozess kommt es zur spontanen Bildung neuer Eigenschaften, die nicht aus der Summe der vorhandenen Teile zu erklären sind. Der Ökonom Wolfgang Ropella begreift Synergie als Kriterium der Gruppenarbeit im Sinne von „Kooperationshandlungen zum Zweck der Informationskopplung" (Ropella 1998, S.187). Durch eine Integration der Ansichten, kann eine Lösung auf höherem Niveau erreicht werden. Der Paarpsychologe Jürg Willi spricht bei Synergie von der Synchronizität in zwischenmenschlichen Prozessen:

„Das Sich-Einstimmen auf einen gemeinsamen Prozeß, das Handeln und Fühlen aus gemeinsamen Unbewußten heraus, kann Formen annehmen, bei welchen in zwei oder mehreren aufeinander bezogenen Personen gleichzeitig innere Prozesse ablaufen, ohne dass diese Personen zu diesem Zeitpunkt bewusst über ihre fünf Sinne kommunizieren. Es bildet sich eine Synchronizität (Gleichzeitigkeit) der Ideenentwicklung – nicht durch direkte Kommunikation, sondern über den Gleichklang zweier Seelen, durch das Schwingen mit derselben Wellenlänge. (Willi 1985, S.279)

Durch die Begegnung und den Austausch unterschiedlicher Kompetenzen und Perspektiven und einem gemeinsamen Grund des Handelns, können bei der Wirkung Kreativer Felder verborgene Kräfte freigesetzt werden, die durch die synergetische Verbindung der Teammitglieder, ein Leistungsvermögen erreichen, welches höher ist als die Addition der Leistungspotentiale der Beteiligten – es entsteht ein sogenannter Assembly-Effekt. Burow betont, dass das situative Setting so arrangiert sein sollte, „dass möglichst viel Vernetzung entsteht und sich [dadurch] neue Synergiepartner finden können." (Burow 2000a, S.29). Als Beispiel solcher situativer Rahmenbedingungen nennt Burow das Verfahren der Zukunftskonferenz (vgl. Weisbord 1992), bei dem jeweils acht Personen, die einen repräsentativen Querschnitt der Organisation bilden, an einen Arbeitstisch zu einem heterogenen Team zusammengebracht werden. Die Mischung der Teams allein, ist jedoch keine Garantie für das Entstehen von Synergie, es stellt lediglich das Synergiepotential des Teams dar. Der Synergieprozess hängt zudem mit der Nutzung kooperativer Formen des Dialogs und der Partizipation aller Beteiligten an den Erfolgen und an den Ergebnissen zusammen. Denn ohne einen als sinnvoll verstandenen Workflow und ohne dass sich jeder Teilnehmer sicher sein kann, für die Leistung die er einbringt, auch in spezifischer Weise honoriert zu werden, ist eine Öffnung für synergetische Arbeitsformen kaum möglich.
 Bei der Theorie der Kreativen Felder stehen Formen der „interaktiven Kreativität" (Burow 1999, S.88) im Fokus. Synergie wird hierbei als nonsummativer Prozess verstanden, bei dem das Produkt eine höhere Wertigkeit erhalten kann, als die Summe seiner Einzelteile. Synergie ergibt sich hierbei aus der Passung zwischen Stärken und Schwächen bei unterschiedlichen Personen. Die Stärke des einen gleicht die Schwäche des anderen aus, erst gemeinsam ergibt

3.3 Die Theorie der Kreativen Felder

sich eine ganzheitliche Einheit. Burow hat hierfür ein Analyseinstrument entwickelt (Burow 1999, S.143ff.), mit dem die Stärken und Schwächen der am Kreativen Feld beteiligten Personen erkannt und miteinander verknüpft werden können. Denn gerade in den Schwächen des Einzelnen liegen die Chancen für die Gruppe (vgl. ebd., S.145). Durch den Abgleich unserer Stärken und Schwächen innerhalb eines Teams findet eine Form der Synergieanalyse statt, mit der gezielt auf das Füllen möglicher Lücken oder das Entschärfen möglicher Problemfelder hingearbeitet werden kann.

3.3.1.7 Nachhaltigkeit
Fokus: gesellschaftliches Potential der Idee / Balance des Teams

Bei der Theorie der Kreativen Felder wird Nachhaltigkeit als a) Nachhaltigkeit des Produktes im Sinne gesellschaftlicher Akzeptanz und eines gesellschaftlichen Bedarfs verstanden und b) als Ausgewogenheit der einzelnen Teammitglieder untereinander. Diese Balanciertheit drückt sich als ein Kohärenz-Gefühl der Teilnehmer des Kreativen Feldes aus.

Burow ist der Überzeugung, dass Kreativität keinen Wert an sich besitzt, sondern unsere schöpferischen Erzeugnisse immer auch auf mögliche Folgen bezogen werden müssen (vgl. Burow/Hinz 2005, S.29). Diese Folgen sind immanenter Teil des Kreativitätssystems. Die Leistung eines Kreativen Feldes ist nicht nur auf die Entwicklung innovativer Produkte ausgerichtet, sondern diese müssen darüber hinaus bei der Entwicklung bereits eine vorausschauende *Risikofolgenabschätzung* beachten. Die Erzeugnisse Kreativer Felder, so könnte man die Absicht Burows beschreiben, sollen schlichtweg helfen, die Welt zu verbessern. Diesen Aspekt kann man sehr kritisch betrachten, denn aus Ingenieursperspektive war die Entwicklung der Atombombe eine ausgesprochen kreative Leistung. Diese Entwicklung würde Burows Attribut der Nachhaltigkeit kaum standhalten. Insofern erweitert Burow mit seinem Schlüsselelement „Nachhaltigkeit" die Definition des Phänomens der Kreativität über die Attribute *neu, passend, lesbar* und *anerkannt* hinaus, um das Attribut *weltverbessernd*.

Als zweite Dimension besteht das Attribut Nachhaltigkeit in der Balance der Teammitglieder. Eine solche Balance bzw. Gleichgewicht ist hergestellt, wenn das Feld sich in einem stabilen Zustand befindet, bei dem im Idealfall keine Mehrgewinne durch Veränderung zu erzielen sind. Dieser Idealzustand wäre im mathematischen Sinne als Nash-Gleichgewicht[4] zu beschreiben. Eine

---
[4] Der Begriff Nash-Gleichgewicht stammt aus der Spieltheorie. Eine Spielstrategie besitzt dann eine gewisse Stabilität, wenn kein *einzelner* Spieler einen Anreiz besitzt, von seiner Strategie abzuweichen. Das Abweichen von der aktuellen Strategie, würde für den Spieler eine Verringerung seiner

Situation also, bei dem sich kein Vorteil durch das Ändern der aktuellen Strategie ergibt. Keiner der Teilnehmer eines Kreativen Feldes strebt bei einem Nash-Gleichgewicht eine Veränderung an, da jede Veränderung eine verschlechterte Ausgangsbasis für das Finden einer Problemlösung darstellen würde. Jeder der Teilnehmer ist vielmehr bestrebt, das stabile Gleichgewicht des Kreativen Feldes aufrecht zu erhalten.

Der Kreativitätsforscher Keith Sawyer der Washington University in St. Louis versteht dieses Gleichgewicht als eine Voraussetzung für den Innovationsmodus einer Gruppe. Diesen Zustand nennt Sawyer *Group Flow* (vgl. Sawyer 2007) und beschreibt das Gleichgewicht als einen Zustand zwischen *zuviel* und *zuwenig*. Group Flow sei möglich, wenn verschiedene Dimensionen sich in Balance befinden: Struktur versus Improvisation, Kritik/Analyse versus Freies Assoziieren und Zuhören versus Äußern eigener Beiträge. Die Energiebalance eines Kreativen Feldes im Sinne eines Group Flows ist also immer dann gegeben, wenn es gelingt, die Einflüsse und Rahmenbedingungen so zu regeln, dass Prozesse in einem dynamischen Gleichgewicht stattfinden können. Dieser Zustand ist deshalb dynamisch, weil zu den verschiedenen Zeitpunkten des Kreativitätsprozesses unterschiedliche hohe Anteile bestimmter Einflüsse förderlich oder hemmend sein können. Die Stabilität des Feldes bleibt also nicht automatisch im Gleichgewicht, sondern für die Aufrechterhaltung des Group Flows müssen alle Teilnehmer des Kreativen Feldes aktiv arbeiten.

Mit dem relativ populären kognitiven Konzept der Salutogenese des Soziologen Aaron Antonovsky lässt sich der Aspekt der Nachhaltigkeit im Sinne eines in Balance befindlichen Teams ebenfalls sehr gut verdeutlichen. Salutogenese besteht aus den drei Faktoren Verstehbarkeit, Handhabbarkeit und Bedeutsamkeit (vgl. Antonovsky 1997, S.34ff.). Die Wirksamkeit dieser drei Faktoren steht im Zentrum des auf Glück und Gesundheit beruhenden Ansatzes und wird als sense of coherence wahrgenommen. Die Verstehbarkeit eines Konzepts, Verfahrens oder einer Idee wirkt als „Ausmaß, in welchem man interne und externe Stimuli als kognitiv sinnhaft wahrnimmt" (ebd., S.34) bzw. als geordnete und strukturierte Information, die als ganzes verstanden werden kann. Antonovskys zweite Komponente ist die Handhabbarkeit, also „das Ausmaß, in dem man wahrnimmt, dass man geeignete Ressourcen zur Verfügung hat, um den Anforderungen zu begegnen [...]" (Antonovsky 1997, S.35). Man fühlt sich für die Lösung des auftretenden Problems gewappnet. Diese Handhabbarkeit kann auch entstehen, wenn neben der eigenen Kompetenz, auch die Kompetenz der Mitglieder bewusst wird. Schließlich spricht Antonovsky von der Bedeutsamkeit

---

Chancen bedeuten. Die beste Strategie beim Nash-Gleichgewicht ist daher die bestehende Strategie fortzusetzen.

3.3 Die Theorie der Kreativen Felder

als das motivationale Element der Kohärenz (ebd.). Der Faktor Bedeutsamkeit steht für das dynamische Gefühl, dass „diese Anforderungen Herausforderungen sind, die Anstrengung und Engagement lohnen." (ebd., S.36). Kohärenz umfasst also einerseits einen kognitiven Bereich, der insbesondere die Elemente der Verstehbarkeit und Handhabbarkeit umfasst und einen emotionalen Faktor, der sich auf die Bedeutsamkeit der Aufgabe oder Herausforderung bezieht. Der Soziologe Antonovsky bezeichnet Kohärenz daher, als „ein durchdringendes, andauerndes und dennoch dynamisches Gefühl des Vertrauens [...]" (Antonovsky 1997, S.36). Mit diesem Gefühl lässt sich auch die Ausgewogenheit der Teammitglieder eines Kreativen Feldes beschreiben. Wenn sich eine Energiebalance der gleichberechtigten Egos im Team entwickelt, stellt sich ein optimales Gefüge zum dynamischen Entwickeln von Lösungen ein. Neben der Entwicklung eines gesellschaftlich akzeptierten und verbessernden Produktes ist insofern Kohärenz ein zweites bzw. alternatives Ergebnis der Dynamik Kreativer Felder.

3.3.2 Gezielte Konstruktion Kreativer Felder

Seit der Entwicklung der Zukunftswerkstatt durch Robert Jungk in den 1970-Jahren, haben sich im Bereich der so genannten prozessorientierten Zukunftsmoderation spezifische Verfahren und Technologien entwickelt, die dabei helfen, die Potentiale von Einzelpersonen und Gruppen zu heben und in eine gemeinsame Planung einfließen zu lassen. Solche Verfahren reichen von wertschätzenden Mitarbeitergesprächen (z.B. Appreciative Inquiry) über methodisch begleitete Dialoggruppen (z.B. World Café) bis hin zu Großgruppenverfahren wie der Open-Space-Technology, mit denen bis zu 1000 Personen an gemeinsamen Visionen arbeiten können (vgl. Owen 1997). Ein gemeinsames Ziel dieser Verfahren ist „Kommunikation zwischen gesellschaftlichen Gruppen sowie Reflexion und Verarbeitung" (Gröf 2006, S.8) und Synergie und Dialog zu fördern. Mit prozessorientierten Verfahren werden Mitarbeiter, Kollegen und Teammitglieder beteiligt und methodisch geleitete Meinungsvielfalt genutzt. Mit Dialog, Synergie und Partizipation sind bereits wichtige Elemente des Kreativen Feldes genannt, die mit Gruppenverfahren angeregt werden können. Diese Vorgehensweise ist nicht mit denen auf klassischen Tagungen oder Meetings zu verwechseln, denn dort geht es meist um die *Belehrung* der Zuhörer. Der personzentrierte Anspruch (vgl. Rogers 2009), der sich meist hinter diesen Gruppenverfahren verbirgt, geht vom Ansatz der *Weisheit der Vielen* (vgl. Surowiecki 2005) aus, mit dem durch die Kombination und Synergie von Teilwissen, das Potential von Expertenwissen zu übertrumpfen versucht wird. Die Großgruppe fungiert hierbei als eine Art *Soziotop*, in dem individuelle Charaktere mit heterogenen Wissensständen zusammenkommen und durch Verfahren und Moderation ihre Potentiale freigesetzt und konkrete Projekte angeschoben werden. Die prozessorientierten Verfahren der Gruppenmoderation werden damit zu Werkzeugen bei der Initiierung Kreativer Felder (vgl. Burow 2000b, S.135). Bei diesen Verfahren wird durchweg selbstorganisiertes Arbeiten gefördert, welches zu einer Übernahme an Verantwortung bei den Teilnehmenden führen kann. Die aktive Teilnahme erhöht zudem die Chance, dass die beteiligten Akteure sich mit den erarbeiteten Lösungen identifizieren und zur Umsetzung der Ideen im direkten Gegenstandsbereich beitragen.

"Das Konzept des Kreativen Feldes ist nicht an bestimmte Verfahren gebunden, sondern beruht auf einer systemischen Betrachtungsweise und der Beachtung allgemein gültiger Erfolgsprinzipien der Selbstorganisation von komplexen Systemen." (ebd., S.137).

Bei der Einrichtung Kreativer Felder sind also weniger spezifische Techniken notwendig, es handelt sich hierbei vielmehr um einen experimentellen Prozess, bei dem es darauf ankommt, spontan entstehende Selbstgestaltungsversuche von Gruppen zuzulassen und zu fördern. Da solche Prozesse der sozialen Selbstorganisation relativ kompliziert seien und vielen es an Erfahrung gemeinsamer Schöpfererlebnisse fehle, "kann es günstig sein, den Feldbildungsproze0 durch entsprechend qualifizierte Proze0begleiter bzw. Moderatoren [...] zu unterstützen" (Burow 1999, S.135). Wer sich schließlich auf einen Prozess der Feldbildung einlasse, der erfahre etwas über seine spezifischen Fähigkeiten und Grenzen (ebd., S.135f.). Mit Robert Jungks *Zukunftswerkstatt* (Jungk 1989), Marvin Weisbords *Zukunftskonferenz* (Weisbord 1992), Harrison Owens *Open-Space-Technology* (Owen 1997), David Bohms Dialoggruppen (Bohm 2002) oder auch der grundlegenden *themenzentrierten Interaktion* von Ruth Cohn (Cohn 1997), bestehen bereits einige Konzepte moderierter und nicht moderierter Verfahren, die hier nicht näher erläutert werden können. Hierbei sei vertiefend auf Burows *Ich bin gut – wir sind besser* (Burow 2000b) und auf Gröfs *Großgruppenveranstaltungen* (Gröf 2006) verwiesen.

Als ein Instrument für das Aufspüren synergetischer Partner hat Burow speziell das Verfahren der *Synergieanalyse* entwickelt (Burow 1999, S.143ff.). Hierbei wird nicht nur ein *beliebiger* Partner gesucht, sondern das Verfahren zielt darauf ab, den signifikant *richtigen* Partner zu finden. Hierzu muss man sich zunächst seiner Stärken- und Schwächen bewusst sein. Denn die eigenen Schwächen stellen für Burow die Andockpunkte für wechselseitige Ausgleichs- und Ergänzungsprozesse dar. Mit den drei Faktoren individuelles Talent, Domäne und Feld verbinden sich jeweils zwei Fragestellungen. Beim Aspekt individuelles

Talent wird sowohl nach den eigenen Talenten als auch nach den Defiziten gefragt. Bei dem Faktor *Domäne* geht es um die Frage, welche Domäne einem liegt und welche nicht. Darüberhinaus soll man sich mit dem *Feld* auseinandersetzen. Hierbei stellt sich jeder die Frage, wer oder was hat eine unterstützende und wer oder was eine behindernde Funktion. Auf diese Weise gelingt es seine eigenen Stärken, seine gewünschte Umgebung und konkrete Personen oder Umstände, die einen fördern oder behindern zu identifizieren. Mit diesen herausgestellten Informationen lassen sich nun spezifisch passende Partner finden.

Die gleichen Prinzipien, die für Personen gelten, bestehen auch für die Konstruktion der Rahmenbedingungen. Burow fordert auch hierbei „'Anziehende' Freiräume für Selbstorganisation zu schaffen" (Burow 1999, S.141). Die Konstruktion von Rahmenbedingungen besitzt dabei steuernde Eigenschaften. Mit Rahmenbedingungen sind u.a. Partizipation und Heterogenität gemeint. Um partizipative Strukturen zu schaffen, sind Führungs- oder Steuerungsstile notwendig, die den Teammitgliedern Macht zur Mitentscheidung einräumen und die Transparenz des Prozesses und der Ziele gewährleistet. Heterogenität meint u.a. die Vielfalt der Kompetenzen, Perspektiven und Handlungsstile im Team. Will man ein heterogenes Feld schaffen, kann also nach unterschiedlichen Professionen geschaut werden und es können spezifische Profilbildungsverfahren eingesetzt werden. Hierdurch lassen sich bestimmte Handlungsstile und bestimmte Teamtypen identifizieren (vgl. Belbin 2000).

Der Konstruktion solcher kreativitätsfördernden Rahmenbedingungen sind natürlich Grenzen gesetzt. Man kann versuchen, den richtigen Personen die spezifisch ideale Umgebung zu schaffen und auf die Magnetwirkung des Kristallisationskerns zu hoffen. Doch letztendlich muss man sich immer bewusst machen, dass der kreative Prozess nicht geplant werden kann. Es können aber Räume und Konstellationen geschaffen werden, „die eine Vielzahl von ‚Zugkräften' zur Förderung gemeinsamer Kreativität freisetzen und die Selbstorganisation erleichtern" (Burow 1999, S.143).

3.4 Faktor Führung

Bei der Entwicklung der Theorie der Kreativen Felder ist die Funktion des Kristallisationskerns zwar innerhalb des Attributs „Vision und Produktorientierung" bereits beschrieben, die Wertigkeit wurde bisher aber vielleicht doch noch ein wenig unterschätzt. Möglicherweise sollte die Vision und die Person, die sie trägt, etwas differenzierter voneinander betrachtet werden. Burow beschreibt die Wirkung einer solchen Person als Magnet im Feld, von dessen Visionskraft andere Personen angezogen werden und gemeinsam ein Kreatives Feld bilden. Eine

Person die als Kristallisationskern wirkt, hat ein Thema für sich entdeckt, welches eng mit dem persönlichen Wollen im Einklang steht. Sie sind also authentisch in ihrem Tun und „von einer Mission beseelt " (Burow 1999, S.27). Durch die dadurch vorhandene innere Kohäsion, entwickelt die Person Anziehungskräfte und wirkt als ein starker Attraktor auf die Umgebung (vgl. ebd., S.127f.). Howard Gardner beschreibt die Wirkung eines Kristallisationskerns als "[...] Schrittmacher innerhalb spezifisch definierter Wirkungsfelder [...]" (Gardner 1997, S.9). Der Kristallisationskern kann daher auch im Sinne von Newtons Kraftfeld verstanden werden, bei dem eine Kraft von einem Ursprung auf andere Kräfte einwirkt. Burow spricht hierbei sogar von einer *aufgabenbezogenen Führungsrotation* (vgl. Burow 2000a, S.28).

„Die Funktion des Kristallisationskerns kann von verschiedenen Mitgliedern des Feldes ausgefüllt werden, oft gibt aber eine einzelne begeisterte Person den Anstoß zum Feldbildungsprozeß." (Burow 1999, S.127)

Burow geht bei der Funktion des Kristallisationskerns von einer hohen Flexibilität im Sinne der Jazzbandmetapher aus. Eine Jazzband bedarf keines Dirigenten, jeder Solist erhält im richtigen Moment die Führungsfunktion und die anderen Bandmitglieder ordnen sich zu diesem Zeitpunkt dem Instrument und dem Solisten unter.

„Kristallisationskern wird man, wenn es einem gelingt, in überzeugender Weise der eigenen Berufung zu folgen und diese in einer attraktiven Geschichte oder als begeisterndes Ziel anderen mitzuteilen." (ebd., S.27)

In den letzten Jahren wurden bei der Erforschung der Kreativen Felder zahlreiche Interviews mit Personen durchgeführt, die Kristallisationskerne in ihrem Feld sind. Zudem konnten einige Erkenntnisse durch die Beobachtung und Analyse erfolgreicher Teams im kreativen Bereich erzielt werden, die tatsächlich darauf hindeuten, dass im Moment der Visionenfindung und -beschreibung solche Jazzband-Konstellationen zu beobachten sind. Hierbei wirkt die Kraft von Personen, die mit Energie und Leidenschaft das Problem und die Vision aus ihrem spezifischen Blickwinkel betrachten. Im Prozess entwickeln schließlich durch die vielfältigen Perspektiven und Kompetenzen sowie durch die automatisch verlaufende Evaluation der Vision durch die Gruppe, ein gemeinsames Leitmotiv. Doch jedes noch so gute Konzept erlebt im Laufe des Realisationsprozesses Rückschläge und Widersprüche. Genau das sind die sensiblen Momente, die ein Kreatives Feld aus dem Gleichgewicht bringen können. In diesen Phasen kommt einem personalisierten Kristallisationskern eine besondere Bedeutung

3.4 Faktor Führung

zu. Hierbei ist eine Person gefragt, die mit ihrer Überzeugung und ihrer Persönlichkeit alle in ihren Bann zieht und ihnen den Glauben an die gemeinsame Vision erhält. Bei diesen neuralgischen Momenten des Innovationsprozesses ist also weniger die kollektive Kreativität als die *überzeugende Persönlichkeit* eines einzelnen gefragt. Bedeutet diese Aussage wieder die Rückkehr zum Genie der „alten Kreativitätsschule"? Nein, der Unterschied zum Geniekult ist die Funktion des Genies. Das alles beherrschende Genie der Vergangenheit verfügte über eine unberechenbare Allmacht. Der Kristallisationskern im Kreativen Feld ist dagegen ein Genie bei der Mobilisierung der anderen, er ist ein *Team-Genie*. Warren Bennis versteht den Kristallisationskern eines Teams daher auch als Meister der sozialen Struktur und der Verdichtung.

„Führungspersönlichkeiten müssen lernen, eine soziale Architektur zu entwickeln, die geniale Leute mit ausgeprägtem Selbstbewusstsein zu erfolgreicher Zusammenarbeit und zur Entfaltung der eigenen Kreativität motiviert." (Bennis 1997, S.223)

Bennis fordert von dem Kristallisationskern die Vision, die er in klaren Worten äußern kann, auch tagtäglich zu leben und zu verkörpern. Dadurch behält eine solche Person über den gesamten Kreativitätsprozess eine besondere Funktion im Feld. Er fungiert als Verdichter, der immer wieder auf den Kern der gemeinsamen Vision aufmerksam macht und der damit sowohl als Kritiker der Zwischenergebnisse als auch als Vordenker der Vision fungiert. Witte benutzt den Begriff der Promotoren, die in der Lage sind „kinetische Energie, die den Prozess startet und ihn bis zum Entschluss vorantreibt" (Witte 1998, S.15) zu entwickeln und in das Team fließen zu lassen. Kristallisationskerne verfügen also über ein hohes Beeindruckungspotential, das sich oft aufgrund der Kombination von äußerem als auch geistigem Charisma ergibt.

Es drängt sich hierbei die Frage auf, ob nicht die Attribute *Führung* und *Kooperation* in einem Spannungsverhältnis zueinander stehen? Eine Antwort darauf könnte das Schwungradprinzip von Jim Collins (vgl. Collins 2005) liefern. Der Managementexperte erforschte in einer Studie Unternehmen, denen es gelungen ist, über mindestens 15 Jahre erfolgreich zu bleiben. Im Fokus seines Interesses steht also nicht der kometenhafte Aufstieg, sondern die Prinzipien des nachhaltigem Erfolgs. Unternehmensführung versteht Collins als einen längeren, evolutionären Prozess. Der Kristallisationskern bringt das Unternehmen in die richtige Richtung und baut dabei allmählich ein effektives Wirkungsvermögen auf. „Ist ein bestimmter Punkt erreicht, erfolgt plötzlich der Umschwung. Der Schub ist bereits so groß, dass sich das Rad fast von alleine dreht" (Collins 2005, S. 211). Wenn es dann soweit ist, wechselt die Führungsperson die Funktion. Ist das Schwungrad erst einmal angelaufen, dann sind es die Mitarbeiter, die den nachhaltigen Erfolg sichern. Collins betrachtet Spitzenleistung daher als das Ergebnis eines kumulativen Prozesses (ebd., S.212). Er beschreibt die Mentalität von Führungspersönlichkeiten, die in der Lage sind einen nachhaltigen Erfolg zu sichern, mittels einer Analogie: Diese Manager schauen bei erfolgreichen Phasen aus dem Fenster und suchen den Erfolg in externen Faktoren. „Läuft es mal nicht so gut, werfen sie einen Blick in den Spiegel und übernehmen selbst die Verantwortung." (ebd., S.53). Erfolg wird also in den Mitarbeitern gesucht und gefunden, Misserfolg suchen die Erfolgsmanager jedoch bei sich selbst. Collins erkennt damit einen Erfolgsfaktor in der Bescheidenheit von Führungspersönlichkeiten, die vielmehr mit kräftigen Arbeitspferden als mit schillernden Zirkuspferden zu vergleichen seien.

Der Bedeutungswandel des Kristallisationskerns vom Aufschwung bis zum nachhaltigen Erfolgsagieren des Teams kann auch durch erfolgreiche Unternehmenslenker im deutschsprachigen Raum bestätigt werden. Der „Gründerpapst" Günter Faltin baute beispielsweise mit einigen seiner Studierenden das Unternehmen „Teekampagne" auf und konnte damit einen nachhaltigen ökonomischen Erfolg erzielen. Faltin geht von einem zentralen Kristallisationskern aus, der um sich herum Synergiepartner sammelt, die Fäden seines Unternehmens aber immer selbst in der Hand behält. Dieser Führungsperson gelingt es dabei, die Kompetenzen, die sie selbst nicht besitzt, komplett an kompetente Synergiepartner abzugeben und diese am Unternehmenserfolg zu beteiligen (vgl. Faltin 2010). Die Organisationsstruktur bei Faltin bleibt jedoch relativ zentralistisch an der Gründerpersönlichkeit ausgerichtet.

Götz Werner, der Gründer der Drogeriemarktkette DM-Märkte, eine mit über 2500 Filialen in drei Ländern größten und einflussreichsten Drogerieketten Europas, vertritt dagegen eine noch stärker partizipativ ausgerichtete Lenker-Strategie. In einem Interview erläutert Werner seine Haltung, Mitarbeiter Gestaltungsfreiräume für ihre spezifischen Aktivitätsfelder einzuräumen, um eine höhere Identifikation mit der Arbeitsstelle und den Produkten zu ermöglichen (Werner 2009). Diese Mitarbeiterstrategie lässt sich auch daran erkennen, dass kein DM-Markt vom Aufbau und der Produktpräsentation einem anderen gleicht – es sind von den ansässigen Mitarbeitern gestaltete Arbeits- und Verkaufsräume. Allerdings betont auch Werner die Bedeutung des Kristallisationskerns insbesondere in der Anfangsphase der Unternehmung. Gerade in dieser Phase ist offensichtlich die Stärke der Vision und die Stringenz und Authentizität des Kristallisationskerns gefragt. Erst wenn das Schwungrad beginnt eine eigene Kraft zu entwickeln, wandelt sich die Funktion des Kristallisationskerns vom Vordenker zum partizipativ agierenden Begleiter.

3.4 Faktor Führung

3.4.1 Der personalisierte Kristallisationskern als Team-Genie

Wenn die Elemente Partizipation, Dialog und Synergie der Kreativen-Feld-Theorie ihre beabsichtigten Wirkungen erzielen sollen, dann muss es Führungskräften zuvor gelingen, ihre Mitarbeiter zu begeistern und emotional an die Vision zu binden. Dies kann durch Partizipation gelingen:

> „Denn es ist von Lewin und anderen Psychologen immer wieder gezeigt worden, daß sich ein autoritärer Führungsstil hemmend, ein demokratischer Führungsstil fördernd auf selbständiges, kreatives Denken und Handeln auswirkt." (Ulmann 1968, S.18).

Wer ein Team für kooperatives oder gar kollaboratives Arbeiten motivieren will, der braucht feine Fühler für die Stimmungen und Spannungen in der Gruppe. Das schafft nur eine Person mit starken empathischen Fähigkeiten einerseits und kommunikativen Fähigkeiten andererseits. „Meister der Empathie sind Meister der Kommunikation" (Baron-Cohen 2006, S.177) behauptet der Persönlichkeitspsychologe Simon Baron-Cohen. Sein Kollege Howard Gardner unterscheidet bei seiner Bestimmung charakteristischer Merkmale von *Leading Minds* in *direkte* und *indirekte* Führer. Ein direkter Führer trägt seine Ideen und Meinungen mit persönlicher Präsenz einem wechselnden Publikum vor (bspw. Politiker). Indirekte Führer entwickeln Ideen in Form von Theorien oder Abhandlungen und üben durch die Reputation dieser Manifestationen Einfluss aus. Diese Merkmale stehen für die zwei Pole „eines Kontinuums, das die Einflußkapazitäten einer Person (oder Personengruppe) angibt" (Gardner 1997, S.21). Die Einflusskapazität resultiert aus der erreichten Wirkung der durch von ihnen vermittelten Geschichten (vgl. ebd., S.28). Die Vermittlung ihrer Geschichten oder vielleicht treffender ihrer Mythen erfolgt durch die von ihnen gewählten Ausdrucksmittel. Sprache ist dabei nur ein Medium. Musik, Ästhetik oder der gewaltfreie Widerstand eines Mahatma Gandhi, können weitere Ausdrucksformen sein. Wissenschaftler üben beispielsweise durch ein fachspezifisches Zeichensystem Einfluss aus. So reduziert sich die indirekte Führerschaft Albert Einsteins auf eine kurze Formel: $e=mc^2$. Nicht aber die physikalische Wirksamkeit der Formel führte zum Einfluss Einsteins auf die Welt, sondern die sprachliche und teils ästhetische Vermittlung dieser Formel, die aus der kaum zu durchblickenden Domäne der theoretischen Physik stammt.

Gardner betont bei seiner Führungscharakteristik insbesondere den sichtbaren Erfolg. Bei Einstein rührt der spätere sichtbare Erfolg aus den seiner Theorie erfolgten wissenschaftlichen (Erkenntnisse für die Raumfahrt) und militärischen (Entwicklung der Atombombe) Programmen, bei denen Einstein persönlich überhaupt nicht oder nur peripher beteiligt war. Gardner differenziert Führungspersönlichkeiten folgerichtig aufgrund der Originalität ihrer Geschichten (Gardner 1997, S.29ff.). Der *alltägliche Führer* gibt traditionelle Geschichten auf wirkungsvolle Weise wieder. Aus dem Denken und Handeln dieser Führer lassen sich jedoch kaum zukünftige Entwicklungen der von ihnen geführten Gruppe ablesen. Der *innovative Führer* greift dagegen Geschichten auf, die im Bewusstsein der Gruppe schlummern, aber in Vergessenheit zu geraten drohen. Er „recycelt" gewissermaßen diese Geschichten und verleiht ihnen einen neuen, aktuellen Glanz und gibt ihnen u.U. auch eine neue, unerwartete Wendung. Dieser Art Führer kann es gelingen, ihrer Zeit oder ihrer Gruppe eine neue Richtung zu geben. Der *visionäre Führer* schließlich, entwickelt und vermittelt, so Gardner, neue Geschichten. Die mit visionärer Kraft ausgestatteten Führer finden sich selten auf gesamtgesellschaftlichem Raum, als vielmehr in eingegrenzten Gruppen wie Hochschulen, Unternehmen oder in der Kunst. In diesen Subgruppen kann davon ausgegangen werden, dass die Adressaten die traditionellen und auch die innovativ ausgestalteten Geschichten bereits vertraut sind und neue Gedanken sofort als solche identifiziert werden. „Man hat also, wenn auch zukunftweisende Ideen nicht vom Himmel fallen, immerhin eine reelle Chance, auf einem Fachgebiet als erfolgreicher Neuerer zu wirken." (Gardner 1997, S.32). Zudem wirken sich auch die Bedürfnisse und Forderungen der Adressaten sowie der Zeitgeist der jeweiligen Epoche entscheidend auf das Gelingen von Führung aus.

Das Charisma der Persönlichkeiten, die ihre Botschaften bzw. Geschichten verbreiten, entscheidet über den Grad der Wahrnehmung und der Einflusskapazität ebenso wie der Gehalt der Geschichten. Charisma ist bei Max Weber eine individuelle Eigenschaft, eine Qualität der Persönlichkeit, die *außeralltäglich* ist. Weber beschreibt die charismatische Herrschaft als eine Führungsform, die jenseits der traditionellen, bürokratischen oder patriarchalen Form liege (vgl. Weber 1976, S.141). Der charismatische Führer herrsche nur für die Dauer seiner charismatischen Bewährtheit, zumindest solange er „Anerkennung findet, und brauchbar ist" (ebd.). Bleibt der Erfolg dauerhaft aus, dann bringt seine Führung kein Wohlergehen für die Beherrschten und der charismatisch Führende läuft Gefahr an Einfluss zu verlieren oder sogar abgesetzt zu werden. Weber sieht gerade im charismatischen Führer großes Potential zum Wandel:

„Das Charisma ist die große revolutionäre Macht in traditional gebundenen Epochen." (Weber 1976, S.142)

Gardners Konzept der Einflusskapazität von Personen bestätigt die Bedeutung des Charismas von Führungspersonen. Führer in Gardners Sinne kennzeichnen

3.4 Faktor Führung

sich als Personen, die „zentrale Lebensfragen aufgrund eigener Überlegungen bestimmen und lösen" und die versuchen

„die geistige Einstellung ihrer verschiedenen Adressatenkreise so zu verändern, dass bestimmte erwünschte Modifikationen eintreten" (Gardner 1997, S.39).

Dieses gelingt charismatischen Führern durch die Vermittlung ihrer Botschaften bzw. ihrer Geschichten. Hierbei geht es jedoch weniger um die verbale oder mediale Vermittlung der Geschichten, sondern vielmehr um die Verkörperung ihrer Geschichten. Führungspersönlichkeiten sind in der Betrachtung Gardners im Allgemeinen gute Redner und beeindrucken nicht selten durch ihre Schriften. Sie wissen, wie man Menschen anspricht und sie beeinflusst. Offenkundig verfügen diese Personen über große Fähigkeiten im personalen Bereich. Gardner betont hierbei den erkennbaren Zusammenhang zwischen Geschichten und Lebensführung. Denn gerade die Kombination aus Vermittlung der Geschichten bzw. Inhalte und die Verkörperung dieser, lässt Personen schließlich als Mythos mit Vorbildcharakter erscheinen.

Schaut man sich Beispiele für radikale Reformprozesse an, wie etwa Enja Riegels Reform der Helene-Lange-Schule Mitte der 1980 Jahre in Wiesbaden oder auch Jürgen Klinsmanns Reform der Struktur des Deutschen Fußballbundes 2004, so stehen sehr oft charismatische Personen im Zentrum des Geschehens. Längst hat die Managementforschung diese Form des Führungsstils in ihre Agenda aufgenommen. Charismatische Führung als Strukturelement ist jedoch nicht sehr stabil, da sie an die Person bzw. an das Charisma des Führers und an seine Bewährung gebunden ist. Bewährt sich die Führungskraft, dann ergeben sich allerdings wertvolle Teameffekte. So werden die spezifischen Verhaltensweisen der Führungskräfte wahrgenommen und führen zu entsprechenden Verhaltensweisen der Mitarbeiter: Vertrauen, Loyalität, Akzeptanz bis Gehorsam, Nacheifern der Werte etc.

Neben der starken Betonung bei der Theorie der Kreativen Felder auf den kooperativen Bereich mit den Elementen Dialog und Synergie sowie der Bedeutung der strukturellen Bedingungen durch Partizipation und Heterogenität, kommt also auch der Aura des Kristallisationskerns eine nicht zu unterschätzende Bedeutung zu. Der Kristallisationskern beim Kreativen Feld hat nicht nur durch seine Stellung als Träger und Kommunikator der Vision eine Zug- und Druckfunktion im Feld, sondern diese Person muss zudem noch die Fähigkeit besitzen, seine Führungsrolle temporär abzugeben und sie, wenn es nötig ist, wieder einzunehmen. *Der Kristallisationskern beim Kreativen Feld ist daher weniger ein Führer, er ist vielmehr ein Überzeuger und Taktgeber mit einem hohen empathischen Gespür für die Potentiale seiner Mitarbeiter und analytischen Gespür für die Phasen des kreativen Prozesses.*

3.5 Das Problem der Nonsummativität

Die grundlegende These, die hinter dem Theoriemodell der Kreativen Felder steht, ist die Überzeugung, dass Kreativität mit dem Phänomen der Teamkreativität einhergeht und dabei das ganze System eine höhere Leistungsfähigkeit entwickelt, als es aus der Summe der Einzelleistungen der Teammitglieder zu erwarten wäre. Eine Reihe von Untersuchungen stellen aber insbesondere die Effizienz von Teams in Frage und prognostizieren so genannte Ringelmann-Effekte. Das sind Leistungen von Gruppen, die hinter das summative Leistungsvermögen der einzelnen Gruppenmitglieder zurückfallen. Diese Befunde stellen also die Grundannahme Kreativer Felder in Frage und können daher nicht unberücksichtigt gelassen werden.

Der *Ringelmann-Effekt*, oft auch als soziales Faulenzen bezeichnet, beschreibt ein Phänomen, bei dem Personen innerhalb einer Gruppe eine geringere Leistung erbringen, als aufgrund der vorher gemessenen Einzelleistungen möglich gewesen wäre. Die messbaren Unterschiede sind als potentielle bzw. nominelle Leistung gegenüber der Realleistung der Gruppe zu erfassen. Die Nominalleistung ergibt sich aus der Addition der potentiellen Einzelleistungen der Gruppenmitglieder. Die Realleistung ist dagegen die tatsächlich gemessene Leistung, die sich durch die Akkumulation der Kräfte aller Gruppenmitglieder bei der konkreten Messung ergibt. Die Effizienz dieser Gruppenleistung lässt sich aufgrund der Prozessbilanz (Prozessgewinne minus Prozessverluste) bestimmen. Wenn nun die reale Leistungsfähigkeit hinter der Addition der Leistungsvermögen der einzelnen Gruppenmitglieder zurückbleibt, dann spricht man in der Gruppenforschung vom Ringelmann-Effekt.

Es ist anzunehmen, dass jedes Individuum über spezifische Fach- und Handlungskompetenzen sowie über bestimmte Erfahrungen verfügt. Innerhalb einer Gruppe divergieren nun diese Wissens- und Handlungsmuster, sodass die Kombination individueller Leistungsmerkmale das Leistungspotential der Gruppe erhöht. Durch die Akkumulation des Wissens, ist die Gruppe dem Individuum deshalb beim Lösen von Problemen grundsätzlich überlegen. Von nonsummativer Leistungssteigerung der Gruppen, dem so genannten *Assembly-Effekt*, spricht man jedoch erst, wenn die Gruppenleistung über die nominelle Leistung aller Gruppenmitglieder hinausgeht. Wenn also die Gruppe ein Ergebnis erzielt, das höher zu bewerten ist, als das, was man bei der Akkumulation der Einzelleistungen erwartet hätte.

3.5 Das Problem der Nonsummativität

Ari Bosse stellt tabellarisch die empirisch gemessenen Ergebnisse einiger Studien zwischen Real- und Nominalgruppen in der Zeit von 1958 bis 2007 zusammen (Bosse 2007, S.58f.). Dabei findet sich keine einzige Untersuchung, die der Realgruppe gegenüber den Nominalleistungen eine qualitativ höherwertige Leistung bescheinigt. Allerdings bezieht sich keine dieser Untersuchungen spezifisch auf kreative Leistungen. Diesen Aspekt spezifiziert erst der Psychologe Peter Zysno (vgl. Zysno 1998) mit einem Experiment. Er untersucht ganz gezielt die kreative Effizienz von Gruppen. Auch Zysno ist davon überzeugt, dass die Gruppenleistung der Einzelleistung meist überlegen ist. „Sofern die Beiträge der Personen koordinierbar sind und die subjektiven Motivationen auf ein gemeinsames Ziel konvergieren, wird die Überlegenheit des Individuums die seltene Ausnahme sein." (Zysno 1998, S.185). Er stellt sich jedoch die Frage, ob die Gruppe auch effizienter arbeitet als eine Einzelperson. Mit Effizienz ist gemeint, „dass ein Problem gelöst [... und] mit einer günstigen Input-Output-Relation gearbeitet wird" (Scholl 2003, S.4). Beim klassischen Seilzugexperiment (vgl. Hunt 1991) von Maximilian Ringelmann gegen Ende des 19. Jh., wurde die Leistung einer Gruppe von Männern gemessen, die gemeinsam an einem Seil ziehen. Je mehr Männer Ringelmann an dem Seil ziehen ließ, desto weniger Leistung erbrachte jeder einzelne. Der Leistungsabfall war nicht jedoch linear, sondern asymptotisch. Zysno fragte sich nun, ob ein solcher Effekt nicht nur für physikalische Leistungen, sondern auch für kreative Leistungen zu beobachten und zu messen sei.

Hierfür untersuchte Zysno 90 Mitarbeiter eines Produktionsunternehmens, das landwirtschaftliche Geräte herstellt. Die Mitarbeiter wurden für einen Tag aus der laufenden Produktion genommen und hatten die Aufgabe, Ideen für die Entwicklung eines bestimmten Produktionsteils zu generieren. Zysno teilte die Mitarbeiter in 30 Einzelpersonen und in Gruppen von zwei bis zwölf Personen. Aufgrund bestimmter zeitlicher Regeln sollten die Einzelpersonen und die Gruppen nun mit Hilfe der Brainstormingmethode Ideen generieren. Gemessen werden sollte die Effizienz der Ideengenerierung. Die Ergebnisse konnten zwischen den Leistungen von Einzelpersonen und denen verschiedener Gruppengrößen durch die Messung der Realleistung (Anzahl der generierten Ideen) und den Werten der Nominalgruppe (Mittelwert der Leistung der 30 Einzelpersonen) erzielt werden. Die Nominalgruppen galten daher als Vergleichsgruppen und wurden rein rechnerisch aus sich zufällig ergebenen Gruppierungen aus der Menge der 30 Einzelpersonen zusammengesetzt. Erzielte beispielsweise eine 4er-Gruppe 46 Ideen, dann konnte diese Leistung mit der Leistung einer Nominalgruppe verglichen werden.

Das Ergebnis beim Psychologen Zysno ist eindeutig: umso größer die Gruppe, desto geringer die Effizienz – das entspricht ziemlich genau den Ergebnissen Ringelmanns und den von Bosse aufgezeigten Ergebnissen der anderen Gruppenstudien. Die meisten Einfälle hatten bei Zysno die Solodenker, die 12er-Gruppen erzielten dagegen durchschnittlich die wenigsten Ideen (vgl. Zysno 1998, S.201). Laut Zysno ergaben sich nach einem Expertenurteil zweier Ingenieure keine nennenswerten qualitativen Unterschiede zwischen allen generierten Ideen (vgl. ebd., S.201). Dieser Umstand erscheint jedoch ziemlich erstaunlich. Insgesamt müssen hunderte Ideen generiert worden sein, diese können unmöglich allesamt als gleichwertig bezeichnet werden. Vernachlässigen wir an dieser Stelle zunächst einmal die qualitativen Beurteilungsmaßstäbe und schauen auf die rein quantitativen Daten. Die Daten belegen eine Abnahme der Effizienz bei kreativen Gruppen. Durch diesen Versuchsaufbau lässt sich also auch bei kreativen Team-Leistungen ein Ringelmann-Effekt nachweisen.

Zysno erweiterte den Versuch bei einem anderen Experiment um den Faktor „explizite Zielsetzung" (Zysno 1998, S.203ff.), da spezifische Ziele „zu einem höheren Leistungsniveau als allgemeine Zielaussagen" (ebd. S.203) führen. Ein Teil der an diesem Experiment teilnehmenden studentischen Gruppen war daher angehalten, ihr Leistungsziel selbst zu quantifizieren, d.h. sie sollten angeben, wie viele Ideen sie glauben, produzieren zu können. Hinter diesem Experiment stand die Hypothese, dass Gruppen mit einer Fixierung auf eine bestimmte Größenordnung mehr Ideen produzieren als Gruppen mit unspezifischer Zielsetzung. Die Angabe der beabsichtigten Anzahl der Ideen, sollte also zu einer Motivation der Gruppe führen. Die Ergebnisse zeigen eine Überlegenheit der Gruppen mit expliziter Zielsetzung gegenüber den Gruppen mit unspezifischer Zielsetzung. Wobei der Großteil der Ergebnisse immer noch unterhalb der zu erwartenden Ergebnisse der Nominalgruppe lag. Bei Gruppen mit der Angabe eines eigenen Ziels und der Gruppengröße von zwei und vier Personen, lag der Effizienzbereich über einem Messwert von eins und man kann in diesen Fällen sogar von einem Assembly-Effekt sprechen. Die Datenmengen lassen jedoch, so Zysno, keine akzeptable Fehlerrate zu. Er kommt schließlich zu dem Ergebnis, dass es bei expliziter Zielsetzung so etwas, wie einen Synergieimpuls zu geben scheint.

> „In einer ersten Annäherung läßt sich darunter die positiv gestimmte Bereitschaft des sozialen Wesens Mensch verstehen, gern in Gruppen zu arbeiten." (ebd., S.206)

Es bleibe zu hoffen, so Zysno, dass im Verbund mit weiteren förderlichen Bedingungen der Prozessgewinn weiter ansteigen könne. Die bisherigen experimentellen Ergebnisse lieferten jedoch eine eindeutige Befundlage zugunsten des Ringelmann-Effektes (vgl. ebd., S.207). Dörner belegt diese Prognose. Er identi-

3.5 Das Problem der Nonsummativität

fiziert durch Versuche mit Computersimulation mehrere hemmende Faktoren der Affiliation (Gruppenangleichung) in Form von Solidarität, Loyalität, Konformität und Inflexibilität (Dörner 2007, S.276ff.). Zysno deutet jedoch auf Möglichkeiten von Prozessgewinnen durch die spezifische Gestaltung kontextueller, vor allem interpersonaler Bedingungen hin. Im Rahmen dieser Arbeit wird das Experiment von Zysno zur Grundlage genommen und um einige Aspekte erweitert (vgl. Kap. 4.3. Teilstudie Nonsummativität bei Kreativen Teams). Hierbei werden als externe Rahmenbedingungen Interventionen im Bereich Heterogenität, Kommunikation und Gruppenkultur eingesetzt. Durch diese Veränderung der situativen Rahmenbedingungen sollen Assembly-Effekte im Bereich der Teamkreativität erzielt werden.

Ein entscheidender Unterschied zu Zysnos Versuch liegt im Verständnis von Kreativität. Zysnos Versuchsaufbau versucht Kreativität durch die Quantität und nicht durch die Qualität der entwickelten Ideen zu messen. Zysno folgt offensichtlich der These, dass Qualität der Quantität immanent zugrunde liege.[5] Betrachtet man jedoch Kreativitätsphänomene mit einem breiteren Fokus, so verwischen die Grenzen zwischen Effizienz (Kosten/Nutzen-Verhältnis) und Effektivität (Grad der Zielerreichung). Was bringt bspw. die effiziente Entwicklung einer Idee, die jedoch nur eine bedingte Güte aufweist? Man kann eine Idee nur als kreativ bezeichnen, wenn sie in der Lage ist, das Vorhandene zu verbessern oder etwas gänzlich Neues zu entwickeln. Die Entwicklung einer Idee muss also effektiv im Sinne der Optimierung eines Produkts, Verfahrens oder einer Theorie sein.

Bei der in dieser Arbeit durchgeführten Studie zur nonsummativen Leistungen kreativer Teams wird daher ein Kreativitätsbegriff zu Grunde gelegt, bei dem die Güte der Idee eine klassifizierte Messgröße ist. Denn möglicherweise entwickeln erfolgreiche Solodenker, lediglich die naheliegenden und damit u.U. die unkreativsten Ideen. Gruppen dagegen, sortieren die banalsten Ideen durch die evaluierende Gruppendiskussion bereits aus, sodass sie zwar nicht so viele Ideen wie die Solodenker generieren können, dafür aber möglicherweise die besseren. Der Ringelmann-Effekt, den Zysno beschreibt, bezieht sich also lediglich auf die quantitative Generierung nicht klassifizierter Ideen – das eigentliche kreative Potential der Ideen wird hierbei nicht erfasst. Möglicherweise verbietet sich sogar bei Gruppenbetrachtungen kreativer Leistungen die Reduktion auf einen überschaubaren isolierten Faktor:

---

[5] Schuler und Görlich erläutern in ihrer Metastudie eine Korrelation zwischen der Anzahl und der Qualität der Ideen (vgl. Schuler/Görlich 2007, S.93). Das Verhältnis betrage etwa 1:10, d.h. jede zehnte Idee sei brauchbar. Wer also nur fünf Ideen produziere, habe weniger Chancen eine gute Idee zu entwickeln, als jemand, der 50 Ideen entwickele.

„Denken wir etwa nur an die Soziologen, die Psychologen, Anthropologen, Linguisten usw. Würden sie die komplexen Systeme, mit denen sie sich befassen, also die Gesellschaft, die Psyche, die Kultur, die Sprache usw., in derselben Weise so reduzieren, daß sie sie zur weiteren Untersuchung in immer kleinere Teile zerlegen, dann könnten sie schon nach wenigen Schritten nicht mehr behaupten, daß sie es noch mit dem System zu tun haben, mit dem sie sich ursprünglich beschäftigen wollten." (Förster v. 1993, S.337f.)

Was hier der Kybernetiker Heinz von Förster beschreibt, trifft ebenso auf das Phänomen kreativer Teams zu. Denn bei der Kreativitätsforschung unter Berücksichtigung der strukturellen und kooperativen Bedingungen, handelt es sich um die Betrachtung nicht-linearer Systeme, deren kennzeichnende Eigenschaften in den Interaktionen zwischen den Teilen des ganzen Systems bestehen. Die Eigenschaften dieser Teile tragen zum Verständnis des Funktionierens der Systeme als Ganzes wenig oder gar nichts bei (vgl. ebd., S.338). Die Systemgrenzen müssen daher sehr weit gesteckt werden, damit man die positiven oder negativen Effekte erkennen und die Synergie bzw. die Effizienz der Gruppe objektiv einschätzen kann. Nicht nur die Anzahl der Ideen, sondern auch die Qualität, die Umsetzung und die Wirkung der Ideen sowie gruppendynamische Prozesse wie Motivation und Kommunikationskultur müssten empirisch berücksichtigt werden, um tatsächlich aussagekräftige Kennziffern zu ermitteln.

Die Gruppengröße fügt weitere zu berücksichtigende Faktoren bei der Messung von Teamkreativität bei. Bei ansteigender Gruppengröße kann es für den Einzelnen schwieriger werden, die für ihn bedeutsamen Anteile einzubringen, und es steigen die Möglichkeiten des sozialen Faulenzens, sich also unbemerkt auf die Leistung des anderen verlassen zu können. Zudem steigt mit der Gruppengröße die Gefahr einer Separierung innerhalb der Gruppe, die ebenfalls den Gruppenerfolg mindern kann. Man könnte also sagen: umso kleiner die Gruppe, desto effizienter arbeitet sie. Dörner stellt in seinen Untersuchungen jedoch fest, dass bei kleinen Gruppen der Loyalitätsdruck steigt, was die Leistung ebenfalls mindern kann (Dörner 2007, S.287ff.). Richard S. Crutchfield hat schon 1962 die schädlichen Auswirkungen von Konformitätsdruck auf kreatives Denken dargelegt (Crutchfield 1962, S.155ff.). Die hauptsächlichen Bemühungen einer Person bezögen sich auf das Ziel, von Gruppe akzeptiert und belohnt zu werden und daraufhin Zurückweisung und Strafe zu vermeiden. „Die Lösung des Problems selbst wird damit zweitrangig, und seine aufgabenbezogene Motivation läßt nach" (Crutchfield 1962, S.157). Diese Gruppeneffekte erklären sich also durch die Wirkung von Koordinations- und Motivationsverlusten. Die Teilnehmer einer Gruppe beschränken sich offensichtlich auf „das Areal des gemeinsamen

Durchschnitts" (Zysno 1998, S.202) und nicht auf die Synergie ihrer individuellen Leistungen. Dies alles spricht zunächst gegen die Möglichkeit Assembly-Effekte bei kreativen Teams zu erreichen und damit auch gegen die Wirksamkeit Kreativer Felder.

Es bestehen aber wirksame Potentiale bei der Gestaltung des kommunikativen Miteinanders von Gruppen. Der entscheidende Interventionspunkt liegt in der Art und Weise der Kommunikation und Kooperation der Teams. Daher muss auf die Arbeitskultur des Teams eine besondere Aufmerksamkeit gelegt werden, wenn man Teamkreativität erreichen möchte. Man müsse, betont auch Zysno, durch bestimmte Methoden, Kommunikationsmodelle und Moderationsverfahren, die Interaktionsfähigkeit von Gruppen erhöhen und die Aufgabenanforderungen gruppengerecht präzisieren. Beim Prozess der Teamaktivität sind zudem nicht nur interpersonale Wechselwirkungen zu berücksichtigen, sondern auch umweltbedingte bzw. strukturelle Interdependenzen. Gemeint sind Faktoren wie Zeitdruck, Erfolgsdruck, Zugang zu Ressourcen oder externe Motivation. Die personalen und ökologischen Einflussquellen bestimmen sich gegenseitig und fungieren daher als interdependente und nicht als separate Determinanten.

„Synergievorteile werden nur dann eintreten, wenn interaktionsspezifische Ressourcen freigesetzt werden: Rasche Informationsverknüpfung, besondere Erlebnisqualitäten, außergewöhnliche Bestätigung, spezielle situative Settings." (Zysno 1998, S.208).

Diese kommunikativen und kooperationskulturellen Aspekte scheinen daher der Schlüssel für die Effizienz kreativ arbeitender Gruppen zu sein. Genau für diese Elemente finden sich in der Theorie der Kreativen Felder pragmatische Strategien und Hinweise.

3.6 Zusammenfassung und Fragestellungen

Die interpersonale Perspektive im wissenschaftlichen Diskurs der Kreativitätsforschung hat das Wie des Miteinanders unterschiedlicher Charaktere, die einer gemeinsamen Vision folgen, im Forschungsfokus. Mit der Theorie der Kreativen Felder (Burow 1999) besteht im deutschsprachigen Raum ein ganzheitlich angelegtes Theoriegebilde, welches die interpersonale Perspektive mit seinen Facetten der kommunikativen und kooperativen Bedingungen weitgehend beschreibt. Diese Perspektive der Kreativitätsforschung wird jedoch durch empirische Befunde im Bereich der Teameffektivität grundlegend in ihrer Funktionalität in Frage gestellt. Entsprechende Ergebnisse des Teamforschers Peter Zysno zeigen, dass Teams auch im Kreativbereich weniger effektiv agieren als Einzelpersonen. Zysno legt bei seiner empirischen Betrachtung jedoch einen Kreativitätsbegriff zugrunde, der sich auf die Quantität der Ideengenerierung beschränkt. In dieser Arbeit wird im Gegensatz dazu ein erweiterter Kreativitätsbegriff verfolgt, der qualitative Aspekte wie die Ebenen *Verbessernd* und *Passend* berücksichtigt. Hierbei wird die These verfolgt, dass durch bestimmte Rahmenbedingungen unter Berücksichtigung der Schlüsselelemente des Kreativen Feldes Heterogenität, Synergie und Dialog nonsummative Effekte im Bereich der Teamkreativität zu erzielen sind. Die Ergebnisse der neueren Netzwerkforschung mit der Berücksichtigung unsichtbarer Kollaborationen (Sawyer 2007) bestätigen diese These.

Das Leistungspotential von Teams steht außer Frage. Zwei oder mehr Personen sind in der Regel leistungsfähiger als eine einzelne Person. Im Grunde ist es sogar relativ gleichgültig, ob die Tauzieher in Ringelmanns Experiment hinter ihr nominales Leistungsvermögen zurückfallen oder nicht – sie sind zusammen stärker als jeder Einzelne von ihnen. So mögen Effizienzverluste bei Teams auftreten, trotzdem bringen sie mehr als Einzelpersonen. Doch ist das auch bei Kreativität der Fall? Jeder von uns kennt die teilweise quälenden Prozesse der Meinungsfindung auf Meetings, Tagungen oder bei Gemeinschaftsprojekten. Gerade bei kreativen Einfällen und deren Ausgestaltung und Umsetzung könnten u.a. durch Konformitätsdruck kreative Prozesse komplett ausbleiben. Andererseits kann die Auseinandersetzung eines heterogenen Teams mit entwickelten Ideen, auch Evaluationsprozesse zur Folge haben und würde dadurch zur Güte der Idee beitragen. Nach Burows Theorie der Kreativen Felder kommt es bei diesem Prozess auf verschiedene Schlüsselelemente an. Berücksichtigt man beim kreativen Teamprozess Aspekte wie Heterogenität, Dialog und Partizipation, dann ergeben sich, so die These, nonsummative Ergebnisse, bei denen die Leistungsfähigkeit des Teams, die summative Leistungsfähigkeit der Teammitglieder übersteigt.

Neben den Assemblyeffekten, die möglicherweise durch bestimmte situative Bedingungen bei kreativen Teams entstehen können, kommt dem Kristallisationskern eines Kreativen Feldes eine besondere Bedeutung zu. Diese Führungsperson verfügt insbesondere über interpersonale Kompetenzen und versteht es, die Leistungsfähigkeit eines heterogenen Teams durch eine alle verbindende und elektrisierende Vision und durch kommunikative und synergetische Fähigkeiten zu steigern. Insofern kommt dem Faktor Führung im Sinne eines partizipativen und hierarchiefreien Kooperationsdesigns eine bedeutende Rolle bei kreativen Prozessen zu. Kristallisationskerne sind in der Lage Macht und Erfolg zu teilen und übernehmen insbesondere bei schwierigen und riskanten Prozessphasen eine

3.6 Zusammenfassung und Fragestellungen

emotionale Führerschaft des Teams. Sie besitzen durch ihre Vision und die Verkörperung der Vision eine hohe Anziehungs- und Überzeugungskraft. Die Teamforschung konnte in den letzten Jahren bestimmte förderliche Attribute für kooperatives Wirken von Gruppen herausarbeiten. Hierzu gehören u.a. der gemeinsame Grund des Handelns und eine hohe Identifikation mit den Zielen und mit dem Team. Eine wichtige Voraussetzung hierfür ist die Größe des Teams. Die Anzahl der Teammitglieder darf nicht so hoch sein, dass die direkte Wahrnehmung jedes einzelnen Teammitglieds nicht mehr gewährleistet ist. Des Weiteren ist die Transparenz der Ziele und Prozesse von Bedeutung. Doch diese Aspekte sind bei einer besonderen Form kreativer Gruppen nicht gewährleistet. Bei diesen Kooperationsteams handelt es sich um kollaborative Cluster. Also kooperative Gemeinschaften, die nicht innerhalb eines institutionellen Verbundes agieren und die nicht gemeinsamen Richtlinien im Rahmen einer gemeinsam verabschiedeten Vision folgen. Beispiele dieser besonderen Form Kreativer Feldes sind social communities (z.b. Wikipedia) oder bestimmte ökonomische Allianzen (z.B. Silicon Valley). Die einzelnen Mitglieder kennen sich teilweise überhaupt nicht. Ebenso bestehen keine gezielten Verträge oder Mitbestimmungsgremien. Dennoch entstehen teamkreative Prozesse mit ausgesprochen erfolgreichen Ergebnissen, die sämtliche Qualitätsmerkmale kreativer Produkte erfüllen. Solche Formen kreativer Gemeinschaften sind bisher noch kaum erforscht. Aufgrund der vertieften Auseinandersetzung mit der interpersonalen Perspektive der Kreativitätsforschung ergeben sich abschließend folgende Forschungsfragen:

Welche Charakteristik zeichnet das System Kreatives Feld aus?
Welche Funktionen besitzen die einzelnen Variablen des Kreativen Feldes?
Ist Nonsummativität bei kreativen Teams möglich?
Welche Charakteristik zeichnet ein kollaboratives Cluster aus?
Welche Bedeutung besitzt bei kollaborativen Clustern der Kristallisationskern?

4 Bestimmung der Kreativen-Feld-Theorie

4.1 Vorüberlegungen zum empirischen Teil der Arbeit

4.1.1 Nomothetisch, Idiographisch und Soziometrisch

In der Regel führen unterschiedliche empirische Forschungsstrategien zu Hinweisen auf Gründe und Umstände des Entstehens von Kreativität: (1) Experimente in Laborsituationen, (2) Psychometrische Testverfahren und (3) rekonstruktive Analysemethoden.

Bei *Laborexperimenten* werden die Untersuchungsteilnehmer/innen gebeten, spezifisch entwickelte Aufgaben zu bewältigen, die vom Forscher analysiert und interpretiert werden. Eine weitere Möglichkeit ist das Erzeugen von originellen Ideen bzw. kreativen Prozessen in kontrollierten Laborsituationen. Hierbei können durch fein abgestufte Interventionen Effekte beobachtet und gemessen werden. Allgemeine *Kreativitätstests* lassen dagegen Erkenntnisse über das kreative Potential der einzelnen Probanden zu. Es wird hierbei von allgemeinen persönlichen Attributen ausgegangen, die Kreativität fördern oder gar ausmachen. Durch Fragen kann in Form von Selbsteinschätzungen ebenso das kreative Potential ermittelt werden. Die *rekonstruktive Analyse* bekannter kreativer Persönlichkeiten durch qualitative oder quantitative Vorgehensweisen kann u.a. in Form von Befragung, Beobachtung oder durch die Analyse biographischer Zeitdokumente erfolgen. Soziometrische Analysen beleuchten beispielsweise persönliche Merkmale und setzen sie mit den sozialen Umständen in Beziehung. Wichtig dabei ist die für die Kreativität eminente Bedeutung der Persönlichkeiten. Ziel dieser Analysen ist das Identifizieren individueller Differenzvariablen, mit denen man hofft, kreative Leistung vorhersagen zu können.

Die empirischen Strategien lassen sich in idiographische und nomothetische Verfahren unterteilen. Beide Strategien besitzen für die Beantwortung spezifischer Fragen ihre empirische Berechtigung. Idiografische Vorgehensweisen zielen darauf ab, das Individuelle, das Singuläre des Untersuchungsgegenstands zu ergründen (vgl. Lamnek 1995, S.221ff.). In nomothetischer Forschungsabsicht versucht man dagegen, durch die Erhebung und Analyse von Daten Gesetzesaussagen zu treffen. Nach der Definition von Max Weber will das eine ver-

4.1 Vorüberlegungen zum empirischen Teil der Arbeit

stehen (idiographisch) und das andere erklären (nomothetisch). Weber suchte in seiner Methodologie eine Kombination aus beiden (vgl. Weber 1976). Aus einer vergleichbaren Perspektive heraus wird bei der vorliegende Studie ebenfalls versucht, beide Wege der empirischen Erkenntnis zu beschreiten. Beim Forschungsfeld der Kreativität mit dem Fokus auf interpersonale Bedingungen handelt es sich um ein ausgesprochen komplexes Untersuchungsfeld, oder wie Nobelpreisträger Gerd Binnig glaubt, um ein „allumfassendes Thema" (Binnig 1997, S.15). Eine solche Komplexität erlaubt es kaum mit einer einzelnen Studie aussagekräftige Erkenntnisse zu erlangen. Allerdings kann durch die seit 1870 (Francis Galton) stattfindende und seit 1950 (Joy Paul Guilford) intensivierte wissenschaftliche Kreativitätsforschung auf wichtige Erkenntnisse zurückgegriffen werden. Beim vorliegenden empirischen Design bedarf es daher keines explorativen Vorgehens, da mit der Ausgangsbasis der Theorie der Kreativen Felder (Burow 1999) theoriegeleitet eine besondere Betrachtungsperspektive auf das zu untersuchende Phänomen bereits entwickelt worden ist. Diese Theorie soll weiter spezifiziert werden.

Hintergrund der vorliegenden Studie ist die These, dass empirische Ergebnisse, ob idiographisch oder nomothetisch, insbesondere in einem schlecht zu quantifizierenden Feld wie der Kreativitätsforschung, äußert kritisch zu betrachten sind. So kritisierte bspw. Karl Popper unter Bezug auf David Humes, dass die wissenschaftliche Schlussfolgerung aufgrund logischer Faktensynthese einem fatalen Induktionsproblem unterliege (vgl. Popper 1971). Ziel der empirischen Wissenschaft sei es, alle systematisch gesammelten Daten mittels Induktion zu einer allgemeingültigen Schlussfolgerung zu bündeln. Dieses sei aber aufgrund eines Basissatzproblems nicht möglich, da in allen Basissätzen theoretische Wissensbestände bereits impliziert sind und man daher nicht aufgrund theoretischer Wissensbestände dieselben verifizieren könne (vgl. Bohnsack 2007, S.15f.). In der Logik des kritischen Rationalismus könne man daher, wie Bohnsack erklärt, sich lediglich auf den Überprüfungs- oder Begründungszusammenhang konzentrieren (ebd., S.14f.). Entsprechend diesen Überzeugungen beruhen empirische Designs auf der These, dass jede eingesetzte Methode immer auch die subjektive Konstruktion des Forschers und seiner impliziten Theorien beinhaltet und damit die erhobenen Daten per se einen subjektiven und nur bedingt objektiven Charakter besitzen.

Aufgrund der Komplexität des Forschungsgegenstandes und der Allgemeinheit der Basistheorie sollen mit diesem Forschungsdesign im Sinne des kritischen Rationalismus weniger statistisch untermauerte empirische Fakten, als vielmehr nützliche Hinweise auf die Funktionalität und Einsetzbarkeit der Theorie als Instrument der Kreativitätsforschung ermittelt werden. Mit der Studie werden im Einzelnen folgende Ziele verfolgt:

- Beschreibung der Charakteristik und der Funktionalität einzelner Variablen des Kreativen Feldes
- Prüfung der Möglichkeit des Erreichens nonsummativer Effekte bei kreativen Teams
- Ermitteln von Funktionshinweisen kollaborativer Cluster
- Ermitteln der Einflussstruktur des Kristallisationskerns

Bei der vorliegenden Untersuchung wird eine Kombination verschiedener Methoden und Verfahren eingesetzt. Ziel dieser Methodentriangulation ist den Subjektivitätsfaktor soweit möglich herabzusetzen und das vielschichtige Erkenntnisinteresse zu sättigen. Die unterschiedlichen Ergebnisse lassen sich bei der empirischen Betrachtung komplementär verwenden. Durch die hierbei eingesetzte Methodenkombination kann der Forschungsgegenstand von verschiedenen methodischen Standpunkten aus beleuchtet und dadurch ein Mehrwert gegenüber der Fragestellung erzielt werden (vgl. Gerhold 2009, S.90). Das Verfahren empfiehlt sich zudem, weil dem Forschungsgegenstand eine hohe Komplexität zu Grunde liegt und sich durch den ganzheitlichen Charakter der Theorie der Kreativen Felder eine singuläre Betrachtungsweise eines isolierten Phänomens kaum eignet.

4.1.2 Vorgehensweise

Gerade aus erziehungswissenschaftlicher Perspektive interessieren natürlich besonders die Bedingungen, wie Kreativität durch bildungsbezogene Konstrukte zu ermöglichen ist. Hierzu benötigen wir die Bestimmung einflussreicher Eckpunkte, die für die Entwicklung von Kreativität und Innovation auszumachen sind. Die Identifikation solcher Merkmale im standardisierten Experiment ermöglicht zwar in Teilen die quantitative Bestimmung der Einflussgrößen, hat aber den Makel der Konstruktion unter künstlichen Bedingungen. Handeln die Probanden im wirklichen Leben und in „wirklichen Situationen" ebenso wie im Experiment? Diese Frage kann bspw. auch die zurzeit populäre Hirnforschung nicht beantworten, weil sie vor dem gleichen Problem steht. Die erhobenen Daten stammen von Probanden, die in einer engen Röhre liegend *handeln* – doch reagieren ihre Hirnströme unter realen Bedingungen ebenso? Eine weitere Möglichkeit, realen Lebenssituationen näher zu kommen, ist die teilnehmende Beobachtung. Wenn es gelänge, an den für die Innovation wirklich wichtigen Momenten beobachtend teilnehmen zu können, wären daraus großartige Erkenntnisse zu ziehen. Doch wann sind diese Momente? Beim Spaziergang? Beim Meeting? Unter der Dusche? Liegt der Moment möglicherweise schon Jahre zurück? Diese

4.1 Vorüberlegungen zum empirischen Teil der Arbeit

Beispiele von Inkubations- und Illuminationsmomenten machen bereits die Unwahrscheinlichkeit deutlich, dass es einem Kreativitätsforscher gelingt, alle entscheidenden Momente empirisch beobachten zu können. Der eigentliche Innovationsprozess entzieht sich daher in der Regel der direkten Beobachtung. Beobachtbar ist jedoch die Interaktions- und Organisationsebene, sowie die Kompetenzstruktur und die Rollen- und Funktionsverteilung der beteiligten Akteure. Eine dritte Möglichkeit ist schließlich die Analyse der kreativen Einflussfaktoren aus der Rückschau. Hierzu bietet sich die Betrachtung von Menschen an, die kreative Leistungen vollbracht haben. Das kann in Form biographischer oder themenzentrierter Interviews oder auch durch Dokumentenanalysen biographischer und autobiographischer Texte unter besonderer Berücksichtigung des sozialen Netzwerks erfolgen. Bei dieser Forschungsstrategie wird versucht aus der Rückschau zu bestimmen, welche Personen an der Innovation direkt beteiligt waren, welchen Prozess sie durchlaufen haben und welche Umwelteinflüsse dafür bedeutend waren.

Bei der vorliegenden Studie wird zunächst versucht die Charakteristik der Theorie der Kreativen Felder und seiner sieben Schlüsselelemente näher zu bestimmen. Hierfür werden die Elemente durch definierte Variablen weitergehend differenziert. Dieses erfolgt aufgrund der funktionalen Beschreibung der Schlüsselelemente und der Variablen aufgrund einschlägiger Literatur (siehe Anhang 01) sowie aufgrund zahlreicher Gespräche und Diskussionen mit dem Entwickler der Theorie Olaf-Axel Burow. Der Faktor Führung und die durch die aktuelle Forschungsliteratur erweiterten Definitionen der sieben Elemente sind dem entwickelten Variablensystem inhärent. Die empirische Annäherung an die Kreative-Feld-Theorie erfolgt in einem ersten Schritt durch die systemische Beschreibung mit Hilfe der Sensitivitätsanalyse nach Frederic Vester. Hierdurch lassen sich die Rollenverteilung und die spezifischen Eigenschaften sowie das Interventionspotential der für das Kreative Feld bedeutsamen Variablen bestimmen. Mit Hilfe dieser identifizierten Variablen kann der Frage nachgegangen werden, ob Nonsummativität im Bereich der Kreativität überhaupt möglich ist. Einige Studien weisen daraufhin, dass Einzelpersonen gegenüber Teams die größere kreative Effizienz besitzen. Diese Ergebnisse liegen natürlich diametral zu den Thesen, die mit der Theorie der Kreativen Felder verbunden werden und der damit einhergehenden Überzeugung, Kreativität sei durch interpersonale Prozesse den individuellen Potentialen einzelner besonders Begabter überlegen. Durch ein Quasiexperiment mit 120 Studierenden wird die Möglichkeit einer Qualitätssteigerung durch Teamkreativität zu belegen versucht. Mit Hilfe einiger bei der Systemanalyse als geeignet identifizierter Variablen werden gezielte Interventionen durchgeführt, die die Kooperationskultur der untersuchten Teams steigern sollen. Dabei wird geprüft, ob Teams unter bestimmten Bedingungen leistungsfähiger als einzelne Personen sein können.

Durch die Herleitung und detaillierte Beschreibung der Kreativen-Feld-Theorie unter Berücksichtigung des Standes der Wissenschaft wurde deutlich, dass in der Theorie bisher die Rolle des Kristallisationskerns nicht genügend gewürdigt worden ist. Daher wird beim dritten empirischen Design durch eine egozentrierte soziometrische Analyse ein Verfahren entwickelt, das eine Erforschung der Funktion von Kristallisationskernen unter Bezugnahme der Kreativen-Feld-Theorie möglich machen. Mit dem empirischen Design erfolgt eine Analyse der Einflusspotentiale des Kristallisationskerns auf der Ebene einer Einzelfallanalyse. Es wird hierbei die Fallanalyse des Feldes um Charles Darwin bei der Entwicklung der Evolutionstheorie gewählt. Hierbei handelt es sich um ein kreatives Feld in Form eines kollaborativen Clusters – also die Kooperation eines Teams ohne eine definierte institutionelle Ordnung. Die Analyse der sozialen Umstände des kreativen Prozesses erhellt möglicherweise den Blick auf diese Form Kreativer Felder. Der Fokus wird dabei auf die Einflussstruktur des Kristallisationskerns gelegt.

Die Grobstruktur der triangulativen Studie lässt sich schematisch wie folgt darstellen:

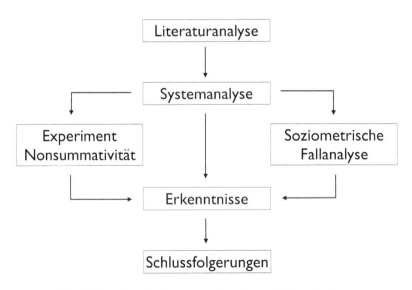

Abb. 13, Empirische Strategie der triangulativen Studie

4.1 Vorüberlegungen zum empirischen Teil der Arbeit

4.1.3 Variablenbeschreibung Kreatives Feld

Die theoriegeleitete Bestimmung des Kategoriensystems *Kreative Felder* erfolgt aufgrund der theoretischen Grundlage (Burow 1999, 2000b, 2005 u.a.), die mit einschlägiger Forschungsliteratur im Bereich der interpersonalen Kreativitätsforschung abgeglichen und ergänzt und im letzten Kapitel umfassend beschrieben wurde. Die Grundlage der Theorie ist die Annahme, dass kreative Teams in Form eines Kreativen Feldes über eine höhere Leistungsfähigkeit verfügen, als die Addition der Einzelleistungen der beteiligten Teammitglieder es vermuten lässt. Diese Nonsummativität lässt sich bei der Theorie der Kreativen Felder durch das Wirksamwerden bestimmter Schlüsselelemente erzielen. Durch die systemische Betrachtung des Theoriegebildes Kreatives Feld sollen die Interventionspotentiale der einzelnen Elemente herausgearbeitet werden. Das Kategoriensystem besitzt mehrere Dimensionen mit verschiedenen Variablen. Das System basiert im Grunde auf einer Liste von Begriffen, Eigenschaften und Attributen. Durch die praxisnahe und umfangreiche Beschreibung der Variablen lassen sich soziometrische Daten gezielt einer bestimmten Dimension zuordnen. Das Kategoriensystem besteht daher aus einer Reihe möglichst klar abgrenzbarer Variablen, die einer bestimmten Dimension der sieben Schlüsselelemente der Kreativen-Feld-Theorie zugeordnet sind.

Bei nominalskalierten Variablen wird jede Merkmalsausprägung exakt einer bestimmten Variablen zugeordnet. Im Sinne der modifizierten Systematik der qualitativen Inhaltsanalyse nach Gläser und Laudel (2004) ist das Kategoriensystem offen, d.h. die beschriebenen Dimensionen können verändert werden – sie passen sich dem Material im Laufe der Analyse an. Damit wird verhindert, dass eine bestimmte Merkmalsausprägung in eine vorher festgelegte Skala eingepasst werden muss. Mit diesem flexiblen Kategoriensystem unterläuft man zudem der Gefahr, Merkmalsausprägungen in ihrer Eigenheit zu alternieren. Da das Kategoriensystem durch diese Vorgehensweise im gesamten Verlauf der Auswertung an die Besonderheiten des Materials angepasst werden kann, ist ein Probedurchlauf durch einen größeren Teils des Materials nicht mehr nötig. Die Extraktion der Daten beinhaltet jedoch immer auch die Interpretation des Forschers selbst, dieser Tatsache entgeht man auch nicht durch flexible Kategoriensysteme.

„Auch die Zuordnung zu einer Kategorie und die verbale Beschreibung des Informationsinhaltes beruhen jeweils auf Interpretationen des Textes. Das bedeutet zugleich, dass in die Extraktion – trotz der dafür angebbaren Regeln – die Verstehensprozesse des jeweiligen Wissenschaftlers eingehen, dass sie also individuell geprägt ist." (Gläser/Laudel 2004, S.195).

Bei der im Folgenden beschriebenen empirischen Analyse wird die Flexibilität des Kategoriensystems zwar aufrechterhalten, doch die entsprechenden Datensätze dienen nicht zu Erweiterung des Kategoriensystems. Denn der empirische Zweck dieses Schrittes ist nicht die Entwicklung eines Theoriegebildes, mit dem alle Aspekte des kreativen Prozesses erfasst werden sollen, sondern es sollen die interpersonalen Aspekte in ihrer Bedeutung und Funktion analysiert werden. Daher wird Datenmaterial, welches sich nicht der Kreativen-Feld-Matrix zuordnen lässt, als *nicht bestimmbar* deklariert und bei der *KF-Analyse (siehe Kap. 4.4.)* unberücksichtigt gelassen.

Schlüsselattribute	Variablen
Individualität (Personenzentrierung)	Selbstbestimmung, individuelle Entfaltungsmöglichkeiten, Wertschätzung
Partizipation	Entscheidungsmacht, Transparenz (Prozesse, Ziele, Personen), Führung/Intervention
Heterogenität (Vielfalt)	Unterschiedlichkeit der Kompetenzen, Vielfalt der Perspektiven, Verschiedenheit der individuellen Handlungsstile
Synergie	Stärken- und Schwächenbewusstsein, Grad der Ergänzung der Teammitglieder, Win-Win-Koalitionen
Dialog	Precensing, Propriozeption, Harmonie/Sympathie
Vision (+ Produktorientierung)	Common Ground, Klarheit der Idee/Verdichtungsfaktor, Magnetwirkung des Kristallisationskerns
Nachhaltigkeit	Weltverbesserndes Potential der Vision, Energiebalance des Teams

Tab. 3, Variablensystem Kreative-Felder

4.2 Teilstudie: Systemische Analyse der Kreativen-Feld-Theorie

Die Theorie der Kreativen Felder birgt in ihrer Ganzheitlichkeit ein großes Problem. Sie verbindet zwar einerseits Ursachen, Effekte und Prozesse kreativer Teams zu einer allgemeinen Theorie, die Erfassung komplexer Tatbestände, erschwert jedoch andererseits die zielgerichtete Intervention. So liegt in der Heterogenität der Gruppe eine ursächliche Bedingung für deren Synergieleistung. Die Synergie wiederum bewirkt einen effizienten dialogischen Prozess, der als nachhaltiges Ergebnis ein kreatives Produkt zur Folge haben kann. Beschreibbar

4.2 Teilstudie: Systemische Analyse der Kreativen-Feld-Theorie 135

ist zwar die Synergieleistung und beobachtbar ist das dialogische Verhältnis, quantitativ bestimmbar ist jedoch nur die Heterogenität der Protagonisten und ggf. die Bedeutung des kreativen Produkts. Ist die Heterogenität nun die Ursache für den Synergieeffekt oder ist der kreative Prozess erst durch den spezifischen Charakter des Dialogs angeregt worden? Welche Energie sorgt dafür, dass die Beteiligten sich überhaupt auf einen solchen schwierigen Prozess der Ideenfindung einlassen und auch bei Meinungsverschiedenheiten und Missverständnissen weiter arbeiten? Ist es die gemeinsame Vision oder die Aussicht auf individuellen Gewinn? Bei diesem kurzen Gedankenspiel wird bereits die Komplexität des Gebildes Kreatives Feld deutlich. Dieses Geflecht von Abhängigkeiten und Beziehungen begründet sich in der Ganzheitlichkeit des Ansatzes. Dadurch erhöht sich seine Praxisrelevanz, die empirische Überprüfbarkeit verringert sich aber.

Für die Kreativitätsforschung wie auch für die praktische Anwendung im Bereich Teambildung und Management, stellt sich die Frage, wie diese Theorie zu einem empirischen Analyse- und Diagnoseinstrument erweitert werden kann. Ziel dieses Kapitels ist daher, die operative Beschreibung der Theorie der Kreativen Felder zu erhöhen, damit sowohl eine Diagnose bestehender kreativer Teams möglich wird als auch die Nutzung als Instrument der rekonstruktiven Kreativitätsforschung. Die Fragen bei der folgenden Systemanalyse der Kreativen-Feld-Theorie sind: Welche allgemeine Charakteristik besitzt das Systemmodell Kreatives Feld? Welche eignen sich als Messfühler des Systems? Welche Variablen besitzen Interventionspotential?

4.2.1 Empirisches Design Systemanalyse

4.2.1.1 Beschreibung der Methode

An dieser Stelle soll zunächst ein überblicksartiger Exkurs der Systemwissenschaft erfolgen, um die relativ geschlossene Systematik der Vorgehensweise und des Ansatzes zu verdeutlichen. Die Systemwissenschaft kann man unter Einbezug der verschiedenen Strömungen wie der allgemeinen Systemtheorie, Kybernetik, Entscheidungstheorie, Systemtechnik, Chaostheorie, Synergetik und Autopoesis, als eine eigenständige Disziplin betrachten. Sie untersucht das Verhalten komplexer Systeme unter verschiedenen Fragestellungen und betont die Analogien zwischen Systemen ganz unterschiedlicher Art. Damit bietet sie eine ganzheitliche Methodik zur Analyse, Modellierung und Bewertung von Systemen.

Ludwig von Bertalanffy sah Mitte des 20. Jh. in einer allgemeinen Systemtheorie die Möglichkeit, die Zusammenarbeit der Einzeldisziplinen zu fördern und Regelmäßigkeiten zu entdecken, die über den Rahmen der Einzelwissenschaften hinausgehen könnten. Als Biologe beschäftigte er sich mit den Grundphänomenen des Lebens und sah, dass hier mit monokausaler Betrachtungsweise und linearen Beziehungen die zentralen Zusammenhänge nicht zu erfassen seien. Er betonte die Offenheit von Lebewesen gegenüber den Einflüssen ihrer Umwelt, der Selbstregulation (Homöostase) und des Gleichgewichts und betrachtete sie als System, welches bestimmten Kausalprinzipien untersteht. „Im einfachsten Fall ist ein System ein Geflecht von miteinander verknüpften Variablen" (Dörner 2007, S.109). Um ein solches komplexes und ineinander verflochtenes System erkennen zu können, bedarf es eines Überblicksinstrumentes, eines *Makroskops* (vgl. de Rosnay 1979). Damit ist die Vorgehensweise der Systemtheorie bereits umschrieben. Die Wissenschaft dieser Richtung sucht nicht die Lösung eines Problems durch die Änderung eines einzelnen Symptoms, sondern durch die Änderung des gesamten Systems. Dahinter steht die Vorstellung, dass Symptome nur die Spitzen der Eisberge an systemischen Veränderungsprozessen sind. Oft sind es nur kleine Detailprobleme, die aber ungeheure Symptome (z.B. Fischsterben, Markteinbrüche) zur Folge haben. Für die Lösung von Problemen unterschiedlicher Art, sucht die Systemtheorie nach Variablen und Faktoren, die in der Lage sind, das System stabil zu halten. Ein System besteht grundsätzlich aus einer endlichen Anzahl von Variablen, die in Kausalitäten zueinander stehen. Je mehr Variablen sich in gegenseitiger Abhängigkeit voneinander befinden, desto komplizierter wird ein System. Interventionen in Form der Änderung einzelner Variablen sollen das System stabilisieren oder optimieren. Metaphorisch ausgedrückt lautet die Frage, die Systemtheoretiker zu beantworten versuchen: An welcher Schraube muss wie viel gedreht werden, um den gewünschten Effekt zu erzielen?

Beim Betrachten eines Systems ist der richtige Auflösungsgrad von entscheidender Bedeutung, um das Ineinandergreifen der Variablen erkennen und die Feldkonstanten analysieren zu können. Bei der Suche nach dem richtigen Auflösungsgrad hilft die Abstraktion des ganzen Systems.

> „Für eine solche abstrakte Betrachtung sind die Konkret-Abstrakt-Einbettungen, also die Unterbegriffs-Oberbegriffsbeziehungen wichtig. Sie geben an, auf welche Art und Weise man aus dem einen Bereich in den anderen Bereich übergehen kann." (Dörner 2007, S.114).

Die Suche bei der Erfassung eines Systems schaut also auf die abstrakte Bedeutung des Konkreten im System. Ist das erkannte Phänomen eine *kritische* Variable oder eine *Indikatorvariable*? Steht sie mit anderen Variablen in *positiver* oder *negativer Rückkopplung*? Auf diese Weise können auch an sich unterschiedliche

4.2 Teilstudie: Systemische Analyse der Kreativen-Feld-Theorie

Systeme wie die Steuergruppe einer Schule und das Managementsystem eines Fußballvereins miteinander systemisch verglichen werden. Um den richtigen Fokus des Systems zu wählen und das System abstrahieren zu können, ist sehr viel Detailwissen über das zu untersuchende System erforderlich. Dörner beschreibt die notwenige Kenntnis über die Komponenten eines Systems wie folgt:

„1. Der Handelnde muss wissen, von welchen anderen Variablen die Zielvariable, die er beeinflussen möchte, kausal abhängt. Er braucht also eine Kenntnis des Systems in der Form eines *Wirkungsgefüges*, also eines Gefüges der kausalen Abhängigkeiten der Variablen des Systems.
2. Der Handelnde muss wissen, in welcher Art und Weise die einzelnen Bestandteile eines Systems in Oberbegriffs-Unterbegriffs-Hierarchien eingebettet sind. Dies muss er wissen, um gegebenenfalls die unbekannte Struktur des Systems durch Analogieschlüsse ergänzen zu können.
3. Der Handelnde muss wissen, in welche Bestandteile die Elemente eines Systems zerlegbar sind und in welche Ganzheiten sie gegebenenfalls eingebettet sind. Dies muss er wissen, um Hypothesen über bislang unbekannte Beziehungen zwischen den Variablen eines Systems aufstellen zu können." (Dörner 2007, S.116f.)

Ein Großteil der systemischen Analyse besteht daher im Sammeln von Strukturwissen über das System. Erst wenn die Hauptvariablen identifiziert sind, können die Vektoren und deren Auspufferung bestimmt und Konstanten ermittelt werden. Zunächst wird ein hypothetisches Systemmodell aufgebaut, bei dem nach den Potentialen der Verbindungen und Beziehungen zwischen den Variablen gefragt wird. Diese Daten werden in der Einflussmatrix festgehalten. Hierdurch lassen sich schon maßgebliche Aussagen über ein System und dessen Funktionalität, über die Messfühler und die Schalthebel treffen. Für die Systemmodellierung durch Wenn-Dann-Szenarien, bedarf es darüber hinaus umfangreicher Daten über den Ist-Zustand des Systems eines konkreten Falles. Ein nützliches Instrument für die Durchführung einer Systemanalyse ist das sogenannte Sensitivitätsmodell von Frederic Vester (vgl. Vester 2000).

4.2.1.1.1. Das Sensitivitätsmodell von Frederic Vester

Frederic Vester ist von Hause aus Chemiker, er interessierte sich jedoch frühzeitig für Systeme, die aufgrund ihrer Komplexität mit herkömmlichen Methoden nicht zu erfassen sind. Sein Anliegen war es, solche Systeme zu visualisieren, ihr Verhalten zu analysieren und im Hinblick auf eine sinnvolle Entwicklung zu bewerten. Hierfür müsse man die einzelne Probleme nicht isoliert betrachten, sondern sie in einem Systemzusammenhang stellen. Dahinter steckt die Vision, dass selbst künstliche Systeme nach dem Vorbild der Natur die Fähigkeit zur Selbstregulierung und Flexibilität entwickeln können, um systemverträgliche und nachhaltige Lebensfähigkeit zu erreichen.

Bei der Analyse systemischer Wechselwirkungen werden auch dem untersuchten System vernetzte Lebensbereiche einbezogen. Hierfür erfolgt nicht nur die Integration messbarer 'harter' Daten, sondern auch die Berücksichtigung der oft noch wichtigeren 'weichen' qualitativen Einflussgrößen. Sein Ziel formuliert Vester in seinem berühmt gewordenen Buch *Die Kunst vernetzt zu denken* (vgl. Vester 2000). Er wollte mit seinem *Sensitivitätsmodell*

"den Sprung von deterministischen Hochrechnungen, immensen Datensammlungen und geschlossenen Simulationsmodellen hin zu einer biokybernetischen Interpretation und Bewertung des Systemverhaltens [...] vollziehen." (Vester 2000, S.11)

Grundlegend für die Entwicklung einer Systemperspektive ist die *Beschreibung des Systems* und seiner Einflussgrößen (Variablen, Systemkomponenten) und *Systemgrenzen*. Die Daten hierfür können durch Befragung der im oder am System agierenden Personen, durch Beobachtung oder auch durch Dokumentenanalysen erfolgen. Die Erfassung der Grenzen des zu analysierenden Systems ist notwendig, um die Informationsmenge des Variablensatzes durch Konzentration auf eine angemessene Aggregationsebene zu reduzieren. Hierfür gelten bestimmte Systemkriterien (vgl. Vester 2000, S.188ff.). Diese Kriterien umfassen Aspekte wie Informationsfluss, materielle Gegebenheiten und die Erfassung von Strukturgrößen. Der ermittelte Variablensatz wird in seiner Abhängigkeit und Wirkung auf andere Variablen in der so genannten *Einflussmatrix* erfasst. Durch die Berechnung der Einflussstärken kann nun jede Variable bestimmt und graphisch in ihrer Stellung im System dargestellt werden. Die Anordnung der Variablen erfolgt durch vier Wirkungen auf das System: aktiv, passiv, kritisch oder puffernd. Hierdurch entsteht erstmals eine Art *Rollenverteilung* der einzelnen Variablen im System. Durch gezielte Aussagen zum System oder zu einem Systemteil, erfolgen erste systemrelevante strategische Hinweise auf das Verhalten des Systems als Ganzes.

Das *Wirkungsgefüge* ist eine weitere Analyseart die das Netz von Beziehungen und wechselseitigen Wirkungen transparent macht. Ein Wirkungsgefüge ist ein grafisches Modell für den Steuerungs- und Kommunikationsprozess eines komplexen und dynamischen Systems. Hierdurch wird die Grundstruktur plastisch und augenscheinlich dargestellt und übertrifft damit jede sprachliche oder

4.2 Teilstudie: Systemische Analyse der Kreativen-Feld-Theorie

schriftliche Ausführung. Ein Wirkungsgefüge besteht aus der Darstellung einzelner Variablen in ihrem Verhältnis zueinander. Hierbei lassen sich durch die Art der Beziehung von Variablen spezifische Schlussfolgerungen ziehen. Die verschiedenen Regelkreise des Systems beschreiben dabei die Art der Beziehung zwischen mindestens zwei Variablen untereinander. Hierbei wird in gleichgerichtete und gegenläufige Wirkungen unterschieden (vgl. Vester 2000, S.210ff.). Bei der Analyse des Systems lassen sich spezifische Regelkreise in ihrer Verteilung und Gewichtung bestimmen. Somit kann die Bedeutung einzelner Einflussgrößen für die Selbstregulation des Systems ebenso geprüft werden wie das Risiko selbstbeschleunigender Vorgänge oder nicht ausgewogener Flusssysteme. Durch die Veränderung einzelner Variablen kann durch Simulation die Wirkung auf das System beobachtet und eingeschätzt werden (Policy-Tests). Mit diesen Simulationsinformationen wird die Bewertung des Systemverhaltens im Hinblick auf Stabilität oder Optimierung vorgenommen.

Vester unterscheidet bei Regelkreisen zwischen *gleichgerichteten* Beziehungen, bei dem *ein Mehr des einen* das *Mehr des anderen* bewirkt. Die *gegenläufige* Beziehung zwischen zwei Variablen bewirkt entsprechend durch ein *Mehr des einen das Weniger des anderen*. Ein gleichgerichteter Regelkreis wird in der Systemanalyse als positive Rückkopplung bezeichnet. Hierdurch wird das System entweder immer mehr aufgebläht (Zufluss) oder das System schrumpft zusammen (Abfluss). Beides stellt ein instabiles Verhältnis dar. Positive Regelkreise (+\+ und -\-) schaukeln daher das System auf und führen nach einer gewissen Zeitspanne zu einem Systemkollaps (vgl. ebd., S.215). Sind die beiden Wirkungen dagegen unterschiedlicher Natur, also einmal gleichgerichtet und einmal gegenläufig, handelt es sich um eine *negative Rückkopplung*. Solche Regelkreise tragen zur Selbstregulation des Systems bei.

„Sie haben die Eigenschaft, Veränderungen abzufedern oder in eine Pendelbewegung zu überführen, und sollten in einem vernetzten System über die positiven Rückkopplungen dominieren, wenn das System gegenüber Störungen stabil bleiben will." (Vester 2000, S.212).

Diese verschiedenen Arten von Regelkreisen können also als Indikatoren des Systems gewertet werden. Insofern lässt eine geringe Zahl negativer Rückkopplungen auf ein von äußeren Faktoren abhängiges System (Durchflusssystem) schließen (vgl. ebd., S.214f.). Eine große Zahl negativer Rückkopplungen ist dagegen ein Anzeichen für autarke Systeme. Lange Rückkopplungsketten, die mit vielen Zwischenstufen ausgestattet sind, haben wiederum auf Rückwirkungen eine zeitverzögernde Wirkung. Durch das Analysieren bestimmter Wirkungsströme lassen sich Start- und Zielvariablen und wichtige Knotenpunkte erkennen. Manche Regelkreise haben auch keine Auswirkungen auf das gesamte System, sie stellen isolierte Teilsysteme dar. Durch das Weglassen bestimmter Variablen lässt sich die Bedeutung einzelner Elemente erkennen und auf diese Weise kann eine Regelkreisanalyse erfolgen.

Eine der wichtigsten kybernetischen Kenngrößen ist der Vernetzungsgrad. Der Durchfluss und die Abhängigkeiten werden durch die Bestimmung des Vernetzungsgrades deutlich und die Interventionsmöglichkeiten lassen sich ablesen. Bei einem geringen Vernetzungsgrad können bereits kleine Eingriffe maßgebliche Auswirkungen erzielen. Ein hoher Vernetzungsgrad macht das System stabiler, bewirkt dagegen aber auch mehr Möglichkeiten der Intervention.

4.2.2 Systemanalyse

Die Aspekte *Vorannahmen* und *Auswertungskonzept* stellen bei der kybernetischen Systemanalyse teilweise einen zusammenhängenden Komplex dar. Denn viele Vorannahmen sind durch empirische Verfahren als grundlegende Kennziffern und Interpretationsgrundlagen bereits dem systemischen Analyseverfahren inhärent. Insofern werden die Vorannahmen und die Auswertungsstrategie bei dieser Systemanalyse gemeinsam dargestellt.

Da es sich bei der vorliegenden Systemdarstellung um die Betrachtung des Theoriegebildes *Kreatives Feld* handelt und nicht etwa um ein in der Realität existierenden kreatives Feld, können die Informationen über das System lediglich durch Befragungen des Entwicklerteams (Burow und seine Mitarbeiter) und der Analyse der Veröffentlichungen zur Theorie der Kreativen Felder erfolgen. Daher erschwert sich bei dieser Analyse die Möglichkeit des Aufstellens mehrerer Einflusstabellen mit der anschließenden Verbindung zu einer Konsensmatrix. Die hierbei erfolgte Systembeschreibung wertet die Beschreibungen der Schlüsselelemente der Kreativen-Feld-Theorie für die Systembeschreibung der Variablen aus.

4.2.2.1 Zieldefinition

Zunächst ist für die Systemanalyse eine grundlegende Zieldefinition festzulegen. Der Fokus der vorliegenden Arbeit wird auf die Güte des kreativen Prozesses bzw. auf die Qualität der entwickelten Ideen gelegt. Daher muss auch bei der Systemanalyse die Frage nach der Verbesserung des kreativen Prozesses gestellt werden. Alle systemischen Überlegungen sollen daher den kreativen Prozess

4.2 Teilstudie: Systemische Analyse der Kreativen-Feld-Theorie

optimieren. Die grundlegende Frage lautet daher: *Welche Faktoren fördern den kreativen Prozess in einem Kreativen Feld?*

4.2.2.2 Systembeschreibung

Die Systembeschreibung soll allgemeine Fragen an das System beantworten: Wodurch trägt sich das System? Wo liegen die Probleme? Was könnte man dagegen tun? Was hängt damit zusammen? Was sind die Besonderheiten? Im Fokus des Systems steht das interpersonale Verhältnis der Akteure zueinander. Beeinflusst wird dieses Verhältnis durch bestimmte Rahmenbedingungen, die in Form der sieben Schlüsselelemente beschrieben sind. So ist davon auszugehen, dass die Mischung der Akteure, deren synergetisches Potential, die Magnetwirkung der Vision und des Visionärs und die kommunikativen und kulturellen Dialogprinzipien wichtige Rollen beim Verhalten des Systems spielen. Die Frage der systemischen Analyse des Kreativen Feldes ist daher: *Welche Funktionen besitzen die einzelnen Schlüsselelemente und deren Variablen und wie verhalten sie sich zueinander?*

Die Aufstellung eines systemrelevanten Variablensatzes ist die Basis der Systemanalyse. Bei den verschiedenen Schritten und Perspektiven der Analyse, können und werden die Variablen immer wieder kritisch hinterfragt und ggf. geändert oder neue Variablen formuliert. Ziel hierbei ist die Variablen nach und nach auf derselben Aggregationsebene zusammenzufassen. Die schriftliche Erläuterung der Variablen in Form einer möglichst trennscharfen Definition ist das Ergebnis eines Diskussions- und Abwägungsprozesses mit dem Entwickler der Theorie Olaf-Axel Burow, mit seinem Team und durch die indirekte Diskussion mit dem aktuellen Stand der Forschungsliteratur im Bereich Kooperation und Kollaboration.

Die Beschreibung von Indikatoren stellen hilfreiche Größen dar, um sich mit der Definition einer Art Wertebereich der Variable anzunähern. Insofern besteht die Variablenbeschreibung aus der begrifflichen Beschreibung, aus den Indikatoren und zudem aus dem Interventionspotential der Variable (siehe Anlage 01).

	Variablen	Beschreibungen
1	Grad der Entfaltungsmöglichkeit	Die Möglichkeit, eigene Kompetenzen, individuelle Anforderungen und auch die spezifischen Eigenheiten der eigenen Persönlichkeit im Rahmen kooperativer Tätigkeit einbringen zu können.
2	Grad der Selbstbe-	Die Möglichkeiten den Grad seiner Aktivität und

3	stimmung Qualität der Wertschätzung	seiner Mitbestimmung selbst wählen und die Gestaltung selbst bestimmen zu können. Die persönliche Haltung gegenüber anderen und deren Kompetenzen, Positionen und Leistungen.
4	Möglichkeit zur Mitentscheidung	Am Prozess der Entscheidungsfindung aktiv beteiligt zu sein und über Macht zur Mitentscheidung zu verfügen.
5	Notwendigkeit der Intervention	Die Möglichkeiten durch Führungsaktivitäten Lösungswege zu beschreiten und das Potential des emotionalen Vorrechts des Kristallisationskerns Entscheidungen treffen zu dürfen.
6	Grad der Transparenz	Das Offenlegen von Zielen, Prozessen und Entscheidungen sowie das Offenlegen der individuellen Handlungsstile (Wissen über Personen).
7	Vielfalt der Meinungsäußerung	Das Vorhandensein unterschiedlicher Perspektiven und Positionen sowie das Zulassen dieser.
8	Vielfalt der Kompetenzen	Das Vorhandensein heterogener Professionen und sozialer Kontexte.
9	Unterschiedlichkeit der Handlungsstile	Das Vorhandensein unterschiedlicher Persönlichkeiten sowie individueller Arbeits- und Lernstile.
10	Grad des individuellen Stärken- und Schwächenbewusstseins	Reflexives Wissen über die eigenen Stärken und Schwächen sowie den Möglichkeiten dieses zu erfahren.
11	Potential der gegenseitigen Ergänzung	Die Passung der im Team vorhandenen Stärken, Schwächen, Kompetenzen, Handlungsstile und Positionen.
12	Möglichkeit zu Win-Win-Koalitionen	Die Möglichkeit individuelle Partnerschaften innerhalb des Teams zu bilden und das Zulassen dieser.
13	Fähigkeit zu Precensing	Die Fähigkeit der Beteiligten gemeinsam an zukünftigen Entwicklungen zu arbeiten und das Potential dieser Gemeinsamkeit zu erspüren.
14	Fähigkeit zu Propriozeption	Eine Kultur des gegenseitigen Zuhörens und des gegenseitigen Kritisierens.
15	Grad an gegenseitiger Sympathie	Sympathie der Beteiligten eines Teams untereinander.
16	Bedeutung der Vision für die Ak-	Die Bedeutung der Vision für die individuelle Bereicherung, persönliche Ergänzung und Ermög-

4.2 Teilstudie: Systemische Analyse der Kreativen-Feld-Theorie

	teure	lichung von Gestaltungsräumen.
17	Grad der Vereinbarung des gemeinsamen Grundes	Das Wissen und die Verbindlichkeit der Vereinbarung über den gemeinsamen Grund des Handelns.
18	Verdichtungsfaktor der Vision	Die Klarheit, Begreifbarkeit und Unverwechselbarkeit der Vision für die Teammitglieder.
19	Magnetwirkung des Kristallisationskerns	Die Fähigkeit des Kristallisationskerns die Vision klar zu kommunizieren, andere dafür zu begeistern und die Vision durch Haltung und Handeln zu verkörpern.
20	Weltverbesserndes Potential der Vision	Die Möglichkeiten durch die Vision eine verbesserte Gesellschaft und ökologische Umwelt zu schaffen.
21	Balance des Teams	Der Grad an energetischer Ausgeglichenheit des Teams.

Tab. 4, Variablensatz Kreatives Feld

Mit diesen 21 Variablen kann der Versuch der Bestimmung Teams kreativ kooperierender Personen erfolgen. Der Variablensatz dient als Instrumentarium für den Beobachtungs- und Analysefokus auf Grundlage der Kreativen-Feld-Theorie.

4.2.2.3 Bestimmung der Systemgrenzen

Als nächster Schritt erfolgt die Festlegung der *Systemgrenzen*. Hierbei bezieht sich der definitorische Rahmen auf die sieben Schlüsselelemente der Kreativen-Feld-Theorie und ihrer identifizierten Variablen. Die Kriterien sind bereits durch die zugrundeliegende Theorie bestimmt und stellen die Grenzen des Systems dar. Vester beschreibt sieben Lebensbereiche, die als Kriterien für die Auswahl der Variablen genutzt werden können. Diesen Lebensbereichen werden weitere elf Kriterien hinzugefügt, die Vester als relevant für die Beschreibung eines lebenden Systems betrachtet (vgl. Vester 2000, S.189ff.). Die Kriterienmatrix (Anhang 01.1) stellt einen Vergleich der Variablen des Kreativen Feldes und den Kriterien Vesters dar (1=zutreffend, ½=teilw. zutreffend) und dient zur Überprüfung der Systemrelevanz. Hierbei zeigt sich, dass die Kriterien Flächennutzung, Naturhaushalt, zeitliche Dynamik und räumliche Dynamik mit 1,0 bzw. 0,5 Summenwerten im Verhältnis zu den anderen Variablen unterrepräsentiert sind. Um für eine Ausgewogenheit der Variablen zu sorgen, müssten hierbei weitere

Variablen gefunden und beschrieben werden. Es liegt allerdings in der Charakteristik des Abstraktionsgrades der Theorie der Kreativen Felder begründet, dass die Erweiterung des Variablensatzes nicht sinnvoll ist. Diese Möglichkeiten ergäben sich erst dann, wenn nicht das Theoriemodell systemisch betrachtet würde, sondern ein konkretes Kreatives Feld mit einem realen Referenzbereich, welcher erfragt oder beobachtet werden könnte.

4.2.2.4 Einflussmatrix

Für die Analyse der Wirkungen im Systemzusammenhang werden die Variablen „aus der Gesamtheit ihrer Wechselwirkungen mit allen übrigen Komponenten" (Vester 2000, S.196) analysiert und ihre inhärenten Wirkungen bestimmt. Dies geschieht, indem die Wirkung und Beeinflussbarkeit der Variable in Wechselwirkung mit anderen Variablen grob eingeschätzt werden. Die Einschätzungen erfolgen im Sinne der *Fuzzy Logic*, bei dem anstelle von Regelalgorithmen eine Steuerung über qualitative Begriffe in Form unscharfer Mengen (etwas mehr, etwas weniger usw.) erfolgt. Hierbei werden vier Wirkungsgrößen gewertet:

> *a) keine oder nur eine ausgesprochen schwache Beziehung = 0*
> *b) sehr schwache Beziehung = 1*
> *c) mittlere Beziehung = 2*
> *d) starke Beziehung = 3*

Eingeschätzt wird das Verhältnis von Variable A zu Variable B. Wenn beispielsweise durch die Veränderung von Variable A, eine starke oder überproportionale Veränderung von Variable B erfolgt, dann wird diese Beziehung mit dem Einflussfaktor von ‚3' Punkten bewertet. Erfährt Variable B keine Veränderung, würde diese Beziehung mit ‚0' Punkten eingeschätzt. Die Stärke der jeweiligen Verhältnisse wird durch folgende Feststellung bestimmt:

> *Je mehr oder weniger quantitative oder qualitative Bedeutung die Variable A für die Verbesserung des kreativen Prozesses erhält, desto mehr oder weniger trägt Variable B zur Verbesserung des kreativen Prozesses bei.*

Es geht bei diesen spezifischen Verhältnissen der Variablen zueinander immer um ein *mehr* oder *weniger*. So wird beispielsweise nach dem *Grad der Selbstbestimmung* mit der Formulierung *umso höher der Grad an Selbstbestimmung der Teilnehmer ist, desto ...* gefragt. Beim Beispiel der Variable *Gemeinsamer*

4.2 Teilstudie: Systemische Analyse der Kreativen-Feld-Theorie

Grund des Handelns geht es um die Höhe der Verbindlichkeit der Variable für die Teilnehmer. Auf diese Art und Weise wird jede Variable mit jeder anderen Variable des Systems verglichen und ihre Einflussstärke ermittelt. Die Addition dieser Werte ergibt die Aktivsumme (AS) und zeigt die Einflussstärke der Variable auf die anderen Variablen des Systems. Somit lassen sich auch die Einflussstärken der anderen Variablen auf die befragte Variable ermitteln (Passivsumme PS). Die Summen bilden sich durch die Zeilensummen (Aktiv) und die Spaltensummen (Passiv) jeder Variable.

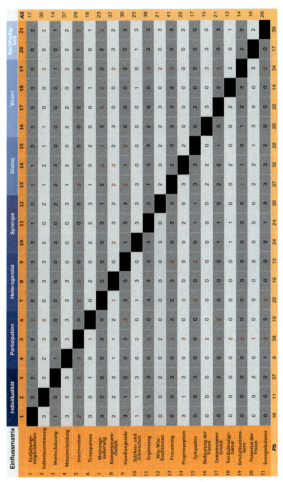

Tab. 5, Einflussmatrix Kreatives Feld

4.2.2.5 Einflussindex

Neben den Attributen aktiv und passiv lassen sich Variablen zudem in kritische und puffernde Elemente unterscheiden. Die *kritischen Elemente* beeinflussen in gleicher Weise stark andere Variablen, wie sie auch von ihnen beeinflusst werden. Die *puffernden Elemente* beeinflussen nur schwach andere Variablen und werden von diesen ebenfalls nur schwach beeinflusst. Es zeigt sich, dass die Aktivsumme (AS) und die Passivsumme (PS) für sich genommen nicht geeignet sind, die Systemeigenschaften der Variablen sinnvoll zu spiegeln. Dies kann erst unter gleichzeitiger Betrachtung beider Größen durch die Ermittlung des Quotienten (Q-Wert) und des Produkts (P-Wert) geschehen. Der Quotient und das Produkt errechnen sich durch die Formeln

$$AS / PS = Q\text{-}Wert,$$
$$AS \times PS = P\text{-}Wert.$$

Für die Einschätzung der verschiedenen Charaktereigenschaften der Variablen wird neben AS und PS zudem ein Neutralwert benötigt. Variablen, die einen Q-Wert von größer als ‚1' besitzen, stellen aktive Variablen dar, die reaktiven besitzen einen Wert kleiner als ‚1'. Der P-Wert kritischer Variablen liegt über der Summe des Neutralwerts, bei puffernden Variablen liegt er darunter. Frederic Vester hat mit seiner Studiengruppe für Biologie und Umwelt durch zahlreiche Systemanalysen den Neutralwert empirisch ermittelt. Er lässt sich mit der Formel $(n-1)^2$ errechnen. Die Variable ‚n' steht hierbei für die Anzahl der identifizierten Elemente des Systems. Mit diesem Wert lässt sich daher die spezifische Charakteristik aller Variablen errechnen.

Variablenart	Funktion	Berechnung
Aktive Variable	Beeinflusst andere Variablen stark, wird selbst aber kaum beeinflusst	Q-Wert= AS/PS > 1
Reaktive Variable	Beeinflusst andere Variablen schwach, und wird selbst von anderen stark beeinflusst	Q-Wert= AS/PS < 1
Kritische Variable	Beeinflusst andere Variablen stark und wird von anderen stark beeinflusst	P-Wert= ASxPS > $(n-1)^2$
Puffernde Variable	Beeinflusst andere Variablen schwach und wird von anderen schwach beeinflusst	P-Wert= ASxPS < $(n-1)^2$

4.2 Teilstudie: Systemische Analyse der Kreativen-Feld-Theorie

Mit PS und AS können bereits die *Einflussstärken* der Variablen grafisch dargestellt werden. Die geschieht in der Regel in Form von Balkendiagrammen, die beide Summen durch die Länge des jeweiligen Balkens verdeutlichen. Damit lässt sich bereits augenscheinlich ermitteln, welche Variablen am stärksten auf das System einwirken (hohe AS) und welche am stärksten reagieren (hohe PS) bzw. welche Variablen vielleicht beides tun.

Ein weiterer Parameter zur Beurteilung der relativen Lage eines Elements in der Spannungslinie *kritisch-puffernd* kann durch das Produkt von AS und PS ermittelt werden. Als Einzelwert zur Beurteilung der relativen Lage eines Elements in der Spannungslinie *aktiv-reaktiv* wird der Quotient aus AS und PS genutzt. Der Wert ‚1' für diesen Quotienten kennzeichnet dabei die Lage der neutralen Achse. Die Richtwerte für die Zuordnung der Variablen zu den jeweiligen Charakterarten erfolgt über von Vester empirisch ermittelt Richtwerte:

Richtwerte P-Linie	Fuzzy-Set	Zuordnungswert Kreative Felder
> 2,5 x (n-1)²	hochkritisch	> 1000
1,71 bis 2,5 x (n-1)²	kritisch	681 - 1000
1,21 bis 1,70 x (n-1)²	leicht kritisch	481 - 680
0,81 bis 1,20 x (n-1)²	neutral	321 - 480
0,51 bis 0,8 x (n-1)²	leicht puffernd	201 - 320
0,16 bis 0,5 x (n-1)²	puffernd	64 - 200
< 0,16	stark puffernd	< 64

Bereiche Q-Werte	Fuzzy-Set
> 2,5	hochaktiv
1,68 bis 2,5	aktiv
1,34 bis 1,67	leicht aktiv
0,76 bis 1,33	neutral
0,61 bis 0,75	leicht reaktiv
0,41 bis 0,6	reaktiv
< 0,41	stark reaktiv

Mit einer zweidimensionalen Grafik lässt sich durch diese Werte die Rollenverteilung der Variablen des Systems darstellen. Hierbei befinden sich die Variablen auf einem bestimmten Wert der X- und der Y-Achse der Grafik, die sich im Raum zwischen den vier Schlüsselrollen *aktiv, reaktiv, kritisch* und *puffernd* darstellt. Die Skalenwerte der X- und Y-Achse orientieren sich an den Ausprägungen der konkreten Werte der Einflussstärken. Durch die grafische Darstellung lässt sich sofort der Charakter der jeweiligen Variable erkennen. Zudem sind sämtliche Variablen verzeichnet und dadurch kann ein erster Eindruck des gesamten Systems bzw. seiner Stabilität erfolgen (vgl. Vester 2000, S.204ff.). Damit Analysten die Grafik besser lesen und leichter interpretieren können, hat Vester sie in verschiedene Bereiche geteilt und diese mit unterschiedlichen Funktionen beschrieben (ebd., S.205):

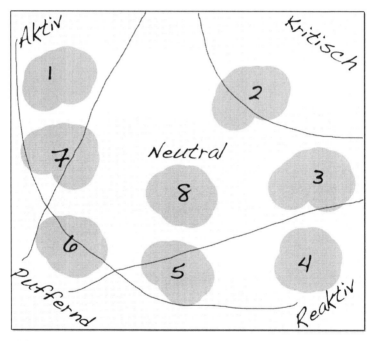

Abb. 14, Prinzipskizze Rollenverteilung

(1) In diesem Bereich befinden sich Variablen, die als Schalthebel im System fungieren. Nach erfolgter Veränderung stabilisieren sie das System erneut.

(2) Hier befinden sich Variablen, die Entwicklungen antreiben. Diese Beschleuniger oder Katalysatoren sind sehr aktiv im System, werden jedoch auch von vielen anderen Variablen beeinflusst. Somit ist Vorsicht geboten, weil sie das System auch unkontrolliert aufschaukeln können.

4.2 Teilstudie: Systemische Analyse der Kreativen-Feld-Theorie

(3) Variablen in diesem Bereich sind schlecht einzuschätzen, weil sie in der Zone zwischen kritisch und reaktiv liegen und einerseits für Eingriffe gut geeignet scheinen, sie können andererseits aber durch die starken Rückwirkungen aus dem System außer Kontrolle geraten.
(4) Variablen dieses Bereichs sind kaum geeignet, das System zu verändern. Dieser Bereich eignet sich aber hervorragend als Indikator des Systems.
(5) Hier befinden sich ebenfalls Indikatoren, die jedoch sehr träge reagieren und daher für steuernde Eingriffe kaum zu nutzen sind. Diese Variablen eignen sich aber für experimentelle Eingriffe.
(6) Variablen dieses Bereichs fangen aufgrund ihres trägen Charakters häufig Störungen im System auf und stabilisieren es damit. Sollte allerdings ein Element dieses Bereichs vorwiegend seine Wirkung auf ein aktives oder kritisches Element ausüben, so ist Vorsicht geboten.
(7) Dieser Bereich repräsentiert Variablen, die sich als schwache Schalthebel des Systems nutzen lassen. Ihre Beeinflussung muss jedoch wegen der geringen Passivsumme häufig von außerhalb des Systems erfolgen.
(8) Diese Zone gilt als der Neutralbereich der Systemvisualisierung, dessen Elemente sich nur schwer steuern lassen. Sie eignen sich daher sehr gut zur Selbstregulation des Systems.

Als letzter Schritt der systemischen Betrachtung eines Komplexes werden die einzelnen Variablen grafisch in direkte Verbindung mit jenen Variablen gebracht, die sie beeinflussen oder durch die sie selbst beeinflusst werden. Es entsteht somit ein kybernetisches *Wirkungsgefüge*. Um die richtigen Werte für ein Wirkungsgefüge zu ermitteln, muss nach der Beziehung der Variablen aufgrund eines anderen Fokus gefragt werden, als es bei der bereits erstellten Einflussmatrix der Fall ist.

„Während es dort auf die unterschiedlichen Stärke aller potentiellen Wirkungen ankam, die durch Veränderung der Ausgangsvariablen ausgelöst werden könnten, werden beim Aufbau des Wirkungsgefüges nicht die irgendwann möglichen, sondern nur die derzeit tatsächlich aktiven Variablenbeziehungen diskutiert und notiert." (Vester 2000, S.210)

Hierbei stößt die vorliegende Untersuchung auf ein Grundsatzproblem, weil es sich bei dem System Kreative-Feld-Theorie um eine abstrakte Darstellung handelt. Bei der Bestimmung eines aktiven Kreatives Feldes mit einem realen Referenzbereich (bspw. die Entwicklungsabteilung eines Produktionsunternehmens oder eine bestimmte Bildungseinrichtung), könnte der aktuelle Stand des Systems erfragt und Wenn-Dann-Simulationen, so genannte Policy-Tests durchgeführt werden. Besonders funktionsreiche Variablen können jedoch auch ohne Wenn-Dann-Szenarien durch ein Wirkungsgefüge in ihren Verhältnissen genauer betrachtet werden. Hierfür werden bei dieser Systemanalyse die gleichläufigen Beziehungen aller Variablen bereits bei der Erstellung der Einflussmatrix (vgl. Tab. 5) mit schwarz verzeichnet, die gegenläufigen mit rot.

Ziel der Interpretation des Systems Kreatives Feld ist die Analyse bestimmter Messfühler in Form aktiver und reaktiver Steuerhebel. Hinweise auf diese Eigenschaften der Variablen können die Einflussstärke und die Rollenverteilung geben. Bei der Interpretation von Systemen sollten grundsätzlich einige biokybernetische Grundregeln befolgt werden (vgl. Vester 2000, S.128ff.). So sollten negative Rückkopplungen über positive dominieren, die Systemfunktion muss vom quantitativen Wachstum unabhängig sein oder die gegenseitige Nutzung von Verschiedenartigkeit. Neben diesen nennt Vester noch weitere Grundregeln, denen er ebenfalls Allgemeingültigkeit zuschreibt (ebd., S.141f.). Vesters Regel *„Das System muß funktionsorientiert und nicht produktorientiert arbeiten"* (ebd., S.132) soll hierbei noch einmal genauer diskutiert werden.

Kybernetiker gehen per se vom Ziel der Überlebensfähigkeit des Systems aus – darauf zielt jegliche Aktivität des Systems ab. Doch ist das bei einem Kreativen Feld mit dem Systemziel des kreativen Outputs ebenfalls so? Das Überleben eines kreativen Feldes erweist sich nicht unbedingt im nachhaltigen Überleben des Systems, sondern durch seine Lebensfähigkeit als Innovationseinheit. Diese drückt sich in der innovativen Generierung, Entwicklung und ggf. Etablierung einer Idee aus. Wenn die Vision umgesetzt ist, entfällt der eigentliche Beweggrund des kreativen Systems und es hört in seinem Handeln auf zu funktionieren. Es sei denn, es wird ein weiterführendes Problem bzw. eine neue Vision identifiziert und das System erwacht zu einer neuen Energiespirale. In diesem Existenzgrund besteht ein entscheidender Unterschied zu anderen Systemen. Denn streng genommen, ist das eigentliche Ziel das Erreichen der Überflüssigkeit des Systems, welches dann gegeben ist, wenn die Lösung für das Problem gefunden wurde. Möglicherweise müssen unter diesen Voraussetzungen die Regeln für die vier Schlüsselrollen *aktiv, reaktiv, kritisch* und *puffernd* der Systemvariablen für kreative Systeme überdacht werden. Das kann im Rahmen dieser Studie nicht geschehen, sondern wäre perspektivisch die Aufgabe einer Metabetrachtung des Systemanalysemodells mit ggf. Neubestimmung der Systemregeln für kreative Systeme.

4.2 Teilstudie: Systemische Analyse der Kreativen-Feld-Theorie

4.2.3 Auswertung Systemanalyse

Für die 21 identifizierten bedeutungstragenden Variablen müssen für eine aussagekräftige Einflussmatrix 420 Werte eingeschätzt werden. In einem ersten analytischen Schritt werden durch Addition der Zeilen- und Spaltensummen die Einflussstärken der einzelnen Variablen ermittelt und in Form von Balkendiagrammen visualisiert. Durch die Berechnung der Einflussstärken lassen sich bereits erste Hinweise auf Messfühler des Systems ermitteln. Beispielsweise reagieren Variablen mit sehr hohen Passivwerten auf das Geschehen des Systems und stellen daher gute Indikatoren dar.

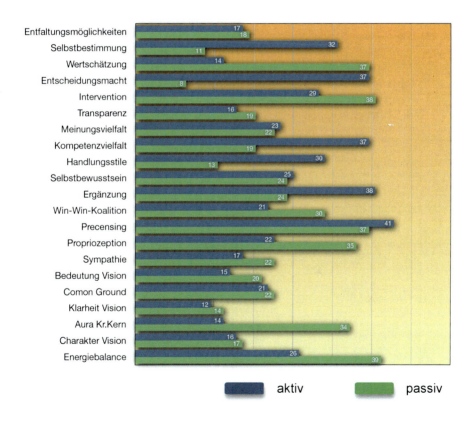

Abb. 15, Einflussstärken Kreatives Feld

Durch die Einflussstärken wird beim vorliegenden System deutlich, dass insbesondere die Variablen *Grad der Energiebalance, Notwendigkeit der Intervention, Qualität der Wertschätzung* und die *Fähigkeit zu Precensing* als Indikatoren in Frage kommen. Einige dieser Variablen besitzen zudem hohe Aktivwerte und sind daher dem kritischen Bereich des Systems zuzuordnen. Diese Elemente stellen mögliche Schalthebel des Systems dar. Das sind die Variablen *Möglichkeit zur Mitentscheidung, Grad der Selbstbestimmung* sowie die Variablen *Potential der gegenseitigen Ergänzung* und *Vielfalt der Kompetenzen*. Die Variable *Fähigkeit zu Precensing* kombiniert ihre hohe Aktivität mit einem hohen Passivitätswert und erhält daher in der weiteren Analyse ein besonderer Stellenwert.

Mit dem *Einflussindex*, dem nächsten Schritt des Analyseverfahrens, werden weitere Hinweise auf das Verhalten der Elemente im System ermittelt. Durch kybernetisch festgelegte Richtwerte erfolgt die Einordnung der Variablen. Hierbei wird aus AS und PS das Produkt und Quotient aus beiden gebildet.

	Spannungslinie aktiv-reaktiv	Q-Wert		Spannungslinie kritisch-puffernd	P-Wert
Hoch-aktiv	(4) Mitentscheidung	4,75	hoch-kritisch	(13) Precensing	1517
	(2) Selbstbestimmung	2,91		(5) Intervention	1102
aktiv	(9) Handlungsstile	2,31		(11) Ergänzung	1040
	(8) Kompetenzen	1,95		(21) Energiebalance	912
leicht aktiv	(11) Ergänzung	1,58	kritisch	(12) Win-Win-Koalitionen	770
	(12) Win-Win-Koalitionen	1,11		(14) Propriozeption	703
	(17) Gemeinsamer Grund	1,05		(8) Kompetenzen	630
	(13) Precensing	1,04		(10) Stärken/ Schwächen	600
	(10) Stärken/ Schwächen	0,95	leicht kritisch	(17) Gemeinsamer Grund	546
	(18) Verdichtungsfaktor der Vision	0,95		(19) Kristallisationskern	506
neutral	(7) Meinungsäußerung	0,94	neutral	(7) Meinungsäußerung	476
	(1) Entfaltungsmögl.	0,94		(3) Wertschätzung	462

4.2 Teilstudie: Systemische Analyse der Kreativen-Feld-Theorie 153

leicht reaktiv	(20) Potential der Vision	0,86	leicht puffernd	(9) Handlungsstile	390
	(16) Bedeutung der Vision	0,77		(4) Mitentscheidung	374
	(5) Intervention	0,76		(15) Sympathie	352
				(2) Selbstbestimmung	342
	(15) Sympathie	0,75		(1) Entfaltungsmöglichkeit	306
	(21) Energiebalance	0,70			
	(14) Propriozeption	0,65		(16) Bedeutung der Vision	304
reaktiv	(6) Transparenz	0,63		(20) Potential der Vision	300
	(19) Magnetwirkung Kristallisationskern	0,41		(6) Grad der Transparenz	272
stark reaktiv	(3) Wertschätzung	0,36	puffernd	(18) Verdichtungsfaktor der Vision	168
			stark puffernd		

Tab. 6, Einflussindizes Kreatives Feld

Die Einflussindizes lassen sich ebenfalls grafisch darstellen, um eine augenscheinliche Systemcharakteristik in Form einer Rollenverteilung der einzelnen Variablen im System vornehmen zu können.

154   4 Bestimmung der Kreativen-Feld-Theorie

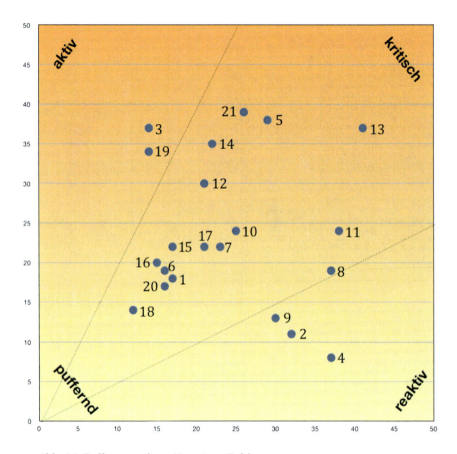

Abb. 16, Rollenverteilung Kreatives Feld

Bei der grafischen Darstellung der Rollenverteilung des Kreativen-Feld-Systems befindet sich eine auffällig hohe Zahl an Variablen in der neutralen Zone. Variablen in diesem Bereich sind sehr gut geeignet, Systeme selbst zu regulieren. Insgesamt zeigt sich beim Kreativen Feld eine ausgewogene Verteilung der Funktionsrollen. Es sind zwei hochaktive Variablen zu verzeichnen, zwei reaktive, eine puffernde und drei hochkritische Variablen. Die grafische Darstellung der Verteilung der einzelnen Elemente stützt die These, dass es sich bei der Charakteristik der Kreativen-Feld-Theorie um ein autarkes sich selbst bestimmendes

4.2 Teilstudie: Systemische Analyse der Kreativen-Feld-Theorie 155

System handelt, welches ohne maßgebliche Einflüsse von außen, zu Selbstregulation in der Lage ist.

Durch die Ermittlung der Einflussstärken, des Einflussindices und der grafischen Darstellung der Rollenverteilung sind bereits maßgebliche Hinweise auf die grundlegende Frage nach den Möglichkeiten der Verbesserung des kreativen Prozesses gegeben. Hierfür liefert die Charakteristik des Systems und die Funktionen einzelner Variablen wichtige Hinweise. Durch die Entwicklung eines Wirkungsgefüges könnte das Interventionspotential durch Detailinformationen einzelner Variablen weiter erhöht und die Funktionalität der Variablen des Kreativen Feldes noch genauer bestimmt werden.

Der kritischste Wert des Systemmodells beim Kreativen Feld ist die Variable 13 *Fähigkeit zu Precensing,* daher wird diese Variable als Teilszenario für die Betrachtung durch ein Wirkungsgefüge ausgewählt. Bei der Bestimmung dieses Wirkungsgefüges werden Vergleichsvariablen mit einem hohen Interventionscharakter gewählt. Denn das Element Precensing weist sowohl hohe Aktivals auch hohe Passivwerte auf und ist daher für die direkte Steuerung des Systems nicht geeignet. Das Beeinflussen von Precensing kann daher nur indirekt durch die Beeinflussung anderer Variablen erfolgen. Hierfür werden die Elemente (9) *Handlungsstile,* (12) *Win-Win-Koalition,* (3) *Wertschätzung* und (14) *Propriozeption* genutzt. Die Elemente *Handlungsstile* und *Win-Win-Koalition* eignen sich durch ihren hohen Aktivitätsgrad im System und durch die guten Möglichkeiten von Interventionsmaßnahmen für diesen Zweck. Das Element *Wertschätzung* besitzt eine hohe Einflussstärke auf Precensing und könnte bei einem realen Modell aufgrund seiner Stellung im reaktiven Bereich zudem als Indikator genutzt werden. *Propriozeption* ist schließlich aufgrund der Zone zwischen kritisch und reaktiv einerseits für Eingriffe gut geeignet, kann aber andererseits durch die starken Rückwirkungen aus dem System außer Kontrolle geraten und ist somit ebenfalls interessant für die Interpretation von Interventionsmaßnahmen. Alle vier Variablen besitzen ein sehr hohes Einflusspotential auf das Element Precensing. Mit dem Wirkungsgefüge Abb. 17 zeigen die durchzogenen Linien eine verstärkende und die gestrichelten Linien eine vermindernde Wirkung. Zudem deutet die Stärke des Pfeils die Intensität der Wirkung an. Das Wirkungsgefüge macht somit deutlich, welche Variablen eine Aktivierung der Schlüsselvariable Precensing ermöglichen.

Bei dem vorgestellten Szenario wird das gespannte Verhältnis zwischen den Elementen *Fähigkeit zu Precensing* und *Vielfalt der Handlungsstile* deutlich: **(+) Handlungsstile = (-) Precensing**. Ein Mehr an Vielfalt von Handlungsstilen innerhalb eines Teams bewirkt ein Weniger an Fähigkeit zu Precensing. Systemisch betrachtet tragen solche negativen Rückkopplungsschleifen zur Stabilität des Systems bei, weil sie eine Auspufferung verhindern. Doch das Ziel beim

Kreativen Feld ist die Optimierung des kreativen Prozesses und daher ein Mehr an Fähigkeit der Teilnehmer zu Precensing. Das Element *Handlungsstile* wird stark von äußeren Faktoren bestimmt und lässt sich daher wenig durch systemimmanente Faktoren kontrollieren – das zeigt die niedrige Passivzahl in der Einflussmatrix. Daher kann die Heterogenität der Handlungsstile eines Teams, bereits durch externe Einflüsse bei der aktiven Zusammenstellung des Teams berücksichtigt werden. Steht die Teamkonstellation jedoch erst einmal, so ist diese Variable eine kaum zu beeinflussende Größe. Daher besitzt dieses Element einen ausgesprochen niedrigen Passivwert.

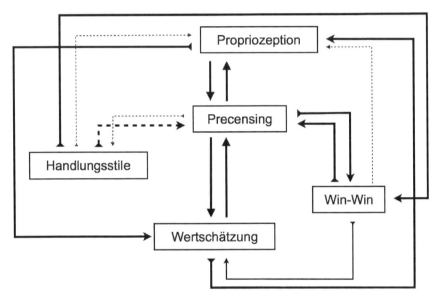

Abb. 17, Teilszenario Precensing

Die Heterogenität der Handlungsstile besitzt jedoch förderliche Funktionen bei der Vereinbarung von Win-Win-Koalitionen und verstärkt daher diese Variable: **(+) Handlungsstile = (+) Win-Win-Koalitionen**. Wie wir später bei der soziometrischen Analyse von Charles Darwin sehen werden, benötigt Darwin mit Thomas Huxley eine Person, die in bestimmten Situationen Handlungsfähigkeiten besitzt, über die Darwin selbst nicht verfügt. Huxley wiederum braucht Darwins Theorie, um in der wissenschaftlichen Gesellschaft wahrgenommen zu werden. Diese beiden sehr unterschiedlichen Charaktere verbindet daher ein

4.2 Teilstudie: Systemische Analyse der Kreativen-Feld-Theorie

effektives Win-Win-Verhältnis. Dieses Beispiel zeigt das für den kreativen Prozess förderliche Verhältnis von unterschiedlichen Handlungsstilen zu Win-Win-Koalitionen. Die Fähigkeit zu Precensing steigt, wenn zwischen Personen eine Win-Win-Koalition besteht: (+) **Win-Win-Koalition** = (+) **Precensing**. Diese hilft über die Unterschiede der persönlichen Handlungsstile hinweg. Auch dieser Umstand lässt sich mit dem Verhältnis von Darwin zu Huxley veranschaulichen. Zusammen stellen die beiden ein Synergieteam dar, denn beide füllen aufgrund ihrer Unterschiedlichkeit die Lücken des anderen und stärken das eigene Potential zur Lösung des Problems. Im direkten Dialog allerdings bestehen aufgrund der Unterschiedlichkeit der individuellen Handlungsstile große Schwierigkeiten. Interessant ist hierbei das Element Propriozeption, also die Fähigkeit ein inhaltliches, thematisches oder persönliches Problem für eine gewisse Zeit in der Schwebe halten zu können und nicht unbedingt das Problem an Ort und Stelle durch einen Konflikt lösen zu müssen: (+) **Handlungsstile** = (-) **Propriozeption**. Diese Fähigkeit besitzt sowohl Darwin als auch Huxley, die zwar von ihren Persönlichkeiten sehr unterschiedlich, sich aber ihres gegenseitigen Synergieverhältnisses bewusst sind. Denn ist jemand in der Lage einen Konflikt ohne Eskalation zu halten, dann steigert das natürlich stark die Fähigkeit durch Scharmers Precensing gemeinsame Innovationen entwickeln zu können: (+) **Propriozeption** = (+) **Precensing**. Auf dem Weg zur gemeinsamen Erkenntnis, wird es zahlreiche Gelegenheiten geben Teilfragen unterschiedlich zu bewerten und den Innovationsprozess dadurch zu gefährden. Die Fähigkeit zu Propriozeption steigert daher die Fähigkeit zu Precensing.

Um Probleme bei kreativen Prozessen nicht als persönliche Angriffe zu betrachten und sich dadurch in Verteidigungskämpfe zu begeben, muss man von den Kompetenzen und den Fähigkeiten der anderen Person überzeugt sein und ihre Kompetenzen und auch ihre Andersartigkeit *wertschätzen*. Eine wertschätzende Grundhaltung lässt sich u.a. durch Transparenz über die Persönlichkeiten, Meinungen, Kompetenzen und Handlungsstile steigern. Insofern unterstützt das Wissen über Unterschiedlichkeit und über kooperative Prozesse den wertschätzenden Umgang mit anderen. Das ist aber nur ein einzelner Faktor, der Qualität der Wertschätzung beeinflusst. Insgesamt verfügt fast die Hälfte aller Variablen einen Beeinflussungsfaktor auf das Element *Wertschätzung*. Damit das Teilszenario nicht zu komplex und unübersichtlich wird, ist das Element Transparenz nicht im Wirkungsgefüge berücksichtigt, sondern nur sein Ergebnis, die Wertschätzung. Eine wertschätzende Grundhaltung steigert sehr stark die Fähigkeit zu Precensing: (+) **Wertschätzung** = (+) **Precensing**.

4.2.4 Ergebnisse Systemanalyse

Aufgrund der hohen Anzahl an Variablen im sogenannten Neutralbereich besitzt das System Kreatives Feld einen selbstregulierenden Charakter. Viele Variablen befinden sich im euklidischen Raum zwischen den Spannungsfeldern aktiv-reaktiv und kritisch-puffernd. Durch die Systemanalyse wird deutlich, dass durch ein Zusammenwirken aller Schlüsselelemente das Kreative Feld eine innovationsförderliche Umgebung für interpersonale Innovationsprozesse aufbauen kann. Durch ihre autarke und selbstorganisierende Charakteristik bedarf es dafür sehr weniger externer Faktoren. Diese liegen vor allem in den Bereichen partizipativer Organisationsstrukturen und der Konstruktion heterogener Teams im Vorfeld des kreativen Prozesses. Der autarke Charakter des Systems bewirkt allerdings auch, dass ein Kreatives Feld während des kreativen Prozesses durch Interventionsmaßnahmen nur begrenzt beeinflussbar ist.

Die Charakteristik des Systems lässt neben der hohen Anzahl neutraler Elemente zwei Variablen erkennen, die als Indikatoren den Systemzustand abbilden. Es handelt sich um die Elemente *Qualität der Wertschätzung* und *Magnetwirkung des Kristallisationskerns*. Besitzt der Kristallisationskern keine hohe Anziehungskraft auf die Mitglieder des Kreativen Feldes oder besteht keine Wertschätzung der Beteiligten untereinander, so sind das Indizien, dass der kreative Prozess gestört ist. Als hochaktiv und aktiv sind die Variablen *Grad der Selbstbestimmung*, *Vielfalt der Kompetenzen* sowie *Unterschiedlichkeit der Handlungsstile* zu klassifizieren. Mit diesen Variablen, die den Schlüsselelementen Partizipation und Heterogenität zuzurechnen sind, lässt sich das System am ehesten steuern und beeinflussen. Eine Variable, die sich aufgrund ihrer niedrigen Passivsumme ebenfalls für die Steuerung des Systems eignet, ist der *Verdichtungsfaktor der Vision*. Betrachtet man das Element in der Grafik zur Rollenverteilung, so stellt sich diese Variable als pufferndes Element heraus, welches in der Lage ist das System zu stabilisieren. Hierbei kommt es jedoch auf die Brillanz des Kristallisationskerns an und lässt sich daher durch einzelne Interventionsmaßnahmen nur bedingt beeinflussen. Das wird auch an der gleichzeitig niedrigen Aktivsumme deutlich. Am Verdichtungsfaktor der Vision als Botschaft des Kristallisationskerns, lassen sich aber bereits vor Beginn des eigentlichen kreativen Prozesses die Erfolgsaussichten einschätzen.

Ein hochkritisches Element des Kreativen Feldes ist das *Potential gegenseitiger Ergänzung*, welches allerdings nur leicht aktive Potentiale besitzt. Das Synergieelement ist daher von grundlegender Bedeutung und steht in starker Abhängigkeit von den Variablen des Schlüsselelements Heterogenität. Das mit Abstand hochkritischste Element ist die *Fähigkeit zu Precensing*, mit sowohl hohen Aktiv- als auch Passivwerten. Dieses Element besitzt zudem eine direkte

4.2 Teilstudie: Systemische Analyse der Kreativen-Feld-Theorie 159

Verbindung zu jeder anderen Variable des Systems Kreatives Feld. Ändert sich dieses Element, dann ändern sich auch große Teile des Systems. Damit der kreative Prozess eines Kreativen Feldes gelingen kann, kommt der Stärkung dieser beiden Faktoren besondere Bedeutung zu. *Precensing* ist allerdings ein Attribut, welches nicht einfach bestimmt werden kann, sondern, das zeigen die sehr hohen Passivwerte, nur indirekt zu beeinflussen ist. Durch die systemische Analyse des Teilszenarios *Precensing* zeigt sich der enge systemische Zusammenhang mit den Variablen *Unterschiedlichkeit der Handlungsstile* (Heterogenität), *Möglichkeit zu Win-Win-Koalitionen* (Synergie) und den Variablen *Qualität der Wertschätzung* (Individualität) sowie *Fähigkeit zu Propriozeption* (Dialog). Das Wirkgefüge verdeutlicht insbesondere das ambivalente Verhältnis zwischen den Variablen Handlungsstile und Precensing. Ein Zuviel an Heterogenität der Handlungsstile verringert die Fähigkeit zu Precensing. Ein Zuwenig lässt jedoch keine synergetischen Beziehungen in Form von Win-Win-Koalitionen u.a. zu. Als Motor des kreativen Prozesses, stellt sich bei dem Wirkungsgefüge um das Element *Precensing* die Variable *Wertschätzung* heraus. Gelingt es durch partizipative Maßnahmen, einen hohen Grad an Selbstbestimmung und durch synergetische Heterogenität eine wertschätzende Grundhaltung bei den Teammitgliedern zu erreichen, dann wird Wertschätzung zu einem Big-Goal des kreativen Prozesses innerhalb Kreativer Felder.

Bei der bewussten Erzeugung eines Kreativen Feldes ermöglicht eine partizipative Struktur hohe Mitbestimmungsmöglichkeiten der Teammitglieder und eine individuelle Gestaltung des Workflows. Mit dieser Struktur soll auf Grundlage der Heterogenität durch dialogische Maßnahmen eine hohe Synergiefähigkeit innerhalb des Teams hergestellt werden. Das Wirkungsgefüge der Variable *Precensing* macht hierfür die möglichen Schalthebel zu dessen Beeinflussung deutlich. Will man in einem Kreativen Feld die Möglichkeiten für Precensing eröffnen oder erhöhen, so muss zunächst für Heterogenität der Kompetenzen und der Handlungsstile gesorgt werden. Ein Zuviel an Heterogenität gefährdet jedoch die Wirksamkeit von Precensing. Zudem gilt es eine Kommunikationskultur durch bestimmte Interaktionsregeln aufzustellen und damit eine wertschätzende Grundhaltung zu ermöglichen. Denn wenn es gelingt deutlich zu machen, dass aus Teamarbeit individuelle Vorteile zu ziehen sind, dann verliert die grundsätzlich destruktive Kraft hoher Heterogenität des Teams an Wirkung und es ergibt sich eine förderliche Umgebung für das Zustandekommen von *Precensing*.

Ein weiteres Ergebnis der Systemanalyse betrifft das Schlüsselelement *Nachhaltigkeit* der Theorie Kreativer Felder. Burow beschreibt mit diesem Schlüsselelement zwei unterschiedliche Aspekte. Zum einen geht es um die Nachhaltigkeit des Ergebnisses im Sinne eines ökologisch und sozial verträglichen Produkts. Hierbei wird gewissermaßen auf einen weltverbessernden Charakter des Produkts fokussiert. Die zweite Bedeutung des Elements Nachhaltigkeit bezieht sich auf die Energiebalance des Teams. Besteht eine Ausgewogenheit der Charaktere, eine partizipative Struktur und eine wertschätzende Kommunikationskultur, dann steigt die Wahrscheinlichkeit, dass die Teammitglieder ein ausgewogenes Verhältnis zueinander aufbauen. In diesem Zustand besteht eine gewisse Nachhaltigkeit des kreativen Flows. Nachhaltigkeit des Produkts, beschreibt das Ergebnis des Prozesses und Nachhaltigkeit des Teams beschreibt den Zustand des Prozesses. Betrachtet man diese beiden Variablen systemisch, so wird deutlich, dass es sich um zwei unterschiedliche Gegenstandsbereiche handelt. Dies macht auch die Rollenverteilung der beiden Variablen deutlich. Das *weltverbessernde Potential der Vision* (Nachhaltigkeit des Produkts) stellt einen leicht puffernden Charakter dar, der insgesamt aber nur sehr wenig mit den anderen Variablen vernetzt ist. Zudem besitzt die Variable keine nennenswerten Interventionsmöglichkeiten. Die *Energiebalance des Teams* dagegen, erhält im System eine völlig andere Rolle. Sie befindet sich im Spannungsfeld zwischen kritisch und reaktiv und besitzt ähnliche Funktionen bezüglich des Systemverhaltens wie das Attribut *Notwendigkeit der Intervention* und lässt sich daher eher dem Schlüsselelement Partizipation zuordnen. Dies begründet sich darin, dass die Theorie der Kreativen Felder in ihrem ganzheitlichen Anspruch darauf ausgelegt ist, einzelne Variablen nicht zwingend trennscharf voneinander zu unterscheiden. Diese Trennung verlangt lediglich der empirische Charakter dieser Studie. Beim praktischen Umgang mit der Theorie ist die Überschneidung der Kategorien akzeptabel – sie setzen dabei aber unterschiedliche Akzente.

Durch die Beschreibung der Variablen und ihrer Interventionsmöglichkeiten wird deutlich, dass das Element *Nachhaltigkeit* mit seinen beiden Bedeutungseinheiten *weltverbessernde Potential der Vision* und mit Einschränkung auch *Energiebalance des Teams* kaum Interventionsmöglichkeiten zulässt, da sie systemisch betrachtet, im Wirkgefüge Output-Variablen darstellen. Diese reagieren lediglich auf Interventionen, können selbst aber kaum direkt durch Interventionen gesteuert werden. Daher wird bei den folgenden empirischen Betrachtungen der Kreativen-Feld-Theorie, das Schlüsselelement Nachhaltigkeit als Ergebnis des Prozesses betrachtet und als Interventionsebene unberücksichtigt gelassen. Bei der nachfolgenden schematischen Darstellung der Theorie der Kreativen Felder handelt es sich um ein *Interventionsmodell* und lässt daher das Schlüsselelement *Nachhaltigkeit* unberücksichtigt.

4.3 Teilstudie Nonsummativität bei kreativen Teams 161

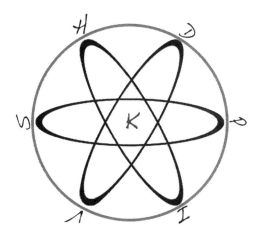

V = Vision (Vision und Produktorientierung)
H = Heterogenität (Vielfalt)
I = Individualität (Personenzentrierung)
D = Dialog
P = Partizipation
S = Synergieprozess
K = Kreativität/Kohärenz

Abb. 18, Interventionsmodell der Kreativen-Feld-Theorie

4.3 Teilstudie Nonsummativität bei kreativen Teams

4.3.1 Empirisches Design Nonsummativität

Die vorliegende Studie setzt im Sinne der Theorie der Kreativen Felder die Wirksamkeit von Synergie- und Teameffekten grundlegend voraus. Daher können die oben referierten Ergebnisse Zysnos bei dieser Studie nicht unberücksichtigt bleiben. Bei Zysnos Effektivitätsmessungen wurde allerdings ein rein kognitives Kreativitätsverständnis zu Grunde gelegt. Kreativität wurde aus einer individualpsychologischen Perspektive heraus, lediglich als Fähigkeit verstanden, Ideen zu generieren. Zysno hat daher bei seinem Versuch in erster Linie die *Ideenflüssigkeit* gemessen und nicht unbedingt Kreativität in einem umfassenderen Sinne. Bei der folgenden Studie wird ein erweitertes Verständnis von Kreativität herangezogen, bei dem die Qualität der Ideen verstärkt in das Blickfeld gerückt wird. Vor diesem Hintergrund wird in einem Experiment versucht, Hinweise auf nonsummative Effekte bei kreativ arbeitenden Teams zu ermitteln.

4.3.1.1 Beschreibung der Methode

Bei dem vorliegenden Versuchsaufbau handelt es sich durch die nicht randomisierte Zuteilung der Versuchspersonen, um das Untersuchungsdesign eines *Quasi-Experiments*. Dieses Vorgehen lässt sich inhaltlich begründen, weil die Aufteilung der Versuchspersonen in kreative Teams eben nicht zufällig, sondern aufgrund eines bestimmten Teambildungsverfahren gezielt erfolgen sollte, um, gemäß der Theorie der Kreativen Felder, eine kreative Ausgewogenheit des Teams durch die Beteiligung unterschiedlicher individueller Handlungsstile gewährleistet werden soll. Denn die Heterogenität des Teams stellt eine förderliche Bedingung für das Entstehen von Kreativität dar. Durch die Wahl dieses Verfahrens ist eine endgültige Kontrolle über Störfaktoren jedoch nicht möglich und daher eine strenge empirische Signifikanz allein durch das Versuchsdesign nur bedingt gegeben. Für das erkenntnistheoretische Ziel dieser Teilstudie müssen jedoch keine hochsignifikanten Kennziffern oder klar differenzierte Interventionsfaktoren ermittelt werden, es geht vielmehr darum, durch ein erkundendes empirisches Verfahren einen Hinweischarakter auf den Möglichkeitsraum des Entstehens nonsummativer Effekte kreativer Teams zu beschreiben.

4.3.1.2 Fragestellung und Vorannahmen

Mit dem hierbei genutzten Verfahren soll die Frage beantwortet werden, ob nonsummative Effekte durch die Intervention kreativitätsfördernder Maßnahmen in Form eines an die Theorie der Kreativen Felder angelehnten situativen Rahmens, erreicht werden können. Sollten Befunde dieser Art nachgewiesen werden, so kann das als interessanter Hinweis gewertet werden, dass die Strukturbedingungen Kreativer Felder förderliche Rahmenbedingungen für Teamkreativität und Teameffizienz darstellen. Die These hierbei ist, dass durch bestimmte kommunikative und arbeitskulturelle Rahmenbedingungen die Realleistung der Gruppe die Nominalleistung der Einzelpersonen übersteigt und somit eine nonsummative Leistungssteigerung kreativ arbeitender Gruppen nachgewiesen werden kann. Durch das empirische Design sollen zudem Hinweise ermittelt werden, ob durch dieses spezifische Setting Synergieeffekte gleichermaßen für alle

4.3 Teilstudie Nonsummativität bei kreativen Teams

Teammitglieder erzielt werden oder ob einzelne Personen des Teams eine besondere Rolle im Teamgefüge einnehmen.
Bei dem Quasie-Experiment werden alle Ideen und Handlungen als „kreativ" interpretiert, die als *neu, passend und lesbar* eingestuft werden. Die vierte Definitionsebene mit dem Aspekt *Anerkennung der Idee* innerhalb einer spezifischen Domäne lässt sich aufgrund der zeitlichen Begrenzung mit diesem Versuchsaufbau nicht erheben. Die Probanden sollen im Rahmen des Experiments Piktogramme zur Theorie der Kreativen Felder entwickeln.

- Mit „Neu" ist ein Piktogramm gemeint, welches dem Erfinder vorher nicht bekannt war und das vorher in der betreffenden Domäne nicht eingesetzt wurde.
- Als „Passend" werden hierbei Piktogramme eingestuft, die eine inhaltlich-thematische Stimmigkeit zur Theorie der Kreativen Felder und eine pragmatische Funktionalität aufweisen.
- Mit „Lesbar" sind Piktogramme gemeint, die als verständlich für Experten der Kreativen-Feld-Theorie eingestuft werden.

Beim anstehenden Experiment weisen drei unterschiedliche Gütekriterien der Kreativität folgende Indizien auf:

- Bisher gibt es keine Piktogrammdarstellungen für das Konzept „Kreative Felder", daher werden sämtliche Ideen das Kriterium *Neu* erfüllen.
- Unter das Kriterium *Passend* fallen sinnhafte, verbessernde, funktionierende und ästhetisch gefällige Lösungen. Entscheidend hierbei ist die thematisch-inhaltliche Stimmigkeit des Piktogramms mit dem Konzept der Kreativen Felder. Wobei nicht die Vollständigkeit der sieben Schlüsselelemente als oberstes Kriterium zählt, sondern vielmehr die assoziative Kraft des Piktogramms. Es geht hierbei also um eine ästhetische Dimension.
- das Attribut *Lesbar* ist erfüllt, wenn der Entwurf die folgenden kritischen Eckpunkte eines Piktogramms enthält: Kulturneutralität, Zeichencharakter, Bildungsneutralität und uneingeschränkte Verständlichkeit (vgl. Urban 1995).

Für das Herstellen kommunikativer und kommunikationskultureller Rahmenbedingungen werden die in der Systemanalyse ermittelten Funktionen einiger Schlüsselattribute der Theorie der Kreativen Felder aufgegriffen. Durch die Änderung spezifischer situativer Bedingungen können, so die These, hemmende Attribute wie Konformitätsdruck (Asch 1951) oder strategische Inflexibilität (Dörner 1998) gemindert oder sogar verhindert werden. Weitere Interventionen werden durch das Aufstellen spezifischer Kommunikationsregeln (TZI, Dialog-Konzept) vorgenommen. Diese Maßnahmen sollen die Kommunikation der Gruppe verbessern und Synergieeffekte fördern. Die Vorstellung des Dialog-Konzepts von Bohms verdeutlicht den Teammitgliedern, dass Widerspruch und kontroverse Meinungsäußerungen den gemeinsamen Gruppenerfolg steigern können und Dissens sich kreativitätsfördernd auf die Entwicklung der Idee auswirken kann. Eine Bedingung für Dissens ist die Unterschiedlichkeit von Kompetenzen, Perspektiven und individuellen Handlungsstilen. Die Heterogenität der Teams wird daher durch das von M. Belbin entwickelte Verfahren zur Identifizierung von Handlungsstilen in Gruppen gesichert (vgl. Belbin 1993). Zudem erfolgt eine Gruppenteilung in so genannte Pz-Teams und in Ex-Teams. Das Kürzel ‚Pz' steht für Partizipation und ‚Ex' für Experte. Die Pz-Teams erhalten die Möglichkeit im Rahmen ihrer Gruppenarbeit an ihren eigenen Entwürfen weiterzuarbeiten und diese zu optimieren. Die Ex-Teams erhalten für ihre Arbeit einen vermeintlichen Experten-Entwurf als Vorlage und den Auftrag, an diesem Entwurf weiterzuarbeiten. Dahinter steckt die Vermutung, dass Partizipation in Form der Entscheidungsfreiheit die eigenen Entwürfe weiterentwickeln zu dürfen, Motivation erzeugt und die Identifikation mit dem eigenen Produkt steigert. Diese Effekte lassen sich dann durch Leistungsgewinn gegenüber den nicht partizipierten Gruppen ablesen. Mit der folgenden Aufstellung werden den anvisierten Interventionseffekten bestimmte Interventionsmaßnahmen zugeordnet, mit denen die Wirkung des Schlüsselelements erzielt werden soll.

Rahmenbedingung	Interventionsmaßnahmen
Heterogenität	- Aufteilung der Teams nach dem Teamrollenmodell von Belbin in drei unterschiedliche Handlungsstile: Kommunikations-, Handlungs- und Sachorientiert.
Dialog	- Vorstellung der Dialogmethode nach D. Bohm und aufstellen bestimmter Kommunikationsregeln (Propriozeption) - Vorstellung der Themenzentrierten Interaktion (TZI) nach R. Cohn (Team-Balance)
Vision	- Schaffen eines Common Grounds durch die Aussicht auf eine gemeinsame Publikation der Idee mit dem verantwortlichen Dozenten Prof. Burow
Partizipation	- Wissen über die Unterschiedlichkeit der Handlungsstile bei den Pz-Teams - Macht zur freien Gestaltung, - Förderung der Selbstverantwortlichkeit - Wertschätzung der eigenen (Vor)-arbeiten

4.3 Teilstudie Nonsummativität bei kreativen Teams

Im Rahmen des experimentellen Aufbaus wird davon ausgegangen, dass Nonsummativität vorliegt, wenn das Gruppenergebnis von der Summe der Einzelleistungen abweicht. Sollte das Gruppenergebnis besser sein, als die beste Einzelleistung einer der in der Gruppe arbeiteten Personen, dann liegt ein Assembly-Effekt vor. Sollte das Gruppenergebnis unterhalb der besten Leistung einer Einzelperson der Gruppe liegen, so ist ein Ringelmann-Effekt zu diagnostizieren.

4.3.1.3 Versuchsaufbau

Der Versuch wird im Rahmen einer kompakten Grundlagenveranstaltung eines Universitätsseminars durchgeführt. Die teilnehmenden VPN sind 120 Studierende des erziehungswissenschaftlichen Kernstudiums der Universität Kassel mit sowohl geistes- als auch mit naturwissenschaftlichen Schwerpunkten. Die Probanden werden in einer ersten Arbeitsphase, der Pilotisierungsphase, zunächst gebeten eine grafische Darstellung mit Zeichencharakter (Piktogramm) für den vorher dargestellten Komplex „Theorie der Kreativen Felder" zu entwickeln. Hierdurch wird die nominale Leistungsfähigkeit der einzelnen VPN für die spezifische Aufgabe ermittelt. Die Ergebnisse werden von den VPN zeichnerisch dargestellt und mit einem kurzen Text schriftlich erläutert. In einer zweiten Arbeitsphase sollen die VPN die gleiche Aufgabenstellung bearbeiten, diesmal aber im Team. Die Produkte der Pilotisierungsphase und der Gruppenphase werden schließlich von drei externen Experten nach vorher festgelegten und den VPN mitgeteilten ästhetischen und inhaltlichen Gütekriterien beurteilt. Der Mittelwert der Einzelergebnisse aus der Pilotisierungsphase stellt hierbei das durchschnittliche Nominalergebnis der Gruppe dar und kann mit dem Gruppenwert verglichen werden. Die Nominalgruppe dient also als Vergleichsgruppe zu den Gruppenergebnissen.

Durch den Charakter der Problemstellung wird davon ausgegangen, dass auch bei der Wiederholung der Aufgabe keine Lerneffekte entstehen. Denn die Entwicklung einer Idee wird durch Wiederholung nicht automatisch besser. Vielmehr kann es sogar sein, dass die erste Idee die qualitativ hochwertigste war und das Leistungsvermögen mit den folgenden Ideen immer geringer wird. Das kann darin begründet liegen, dass bei kreativen Entwicklungen keine Schulung systemischer, logischer oder handwerklicher Fähigkeiten erfolgt. Die Ideenentwicklung hängt vielmehr mit dem eigenen kreativen Potential zusammen oder, so die These dieses Ansatzes, es kann durch Teameffekte zur einer Verbesserung des kreativen Potentials kommen. Insofern sind Lerneffekte bei diesem Untersuchungsdesign unwahrscheinlich.

4.3.1.4 Versuchsablauf

Beim Versuchsablauf wird zunächst den Teilnehmenden die Theorie der Kreativen Felder sowie die Funktion und die Gütekriterien von Piktogrammen einführend dargestellt. Die Schlüsselelemente der Kreativen-Feld-Theorie werden zudem als Informationsflyer für alle ersichtlich im Untersuchungsraum ausgehängt. Als Motivationsfaktor werden dem Siegerentwurf, die Veröffentlichung in einer Buchpublikation des veranstaltenden Professors in Aussicht gestellt.

Nach diesen Einführungen beantworten die VPN einen Fragebogen für die Ermittlung der Teamrollen nach M. Belbin (vgl. Belbin 1993), durch das bestimmte Team-Charaktere bzw. individuelle Handlungsstile festgestellt werden können (Anlage 02). Aufgrund der Charakterisierung werden heterogene Teams aus drei oder vier Personen gebildet und durch Impulsvorträge in bestimmte Regeln für die Arbeit in Teams eingeführt. Hierbei werden vor allem die Attribute der Kreativen-Feld-Theorie „Dialog", „Heterogenität" und „Partizipation" mit konkreten Handlungsstrategien vorgestellt. Für die Gruppenarbeit werden die Teams in die zwei oben vorgestellten unterschiedlichen Gruppenarten eingeteilt (Pz-Teams, Ex-Teams). Die Pz-Teams erhalten die Aufgabe an ihren eigenen Entwürfen zu arbeiten, die Ex-Teams erhalten einen Entwurf als Vorgabe, den sie weiterentwickeln sollen.

	Phase I: Ermittlung der nominalen Leistungsfähigkeit (Pilotisierung)
1.	Die individuellen Handlungsstile innerhalb von Teams der Versuchteilnehmer (VPN) werden durch einen von M. Belbin entwickelten Fragebogen ermittelt.
2.	Die Gütekriterien für Piktogramme und der Begriff des „Kreativen Feldes" werden vorgestellt. Die sieben Schlüsselbereiche der Kreativen-Feld-Theorie werden als Hand-Out ausgeteilt.
3.	Die Aufgabenstellung: „Bitte erarbeiten sie ein Piktogramm für den Begriff Kreatives Feld und erläutern Sie Ihre Idee mit wenigen Sätzen schriftlich."
4.	Für die Entwicklung, die skizzenhafte Darstellung und die Beschreibung der Idee erhalten die Teilnehmenden 20 Minuten Zeit. Als Material erhalten sie Papier und einen schwarzen Eddingstift.
5.	Jeder VPN entwickelt eine Idee, zeichnet diese auf den dafür vorgesehenen Zettel und beschreibt die Idee mit wenigen Sätzen.
	Phase II: Ermittlung der Teamleistungsfähigkeit
1.	Nun werden 3er-Teams gebildet, die die Aufgabe haben, eine gemeinsame Idee zur gleichen Aufgabenstellung zu entwickeln. Die Teams

4.3 Teilstudie Nonsummativität bei kreativen Teams

	bilden sich nach dem Belbin-Modell selbst.
2.	Die Gruppen erhalten eine Kurzeinführung in die Prinzipien der TZI von R. Cohn und in das Dialogkonzept von D. Bohm. Daraufhin werden den Gruppen bestimmte Kommunikationsregeln genannt und über die Unterschiedlichkeit ihrer Handlungsstile und die darin liegenden Chancen für die Gruppe informiert.
3.	Alle Gruppen erhalten eine externe Motivation durch die Aussicht, dass der beste Gruppenentwurf in einer anstehenden Publikation des Entwicklers der Theorie der Kreativen Felder Olaf-Axel Burow veröffentlicht wird. Die Siegergruppe wird ihren Entwurf Prof. Burow präsentieren.
4.	Die Pz-Teams und die Ex-Teams werden räumlich geteilt.
5.	Die Pz-Teams können an ihren eigenen Ideen weiterarbeiten oder aber eine völlig neue Idee entwickeln. Die Ex-Teams erhalten einen Entwurf, der als Experten-Entwurf vorgestellt wird und den Auftrag, an dieser Idee weiterzuarbeiten.
6.	Als Material werden ausgegeben: Papier und ein schwarzer Eddingstift. Jede Gruppe entwickelt eine Idee, zeichnet sie auf den dafür vorgesehenen Zettel und beschreibt die Idee mit wenigen Sätzen. Die Gruppen haben eine 3/4 Stunde Zeit für die Entwicklung der Idee. Die Art und Weise, wie die Gruppenarbeit vor sich geht, ist nicht vorgegeben.
7.	Nach Abgabe der Gruppenentwürfe beschreiben die VPN einzeln Ihre Eindrücke der Gruppenarbeit und beantworten die Fragen zur Zufriedenheit mit dem Gruppenergebnis: War Ihre gemeinsame Arbeit erfolgreich? (Ja oder Nein) und die offene Folgefrage: Warum?

Tab. 7, Versuchsablauf Nonsummativität

Nach einer umfangreichen Vorstellung werden Hand-Outs zu den sieben Schlüsselelementen der Theorie der Kreativen Felder ausgeteilt. Diese beinhalten folgende Informationen:

Dialog	Dialogische Beziehungsstruktur
Vision	Gemeinsames Interesse
Vielfalt	Unterschiedliche Fähigkeits- und Persönlichkeitsprofile
Personenzentrierung	Person & Individualität als Ausgangspunkt
Synergieprozess	Gegenseitige Ergänzung. Schwächen als „Andockpunkte" für Synergiepartner.

Partizipation	Jeder ist Experte. Win-Win-Koalitionen.
Nachhaltigkeit	Kreativität ist kein Wert an sich, sondern muss immer auch auf mögliche Folgen bezogen sein. Team-Balance.

Hand-Out Schlüsselelemente Kreatives Feld

Des Weiteren werden Gütekriterien von Piktogrammen beispielhaft vorgestellt und diskutiert. Hierbei werden folgende Kriterien herausgestellt und als zentrale Aussagen in den beiden Untersuchungsräumen ausgehängt.

- „Kulturneutralität" + „Bildungsneutralität",
- uneingeschränkte Verständlichkeit und
- Zeichencharakter

Hand-Out Gütekriterien von Piktogrammen

Als letzter Input werden Kommunikationsregeln besprochen, die als förderliche Faktoren bei Teamkreativität vorgestellt werden. Hierbei wird das Dialogverfahren von David Bohm und die Themenzentrierte Interaktion von Ruth Cohn vorgestellt. Als wesentliche Teamregeln werden folgende Aussagen herausgestellt und in den Untersuchungsräumen ausgehängt:

- Wir sind unterschiedlich. Das ist unsere Chance!
- Verschiedene Meinungen bringen uns voran!
- Unterschiedliche Ansichten in der Schwebe halten!
- Dialog heißt: Zuhören können!
- Balance halten zwischen Ich, Es und Wir!

Hand-Out Kommunikationsregeln für Teamkreativität

Für das Experiment sind insgesamt dreieinhalb Zeitstunden vorgesehen. Bei dem für das Experiment als organisatorischer Rahmen genutzten Universitätsseminar handelt es sich um eine Kompaktveranstaltung über zweieinhalb Tage. Das Experiment wurde am letzten Seminartag vormittags durchgeführt.

Belbin-Test	- Idee der Team-Typisierung - Profiltest nach R.M.Belbin	20 Min.
Auswertung	- TN werten ihre Ergebnisse selbst aus	10. Min.
Belbin-Typen	- Vorstellung der versch. Typen /	15 Min.

4.3 Teilstudie Nonsummativität bei kreativen Teams

Piktogramm	- Gütekriterien beim Erstellen von Piktogrammen	15 Min.
KF-Theorie	- Vorstellung der Theorie der Kreativen Felder	15 Min.
Versuchsanleitung		5 Min.
Experiment	- Experiment Phase: Pilotisierung	20 Min.
Pause		15 Min.
Marktplatz der Team-Typen	- Es bilden sich selbständig „Belbin-Teams" (3er-Teams) mit Hilfe eines „Marktplatzes". Vorgabe: Jedes Team besteht aus unterschiedlichen Handlungsstilen.	10 Min.
R.C.Cohn	- Vorstellung Prinzipien der TZI und der Dialog-Methode nach D. Bohm	20 Min.
Versuchsanleitung		5 Min.
Experiment	- Experiment Phase: Teamkreativität	45 Min.
Abschlussfrage	- Beantwortung der Frage nach Einschätzung der Teamarbeit	5 Min.
Abschluss	- Vorstellung der Thesen und des Ziels des Experiments	10 Min.
GESAMT		210 Min. = 3,5 Std.

Ziel des Quasiexperimentes ist die Ermittlung von Hinweisen zur Teameffizenz bei kreativer Teamarbeit unter bestimmten Rahmenbedingungen, bei dem ein Wirkungszusammenhang zwischen Organisationsstruktur und der kommunikativen Effizienz der Organisationsmitglieder unterstellt wird.

4.3.1.5 Auswertungsstrategie

Die Messung der Ergebnisse erfolgt aufgrund der Güte der Ideen. Dies entspricht gängigen Kreativitätsmodellen, die über die individuelle und kognitive Betrachtung des Phänomens hinausgehen. Als externe Begutachter der von den VPN entwickelten Piktogrammen fungieren drei Grafik-Designer, die als Experten für grafische Darstellungen und als Experten für die Kreative-Feld-Theorie die Ergebnisse einer qualitativen Beurteilung unterziehen. Die Einzel- und die Gruppenergebnisse werden von den drei Experten auf einer Ordinalskala mit 1-10

Punkten beurteilt. Die Wertigkeit der Punktzahlen richtet sich nach folgender Bewertungsgrundlage:

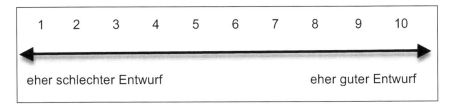

Den Experten ist bei ihrem Voting nicht bekannt, bei welchem Entwurf es sich um Einzel- oder um Gruppenentwürfe handelt. Der Grad an Übereinstimmung oder Nichtübereinstimmung der drei Experten wird durch einen Interrater-Vergleich ermittelt. Diese Interraterreliabilität gibt die Messgenauigkeit des Mittels der Urteiler wieder. Es ist davon auszugehen, dass aufgrund ästhetischer Beurteilungsdifferenzen innerhalb der Rater Abweichungen auftreten. Daher scheint es bei der Art der erhobenen Daten sinnvoll, die Strenge- und Mildetendenzen der einzelnen Rater zu berücksichtigen. Ein Beispiel soll die Tendenzanalyse deutlich machen: Nehmen wir einmal an, alle drei Rater bewerten Entwurf a) stärker als Entwurf b), wobei Rater 1 dem Entwurf a) 8 und dem Entwurf b) 6 Punkte und Rater 2 denselben Entwürfen 6 und 4 Punkte erteilen. Trotz der Unterschiedlichkeit ihrer Bewertungen bliebe die Tendenz bei beiden Ratern gleich. Mit einem Vergleich der Rater lassen sich die Bewertungstendenzen feststellen und als Ergebnis für den Interrater-Vergleich heranziehen. Die 10er Punkteskala wird hierfür zu den folgenden Skalengruppen zusammengefasst, die den tendenziellen Eindruck des externen Begutachters vermitteln lassen:

Stufe 1	Punkte 1, 2, 3	eher schlechter Entwurf
Stufe 2	Punkte 4, 5, 6, 7	durchschnittlicher Entwurf
Stufe 3	Punkte 8, 9, 10	eher guter Entwurf

Die Gütekriterien für die Auswertung werden mit den drei Experten aufgrund der vorgestellten Gütekriterien von Piktogrammen und den Inhalten der Schlüsselelemente der Kreativen-Feld-Theorie gemeinsam entwickelt. Als Diskussionsgrundlage und zur Verfeinerung der Beurteilungsinstrumente dient ein Testlauf mit 20 Piktogrammentwürfen, die nicht aus der Datenmenge der Untersuchung stammen.

4.3 Teilstudie Nonsummativität bei kreativen Teams

Um einen Reliabilitätswert zu errechnen, wird dem Vorschlag Werner Frühs gefolgt und die Formel: $CR = 2Ü/(c1+C2)^6$ genutzt (vgl. Früh 1998, S.167). Beim dem vorliegenden Quasie-Experiment wird die Bezeichnung „Rater" und nicht Frühs Begriff „Codierer" verwendet und daher nicht die ‚CR' Codierer-Reliabilität, sondern mit ‚IR' die Interrater-Reliabilität errechnet. Um den Übereinstimmungsgrad festzustellen, wird jeweils ein Master-Rater als Orientierungswert gegenüber den beiden anderen verwendet. Alle drei Rater werden jeweils als Master-Rater eingesetzt und ihre Interrater-Reliabilität gegenüber den anderen beiden Ratern ermittelt. In einer Ergebnis-Matrix lassen sich dann die Mittelwerte der Rater untereinander ermitteln.

Quantitativer Fokus

Durch die Experten-Votings lassen sich Einzel- und Gruppenergebnisse gegenüberstellen. Hierdurch werden Prozess- und Leistungsbilanzen erstellt. Die Prozessbilanz errechnet sich aus der Differenz zwischen Teamleistung und Nominalleistung der Teamteilnehmer. Die Leistungsbilanz ergibt sich aus der Differenz der Teamleistung und der besten Einzelleistung eines Teammitglieds.

Beispiel:
VPN-Leistungen Pilotisierungsphase: A=6 Punkte, B=5 Punkte, C=4 Punkte. Daraus errechnet sich durch Mittelwertberechnung die durchschnittliche Nominalleistung des Teams von 5,0 Punkten. Die Experten bewerten mit ihren drei Votings das Teamergebnis im Mittelwert mit 7 Punkten. Die Differenz zwischen der Nominalleistung des Teams und dem Gruppenergebnis ergibt eine Prozessbilanz von +2,0 Punkten. Die Differenz zwischen der besten VPN-Nominalleistung (6 Punkte) und der Teamleistung ergibt die Leistungsbilanz von + 1 Punkt.

Nominalleistung Team	5,0
Teamleistung	7
Prozessbilanz Team	+2,0

Beste Nominalleistung VPN	6
Teamleistung	7
Leistungsbilanz Team	+1

---

[6] R=Reliabilität; Ü=Anzahl der übereinstimmenden Bewertungen; C=Codierer (Rater)

Für die Ermittlung der Assembly- oder Ringelmann-Effekte wird die Leistungsbilanz herangezogen. Die Prozessbilanz dagegen, beschreibt die kreative Effizienz des gesamten Teams:

Leistungsbilanz: Prozessbilanz:

TL>EL=AE   TL>ØEL=P+
TL=EL≠AE   TL=ØEL=P0
TL<EL=RE   TL<ØEL=P-

Legende: Teamleistung (TL), Beste Einzelleistung VPN (EL), Mittelwert Nominalleistung Team (ØEL), Assembly-Effekt (AE), Ringelmann-Effekt (RE), Prozessgewinn (P+), Prozessverlust (P-), Prozessneutral (P0)

Des Weiteren werden die Bewertungen der Pz-Teams im Vergleich zu denen der Ex-Teams errechnet. Dadurch lässt sich ein möglicher Effekt der Interventionen durch das Gegensatzmerkmal *Bevollmächtigung versus Fremdeinfluss* im Sinne des Schlüsselelements Partizipation ermitteln. Verglichen werden die Mittelwerte der Leistungsveränderung der Pz-Teams und der Ex-Teams. Sollten die Pz-Teams höhere Leistungszuwächse in der Mittelwertberechnung zu verzeichnen haben, lässt sich das Attribut Partizipation im Sinne der hierbei durchgeführten Intervention als kreativitätsförderliches Attribut identifizieren. Es gelten hierfür folgende Formeln:

ØPz>ØEx=KM+
ØPz=ØEx=KM0
ØPz<ØEx=KM-

Legende: Durchschnittlicher Leistungszuwachs Pz-Teams (ØPz), Durchschnittlicher Leistungszuwachs Ex-Teams (ØEx), kreativitätsförderndes Merkmal (KM+), kreativitätsneutrales Merkmal (KM0), kreativitätshemmendes Merkmal (KM-)

Ästhetischer Fokus

Durch direkte Vergleiche von Piktogrammentwürfen zwischen den Ergebnissen der Einzel- und Teamphase, wird zudem der Versuch unternommen mögliche Ideenlinien zu identifizieren. Hierdurch könnten sich Hinweise darüber ergeben,

4.3 Teilstudie Nonsummativität bei kreativen Teams 173

welche Konstellationen von Teamtypen für kreative Prozesse aussichtsreich sind. Zudem lassen sich durch die ästhetische Analyse Aussagen treffen, ob eine Teamleistung durch die besondere Funktion eines einzelnen Teammitglieds zustande kam oder ob die synergetische Potenzierung der Einzelmitglieder für die Teamleistung verantwortlich zu machen ist. Solche Verantwortlichkeiten lassen sich u.U. durch die Betrachtung der Einzelideen der Pilotisierungsphase und dem Gruppenergebnis erkennen. Ist hierbei eine ästhetische Linie feststellbar, so ist der Urheber des dominierenden Basisentwurfs offensichtlich maßgeblich für den Teamentwurf verantwortlich. Ist es ein völlig neuer Entwurf, so kann man von einer Synergieleistung der Teammitglieder ausgehen – auch wenn dieser neue Entwurf maßgeblich durch eine einzelne Person des Teams ausgesprochen bzw. aufgezeichnet wurde.

Beim folgenden Beispiel zeigt sich die eindeutige Handschrift eines einzelnen Teammitglieds. In diesem Fall ist das „dominante" Teammitglied nach den Belbin-Charakteren ein „Implementer" – eine Person, die mit einem starken Durchsetzungsvermögen und einer großen Aktivierungsenergie charakterisiert wird. Offensichtlich war diese Person in der Lage, ihren Entwurf gegenüber den beiden anderen Teammitgliedern (Teamworker, Shaper) durchzusetzen.

 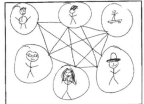 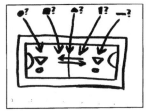

Einzelentwürfe der Mitglieder eines Teams

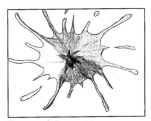

Entwurf dieses Teams

Die Experten betrachteten in ihrer Einschätzung den „Klecks-Entwurf" jedoch kritischer als das Team. *Experte 0* wertete ihn sogar schlechter als die anderen beiden Entwürfe. Die anderen Experten bewerteten ihn lediglich als gleichwertig. Mit derartigen direkten Entwurfsvergleichen kann also versucht werden, Hinweise auf bestimmte besonders dominante, besonders innovative oder besonders teamförderliche Handlungsstile auszumachen. Möglicherweise lassen sich auf diese Weise auch erfolgreiche und weniger erfolgreiche Teamkonstellationen ermitteln.

Qualitativer Fokus

Am Ende des Experiments werden die teilnehmenden Studierenden nach ihrer subjektiven Einschätzung des Teamerfolgs mittels eines Fragebogens gebeten. Es wird ihnen die Frage gestellt, ob sie die Teamarbeit als erfolgreich einschätzen und nach den Gründen ihrer Einschätzung gefragt. Bei der Analyse wird insbesondere auf mögliche Korrelationen zwischen Einzelerfolg und Teamerfolg geachtet. Insofern ist es interessant zu erfahren, wie erfolgreiche Einzelakteure ein weniger eindeutig erfolgreiches Teamergebnis beurteilen und anders herum. Zudem interessieren mögliche Einschätzungsunterschiede zwischen den Gruppen, die an ihren eigenen Entwürfen weiterarbeiten konnten (Partizipation) und den „geführten" Gruppen, die einen „Expertenentwurf" als Vorlage bearbeiten mussten. Auf diese Weise lassen sich Wirkungen auf Aspekte wie Teamkohäsion und Identifikation betrachten.

Mit diesen drei Arten der Analyse des Datenmaterials (Quantitativer Fokus, Ästhetischer Fokus, Qualitativer Fokus) sollen empirische Hinweise auf die Frage ermittelt werden, ob das Setting Kreativer Felder mit den Aspekten:

- Heterogenität durch Mischung unterschiedlicher individueller Handlungsstile,
- Dialog durch das Aufstellen von Kommunikations- und Kooperationsregeln,
- Partizipation durch Gestaltungsfreiheit und Beteiligung am Erfolg
- sowie Leistungsänderung durch Fremdeinfluss bzw. Bevollmächtigung

dazu führen kann, dass Teams sogar bei relativ unkomplexen Kreativaufgaben eine kreative Effizienz erreichen können. Lassen sich hierfür Hinweise finden, dann wäre das ein Beleg für die Möglichkeit durch das Setting Kreativer Felder, nonsummative Effekte bei kreativ arbeitenden Teams zu erzielen.

4.3 Teilstudie Nonsummativität bei kreativen Teams

4.3.2 Auswertung Nonsummativität

4.3.2.1 Vorstellung des empirischen Materials

Das Datenmaterial liegt in Form vorbereiteter Erfassungsbögen mit der Angabe persönlicher Daten, dem Profilierungsergebnis nach dem Belbin-Test und der Skizze eines Piktogramms mit entsprechender Erklärung vor. Des Weiteren liegt ein Teambogen vor, auf dem die Teams ihre individuelle ID und ihren gemeinsamen Piktogrammentwurf mit entsprechender schriftlicher Erläuterung verzeichnet haben.

Gruppe WS08/09-H(Pz)18				Exp. 0	Exp. 1	Exp. 2
WS08/09-H(Pt)96	WS08/09-H(Pt)94	WS08/09-H(Pt)61	Experten-Voting	6	5	2
Kommunikation	Handlung	Handlung	Nominal-leistung	3,6	3,0	1,0
2 / 2 / 1	3 / 2 / 1	6 / 5 / 1				
M	W	M	Leistungs-bilanz	0	0	+1
L3	L3	L2				
22	21	22	Prozess-bilanz	+2,4	+2,0	+1

Tab. 8, Beispiel einer Auswertungstabelle

Zunächst wurden die insgesamt 155 im Rahmen des Versuchs entwickelten Piktogramme von drei externen Grafik-Designern ausgewertet und nach bestimmten Gütekriterien auf einer metrischen Skala von 1-10 Punkten bewertet. Die Höhe der Punktzahl bezeichnet dabei die von dem Experten eingeschätzte Güte der Qualität. Auf der rechten Seite der Auswertungstabelle befinden sich die Ratings der drei Experten zum Gruppenergebnis (Expertenvoting). Die Ergebnisse werden mit dem Wert der Nominalleistung der Teammitglieder in der Pilotisierungsphase als Leistungs- und Prozessbilanz dargestellt. Die Leistungsbilanz zeigt die Differenz zwischen der besten Einzelleistung und dem Teamergebnis. Die Prozessbilanz stellt die Differenz zwischen Nominalleistung und Teamergebnis fest. Den Ratern lagen die Entwürfe und die schriftlichen Erläuterung vor. Mit diesem Material konnten die drei Experten unter nahezu gleichen Bedingungen sämtliche Einzel- und Teamwürfe einschätzen.

176   4 Bestimmung der Kreativen-Feld-Theorie

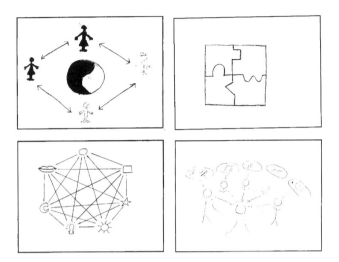

Beispielpiktogramme

Die Erhebungsbögen sind im Anhang 03 und die Auswertungstabellen im Anhang 04 einzusehen.

4.3.2.2 Persönliche Daten der VPN

Bei der Analyse der persönlichen Daten der teilnehmenden Studierenden ist die hohe Zahl handlungsorientierter und eine geringe Zahl sachorientierter Handlungsstile nach dem Typenmodell von Belbin auffällig. Da es sich bei der Untersuchungsgruppe um Lehramtstudierende (bis auf einen einzelnen VPN) handelt, ist dieses Ergebnis kaum verwunderlich. Bei einer Untersuchungsgruppe Diplomstudierender im Bereich Naturwissenschaften wäre dieses Verhältnis vermutlich anders ausgefallen und es wäre eine höhere Zahl sachorientierter Teamtypen zu verzeichnen gewesen. Lehramtstudierende kann man dagegen eine Affinität zu prozessorientierten Attributen unterstellen, weil der Berufswunsch Pädagoge/in Schwerpunkte und Kompetenzen in diesem Bereich verlangt.

4.3 Teilstudie Nonsummativität bei kreativen Teams

VPN	120
Weiblich	89
Männlich	31
Altersspanne	19-45

Handlungsstile	
Handlungsorientiert	73
Sachorientiert	10
Kommunikationsorientiert	37

Studiengang	
L1	30
L2	40
L3	47
L4	2
Magister	1
Diplom	0

Tab. 9, Persönliche Daten der VPN

4.3.2.3 Interrater-Übereinstimmung

Um feststellen zu können, wie hoch der Grad an Übereinstimmung der drei Rater ist, wurde zunächst die Interrater-Übereinstimmung bestimmt. Mit Blick auf die Verteilung der Bewertungen der drei Rater für die 120 Entwürfe der Pilotisierungsphase ergibt sich eine Interrater-Korrelation im Mittelwert von IR= .62. Werner Früh nennt einen Grenzwert von IR= .8. Wann ein Koeffizient als akzeptabel bezeichnet werden kann und wann nicht, hängt jedoch immer auch von den entwickelten Kategorien ab (vgl. Früh 1998, S. 169ff.). Sind diese eindeutig formuliert, sind auch trennscharfe Ergebnisse zu erwarten. Bei dem hier vorliegenden Datenmaterial handelt es sich aber um ästhetische Einschätzungen, die zwar aufgrund bestimmter Gütekriterien erteilt worden sind, es bleiben dennoch subjektive Einschätzungen. Bei dieser Art Variablen verliert der Wert von IR= .62 bei n=120 an Aussagekraft.

Pilotisierung	Exp.0	Exp.1	Exp.2	Mittelwert
Exp.0		0,69	0,54	0,62
Exp.1	0,69		0,69	0,69
Exp.2	0,40	0,71		0,55
Gesamtkorrelation				0,62

Tab. 10, Matrix der Raterübereinstimmungen

Mit dieser Methode lassen sich die Übereinstimmungen der Rater im Rahmen der drei Bewertungsstufen (eher schlecht, durchschnittlich, eher gut) erfassen. Es wird gemessen, wie oft die Rater die gleiche Note vergeben haben. Je öfter dieses der Fall ist, umso höher ist die Interrater-Korrelation. Aufgrund der Beschaffenheit des Datenmaterials und der ästhetischen Analyse interessiert jedoch vielmehr, inwiefern bei den drei Ratern gleiche oder ähnliche *Tendenzen* festzustellen sind. Diese Fragestellung lässt sich durch eine grafische Lösung visuell besser einschätzen als durch die errechneten Mittelwerte. Hierbei werden alle Einzelergebnisse der drei Rater durch einen farbigen Graph verbunden und gegenübergestellt. Die grafische Darstellung der Ratingergebnisse offenbart mögliche gleichbleibende Milde- oder Strenge-Tendenzen der einzelnen Rater und deckt damit Korrelationen auf, die aussagekräftiger sind als die exakte Übereinstimmung der Note.

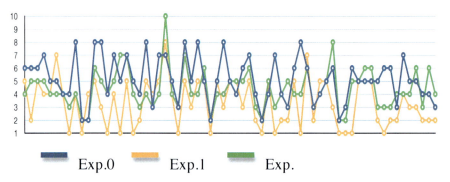

Abb. 19, Interrater-Korrelation

Bei dem Vergleich der drei Graphen lässt sich bereits eine augenscheinliche Tendenz feststellen. *Experte 0* (blauer Graph) hat tendenziell höhere Bewertungen als die beiden anderen abgegeben. *Experte 1* (gelber Graph) war in seiner Benotungstendenz deutlich am kritischsten. Der grüne Graph von *Experte 2* befindet sich meistens zwischen den beiden anderen. Die Bewertungstendenzen der drei Rater sind relativ deutlich erkennbar. Nur ganz selten gehen die Einschätzungen konträr auseinander. Bei dem Großteil der abgegebenen Einschätzungen lässt sich eine Tendenz ausmachen, die einem der drei Rater zuzuordnen ist. Diese Tendenz lässt sich an der tendenziell parallel verlaufenden wellenförmigen Bewegung der drei Graphen ablesen. Die drei Rater treffen nicht immer die gleiche Bewertungsstufe, in ihrer Einschätzung korrelieren die Ratererergebnisse jedoch relativ stark – nur eben auf unterschiedlichen Bewertungsniveaus.

Durch die errechnete Interraterreliabilität und die augenscheinliche Korrelation der Rater mit unterschiedlichen Milde- und Strenge-Tendenzen, können die erhobenen Daten durchaus für die Interpretation der oben beschriebenen Fragen genutzt werden. Allerdings können bei dieser Form des Quasiexperiments, möglicherweise sogar aufgrund des Forschungskontextes Teamkreativität, nur Ergebnisse mit Hinweischarakter erzielt werden. Die vorliegenden Ergebnisse liefern also Hinweise auf die Wirksamkeit bestimmter Rahmenbedingungen, die förderlich oder hemmend auf die Kreativität von Teams wirken können.

4.3.2.4 Quantitativer Fokus

Bei der Pilotisierung wurde zunächst das kreative Leistungsvermögen jeder einzelnen teilnehmenden Person ermittelt. Die Inhalte, Schwerpunkte und Intentionen des zu bearbeitenden Komplexes (Theorie der Kreativen Felder) wurden allen VPN in einem Vortrag und durch Plakate vermittelt. Die Probanden zeichneten daraufhin ein Piktogramm und beschrieben ihre Idee mit wenigen Worten. Diese Ergebnisse und die Gruppenergebnisse wurden von den drei Experten auf einer Ordinalskala gevotet.

Punkte	Exp.0	Exp.1	Exp.2
keine Wertung	6	6	6
1	0	0	18
2	6	6	18
3	7	17	10
4	24	37	19
5	25	19	32
6	19	18	6
7	20	9	5
8	13	3	4
9	0	3	2
10	0	2	0
∅	5,37	4,80	3,87

Tab. 11, Einzelergebnisse Pilotisierungsphase, n=120

180   4 Bestimmung der Kreativen-Feld-Theorie

Punkte	Exp.0	Exp.1	Exp.2
keine Wertung	0		
1	0	0	0
2	0	1	3
3	1	2	1
4	0	5	2
5	3	3	10
6	7	4	1
7	7	1	2
8	1	2	2
9	2	3	0
10	0	0	0
∅	6,42	5,57	4,90

Punkte	Exp.0	Exp.1	Exp.2
Keine Wertung	0		
1	0	0	0
2	0	0	1
3	0	1	0
4	1	1	2
5	2	1	6
6	2	5	6
7	7	1	2
8	0	2	1
9	2	2	1
10	0	1	0
∅	6,64	6,64	7,64

Tab. 12, Gruppenergebnisse Pz-Teams, n=21

Tab. 13, Gruppenergebnisse Ex-Teams, n=14

Die Teams setzten sich durchschnittlich aus 3,4 Personen zusammen. Jede Gruppe bestand aus mindestens zwei unterschiedlichen Belbin-Charakteren. Betrachtet man die Rating-Ergebnisse der drei Experten, ergeben sich im Mittelwert die folgenden Beurteilungsänderungen der Ratings im Vergleich von Einzel- zu Teamergebnissen der Pz-Teams:

	∅ Rating Einzel	∅ Rating Pz-Team	Änderung Einzel vs. Team
Exp.0	5,37	6,42	+ 1,05
Exp.1	4,80	5,57	+ 0,77
Exp.2	3,87	4,90	+ 1,03

Tab. 14, Mittelwertbetrachtung Einzel vs. Team

Bei dieser reinen Mittelwertbetrachtung ist das Ergebnis eindeutig: Alle drei Rater vergeben im Durchschnitt für die Teamergebnisse mehr Punkte als für die Einzelergebnisse der Pilotisierungsphase – die Steigerungsrate beträgt fast einen

4.3 Teilstudie Nonsummativität bei kreativen Teams

Bewertungspunkt (0,95 Punkte). Damit lässt sich bereits an dieser Stelle die These erhärten, dass sich bei der vorliegenden Untersuchungsgruppe durch das Setting „Kreatives Feld" ein Teameffekt eingesetzt hat und dadurch die kreative Effizienz gestiegen ist. Mittelwerte zeigen aber oft nur eine verzerrte Realität, weil die einzelnen Werte sowie die Extremergebnisse an Bedeutung verlieren bzw. im Durchschnittswert gänzlich verloren gehen. Deswegen erscheint es lohnend, die Ergebnisse der einzelnen Teams ebenfalls unter quantitativen Gesichtspunkten ausgewertet.

Eine erste Möglichkeit hierfür ist die Prozessbilanz aller Teamwertungen. Hierbei wurde mit ganzen Werten bestimmt, wie oft ein Prozessgewinn, ein Prozessverlust oder eine neutrale Prozessbilanz ermittelt werden konnte. An der Prozessbilanz lässt sich ablesen, ob die Nominalleistung der Gruppe mit der erreichten Punktzahl des Gruppenergebnisses im Vergleich zum Gruppenergebnis positiv, neutral oder negativ ausfällt. Hierbei ist also erkennbar, ob der Prozess des kreativen Miteinanders innerhalb eines Kreativen-Feld-Settings mit Leistungszuwächsen oder -minderungen einherging. Hierbei ist auch spannend, wie die Prozessbilanz bei den Ex-Teams ausfällt, also jenen Teams, die an einem fremden Entwurf weiter arbeiten mussten.

Pz-Teams Prozessbilanz	
Prozessgewinn	41
Prozessneutral	11
Prozessverlust	11

Ex-Teams Prozessbilanz	
Prozessgewinn	32
Prozessneutral	4
Prozessverlust	6

Tab. 15, Prozessbilanz Pz- und Ex-Teams

Bei beiden Gruppenarten sind eindeutig Prozessgewinne festzustellen. Bei einem Analysefokus auf die Leistungsfähigkeit eines ganzen Teams wird durch dieses Ergebnis deutlich, dass offensichtlich ein situativer Rahmen, der kommunikative Regeln vorgibt und der eine personelle Mischung unterschiedlicher Handlungsstile ermöglicht, zu einem Prozessgewinn führen kann. Bei den Ex-Teams könnte der Prozessgewinn jedoch als Effekt des Expertenentwurfs relativiert werden, der die Teammitglieder in ihrer Leistungsfähigkeit beflügelt haben könnte. Bei den Pz-Teams ist dieses aber nicht der Fall, sie erzielen als Team ohne externe Einflüsse inhaltlicher Art im Durchschnitt eindeutig bessere Ergebnisse als bei der Pilotisierungsphase. Dieses Ergebnis ist abweichend zu den von Zysno erzielten Ergebnissen, bei dem durchschnittlich Prozessverluste gemessen wurden.

Daher kann für Zysnos These, dass positive Teameffekte möglicherweise durch kooperationsförderliche Rahmenbedingungen zu erzielen seien (vgl. Zysno 1998, S.206) hiermit ein Beleg geliefert werden.

Bei der Entwicklung kreativer Ideen ist jedoch weniger die durchschnittliche Leistung des Teams entscheidend ist, als vielmehr die Güte der zu entwickelnden einzelnen Idee. Daher werden im Folgenden auch die Leistungsbilanzen der Teams betrachtet. Ein Assembly-Effekt liegt hierbei vor, wenn die erreichte Punktzahl des Teamentwurfs die höchste Einzelleistung eines Teammitglieds in der Pilotisierungsphase übertrumpft. Damit ist die Leistungsbilanz positiv. Kein Assembly-Effekt liegt vor, wenn die Teamleistung mit der besten Einzelleistung gleichauf liegt – somit ist die Leistungsbilanz neutral. Als Ringelmann-Effekt wird eine Teamleistung bezeichnet, bei der die Teambewertung niedriger ist als die beste Einzelleistung eines Gruppenmitglieds in der Pilotisierungsphase. In diesem Fall ist die Leistungsbilanz negativ. Das Ergebnis ist relativ eindeutig, sowohl bei den Pz-Teams als auch bei den Ex-Teams überwiegt die Tendenz zum Ringelmanneffekt. Die Ergebnisse einer Einzelperson sind in der Experten-Bewertung besser als die des Teamergebnisses. Auffällig ist allerdings, dass die Ex-Teams in Expertensicht durchschnittlich seltener eine positive Leistungsbilanz erreichen konnten als die Pz-Teams. Die Abweichung ist allerdings nicht gravierend und die Anzahl der VPN mit 21 bzw. 14 zu gering, um Messfehler auszuschließen. Man kann aber die Vermutung eines hemmenden Effektes durch den externen Einfluss einer Autoritätsperson (Experte) oder im Umkehrschluss einen förderlichen Einfluss von Gestaltungsfreiheit bzw. Macht zur Entscheidung äußern.

Pz-Teams Leistungsbilanz	
Assembly	17
Neutral	20
Ringelmann	26

Ex-Teams Leistungsbilanz	
Assembly	8
Neutral	13
Ringelmann	21

Tab. 16, Leistungsbilanz Pz- und Ex-Teams

Eine weitere zu lösende Frage dieses Versuchsaufbaus bezieht sich auf die Wirksamkeit des Attributs „Partizipation" im Sinne der Möglichkeit, selbstbestimmt an Aufgaben arbeiten zu können (Pz-Teams). Lechler (1997) identifizierte hierfür Erfolgsfaktoren. Neben dem Know How der Teammitglieder und Effekte, die durch Teamleitung eintreten können, konnte Lechler Wirkfaktoren in der Fähig-

4.3 Teilstudie Nonsummativität bei kreativen Teams

keit von Teams zur Selbstorganisation. Die Attribute Führung, Wissen und Selbstorganisation beeinflussen somit direkt den Projekterfolg. Interessant ist dabei vor allem das Verhältnis von Führung und Selbstorganisation. Dieses vermeintliche Gegensatzpaar wird im Rahmen dieses Experiments genauer untersucht. Hierbei wird die These verfolgt, dass das kreative Potential von Teammitgliedern stärker in die Gruppenarbeit eingebracht werden kann, wenn sie ihre Arbeit völlig frei gestalten können. Teams dagegen, die externe Aufgaben (Effekt der Führung) zu befolgen haben, werden Motivationsverluste erleiden und schlechtere Ergebnisse produzieren. Diese These wird durch den Mittelwert der Prozessbilanz der zwei Gruppenarten ermittelt. In dem vorliegenden Analyseschema erhalten die Elemente Selbstbestimmung (Pz-Teams) und *Fremdführung (Ex-Teams)* besondere Aufmerksamkeit.

Teams	Prozessbilanz
Pz-Teams	4,28 Punkte Steigerung
Ex-Teams	2,86 Punkte Steigerung

Tab. 17, Vergleich der Prozessbilanzen Pz- und Ex-Teams

Auffallend ist zunächst, dass beide Teamarten gegenüber der durchschnittlichen Einzelleistung ihrer Teammitglieder Leistungszuwächse erzielen konnten. Die Pz-Teams, die uneingeschränkt an ihren eigenen Entwürfen arbeiteten, haben jedoch im Durchschnitt gegenüber den Ex-Teams eine höhere Leistungssteigerung um 1,42 Beurteilungspunkte erbracht. Der höhere Leistungszuwachs der Pz-Teams lässt den Rückschluss zu, dass das Attribut Partizipation, im Sinne einer höheren Selbstbestimmung, ein förderlicher Faktor für kreative Teamleistungen sein könnte.

Interessant ist das Ergebnis auch deswegen, weil zwei der drei Experten den externen „Experten"-Entwurf ebenfalls *unerkannt* bewertet haben. Dieser Entwurf wurde nur mit 5 Punkten und mit 4 Punkten von den Experten gewertet. Der Expertenentwurf kann daher lediglich als durchschnittlicher und nicht als Entwurf gewertet werden, der den Ex-Teams einen entscheidenden Vorteil bringen konnte. Es ist allerdings auch möglich, dass der nur mittelmäßige Expertenentwurf die kreative Leistung der Ex-Teams hemmte. In diesem Falle hätte die indirekte Fremdbestimmung der Ex-Teams den Blick auf ihre eigenen Entwürfe und ihre eigenen Stärken verstellt. Mit diesem Versuchsaufbau kann daher nicht eindeutig festgestellt werden, ob Partizipation ein förderliches oder ein hemmendes Attribut bei der Entwicklung von Teamkreativität darstellt.

4.3.2.5 Ästhetischer Fokus

Besonders aufschlussreich könnten die fünf Pz-Entwürfe sein, die bei den drei Ratern durchweg Leistungsgewinne erzielen konnten. Hierbei ist das Teamergebnis stärker als das beste Einzelergebnis eines der beteiligten Teammitglieder. Hat möglicherweise die Person mit den meisten Punkten beim Pilotisierungsentwurf, die anderen durch die Kraft seiner kreativen Idee mitgezogen? In dem Fall müsste sich diese Ideenlinie in dem gemeinsamen Teamentwurf wiederfinden lassen. Sollte sich der Teamentwurf jedoch als Synergieleistung mehrerer Gruppenmitglieder erweisen, wäre das ein Hinweis für die Wirksamkeit Kreativer Felder. Im Folgenden werden die fünf erfolgreichsten Teamentwürfe in ihrer Entwicklung dargestellt. Zu sehen sind die drei Pilotisierungs-Entwürfe der Teammitglieder und etwas größer, der Teamentwurf der Gruppe. In dem Textkästchen daneben, findet sich die Interpretation der Entwürfe und die Belbin-Charaktere der Teammitglieder.

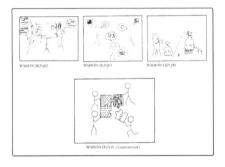

Bemerkungen
Mischung der Ideen (Symbole, Felder, Kreis). Eine Idee hatte jedoch den größten Einfluss (Weichensteller: Symbole).
Handlungsstile Teammitglieder
Weichensteller Macher, Umsetzer

Bemerkungen
Mischung aus zwei Entwürfen. Der dritte Entwurf wurde nicht berücksichtigt, deren Entwickler ist ein Monitor Evaluator (Beobachter) und der einzige Mann im Team.
Handlungsstile Teammitglieder
Weichensteller, Teamworker, Beobachter

4.3 Teilstudie Nonsummativität bei kreativen Teams

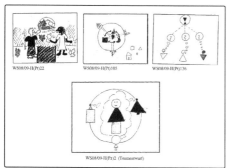

Bemerkungen
Zusammensetzung der Ideen von zwei Personen (Umsetzer, Perfektionist), die Idee des dritten blieb unberücksichtigt (Teamworker).
Handlungsstile Teammitglieder
Perfektionist, Teamworker, Umsetzer

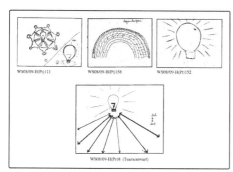

Bemerkungen
Mischung aller Ideen. Leichte Dominanz der Idee des Machers (Glühfaden als 7). Dieser Entwurf wurde auch von den externen Experten als leistungsstarker Entwurf gewertet.
Handlungsstile Teammitglieder
Umsetzer, Koordinator, Macher

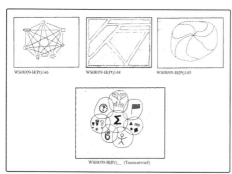

Bemerkungen
Weiterentwicklung einer Idee einer einzelnen Person (Macher).
Handlungsstile Teammitglieder
Umsetzer, Macher, Teamworker

Es zeigt sich bei den Einzelfallanalysen der erfolgreichsten Teamentwürfe, dass die Mischung von zwei oder von allen Ideen bei den „Siegerentwürfen" die erfolgversprechendste Strategie war. Lediglich bei einem Teamentwurf entpuppte sich eine einzelne Person als dominierend. Diese Form der Einzelfallanalysen wurde schließlich bei allen 21 Entwürfen der Pz-Teams durchgeführt. Ziel dieser Analyse war die quantitative Messung der einzelnen Teamstrategien. Es sollte also die Frage geklärt werden, wie oft ein einzelner Entwurf, die Mischung der Vorentwürfe oder auch die Entwicklung einer komplett neuen Idee den Teamentwurf entscheidend prägte.

Entwurfsart	Anzahl
Dominante Einzelidee	7
Ideenmischung	7
Neue Idee	7

Als Ergebnis dieser Teamstrategieanalyse sind alle drei Arten mit jeweils 7 Entwürfen gleich stark vertreten. Eine Tendenz lässt sich zunächst also nicht feststellen. Möglicherweise bestehen aber qualitative Unterschiede bei den Entwurfsarten. Hierfür wurden die vergebenen Punkte für den Teamentwurf für die jeweils sieben Entwürfe jeder Art addiert und durch die Zahl 21 (3 Rater mal 7 Entwürfe) dividiert. Das Ergebnis ist der Mittelwert der Bewertungen der jeweiligen Entwurfsart.

Entwurfsart	∅Punkte
Dominante Einzelidee	5,48
Ideenmischung	5,76
Neue Idee	5,62

Tab. 18, Mittelwerte der Bewertungen nach Entwurfsart

Auch bei dieser Auswertung zeigt sich keine besonders erfolgsversprechende Strategie. Die drei Bewertungspunkte liegen ausgesprochen dicht beieinander, so dass in der Mittelwertbetrachtung kaum qualitative Unterschiede auszumachen sind.

Bei dem Auswertungsfokus auf die ästhetischen Ausprägungen lässt sich schlussfolgern, dass weder die Strategie der Verfolgung einer einzelnen dominanten Idee, noch die Mischung der Ideen zweier oder aller Teammitglieder, noch die Strategie der Entwicklung einer gänzlich neuen Idee auf den Erfolg des Entwurfs schließen lässt.

4.3.2.6 Qualitativer Fokus

Nachdem alle Teilnehmenden des Experiments ihre Teamarbeiten beendet hatten, wurden sie zu einer persönlichen Einschätzung des Teamerfolgs oder des Teammisserfolgs gebeten. Sie sollten hierbei die beiden Fragen beantworten: *(1) War Ihre gemeinsame Arbeit erfolgreich? (2) Warum?* Bewusst wurde hierbei das Adjektiv „Erfolgreich" gewählt, obwohl die Definition des Begriffes eigentlich einer eigenen wissenschaftlichen Abhandlung bedürfte. Doch obwohl die Definition des Begriffes nicht eindeutig ist, ist es seine Konnotation sehr wohl: Erfolgreich ist etwas Angenehmes, Positives und Erstrebenswertes. Notwendig erschien auch die radikale Einschränkung der Antwortmöglichkeit auf die Aussagen: JA oder NEIN. Dadurch mussten die Befragten unmissverständlich eine Entscheidung treffen.

Teams	Ja	Nein	keine Angabe oder unentschieden
Pz-Team-Teilnehmer (n=72)	68	0	4
Ex-Team-Teilnehmer (n=47)	42	2	3

* Ein Teilnehmer ist ohne Wertung

Tab. 19, Beurteilung des Teamerfolges

Ursprünglich wurde bei dieser Teilstudie von der Vermutung ausgegangen, dass jemand der ein Piktogramm entwickelt, welches ihm durchaus als gelungen erscheint, sich aber nun mit seiner Idee im Teamentwurf nicht wiederfindet, eine eher abweisende, enttäuschende und kritische Haltung gegenüber dem Teamergebnis einnehmen würde und die Frage entsprechend mit „Nein" beantworten wird. Sollte aber der Teamentwurf als besser und zumindest gelungener wahrgenommen werden als der eigene, dann wird dieser Befragte die Teamarbeit als erfolgreich beschreiben, sich also für „Ja" entscheiden.

Das Ergebnis ist allerdings überraschend. Mehr als 90% der Befragten werteten ihr Teamergebnis mit einer positiven Konnotation. Offensichtlich trat durch die gemeinsame Arbeit an einem Produkt ein Wir-Gefühl auf, das für die Befragten bedeutsamer war als die subjektive Empfindung einer ästhetischen Verbesserung oder Verschlechterung. Dieses „Wir-Gefühl" übersteigt sogar den möglichen Eindruck, sich nicht optimal eingebracht haben zu können, nicht ausreichend gehört worden zu sein oder allein ein besseres Ergebnis erzielt zu haben. Diese überwältigende Mehrheit der Befragten fühlte sich im Team wohl und bezeichnete deswegen die Arbeit im Team als erfolgreich. Das Auftreten von sozialer Kohäsion könnte eine Erklärung für die Eindeutigkeit des Ergebnisses sein. Dieser Effekt ist mit einem Stimmigkeitsgefühl zu erklären, welches möglicherweise im balancierten Verhältnis der Teammitglieder untereinander (Nachhaltigkeit), in der funktionierenden kooperativen Kommunikation (Dialog) und in dem Verständnis für divergierende Ansichten (Heterogenität) begründet liegt. Das Ergebnis liefert also einen Beleg dafür, dass durch gleichberechtigte und kollaborative Arbeit an einem gemeinsam erstellten Produkt soziale Kohäsion entstehen kann. *Teamkreativität fördert soziale Kohäsion!* Daher könnte eine genauere Betrachtung der Warum-Frage konkretere Bedeutungsdimensionen für die entstandene soziale Kohäsion liefern. Die Antworten der offenen Frage nach dem Warum-des-Teamerfolgs ergeben folgende Begriffsnennungen und Bezeichnungen.

Offenheit, konnten Kompromisse schließen, hatten Spaß, Empathie, Interesse, viele neue Ideen, Identifikation, gegenseitiges Verständnis, Diskussionsfähigkeit
Teamzusammensetzung, Demokratie, Arbeitsteilung, Produkt- bzw. Zielfixierung, keine Hierarchie, jeder wurde einbezogen, unterschiedliche Fähigkeiten, Meinungsfreiheit, Zielorientierung
Gegenseitige Ergänzung, Team-Balance, Verschmelzung, Kooperation, Fairness, Ideenkombination, Diskussionsbereitschaft, Abwägen der Vor- und Nachteile, Sympathie, gute Kommunikation, freundlicher Umgang, Akzeptanz und Toleranz, Zusammenarbeit, Harmonie, gemeinsamen Weg gefunden, aktive Beteiligung, wir haben es drauf

Tab. 20, Erklärungen der VPN für den Erfolg des Teamprozesses

Bei dieser qualitativen Zusammenstellung der offenen Frage ergibt sich eine aufschlussreiche Zusammenstellung der maßgeblichen Erklärungsmuster. Bei den genannten Begriffen dominieren jene Attribute, die eine atmosphärische Beschreibung des Teamprozesses wiedergeben. Es sind nicht die Stärken bestimmter Teamteilnehmer und auch weniger die strukturellen Bedingungen wie flache Hierarchie oder individuelle Beweggründe wie intrinsische Motivation oder die externe Belohnung, die als Grund für den Teamerfolg angegeben wurden. Vielmehr sind es die interpersonalen Aspekte wie Kommunikation, Dialog, Kooperation und Harmonie, die als Gründe des Teamerfolgs von den Versuchsteilnehmenden gewertet wurden.

Eine ebenso häufig genannte Ursache wurde in der Unterschiedlichkeit der Teammitglieder gesehen. Heterogenität kann also ebenso als bedeutsame Rahmenbedingung für das Entstehen von Teamkreativität betrachtet werden. Diese Aufschlüsselung macht deutlich, dass viele der Befragten den Teamerfolg auf Aspekte zurückführen, die mit den Schlüsselelementen der Theorie der Kreativen Felder zu beschreiben sind. Auffallend ist die Häufung von Ursachennennungen, die dem Bereich des Schlüsselelements „Dialog" zuzuordnen sind. Die Gemeinsamkeit des Miteinanders, des Verbindens von Kompetenzen und Visionen scheint den hier Befragten die wichtigste Ursache für den Erfolg ihres Teams zu gelten. *Es scheint bei dem Wie-des-Miteinanders, ein „Big Goal" der Entwicklung von Kreativität zu liegen.*

4.3.3 Ergebnisse Nonsummativität

Welche Hinweise, Fakten oder Thesen können aufgrund des vorgestellten und ausgewerteten Quasie-Experiments „Nonsummativität bei kreativen Teams" für das genauere Verständnis der Kreativen-Feld-Theorie genutzt werden? Das erhobene Material wurde auf unterschiedliche Weise unter quantitativen, qualitativen und ästhetischen Blickwinkel analysiert. Für folgende Fragen sollten sich durch die Analyse des Materials Hinweise ergeben:

- Ist eine Effizienzsteigerung bei der Entwicklung von Ideen durch kooperative Rahmenbedingungen möglich?
- Welche Rolle spielen einzelne Personen im Teamgefüge?
- Ist Partizipation ein förderliches oder ein hemmendes Element bei der Entwicklung kreativer Ideen im Team?

Bei der quantitativen Auswertung der Prozess- und Leistungsbilanzen der Teams ergaben sich im Mittelwert stärkere Leistungszuwächse der Teamentwürfe gegenüber den Einzelentwürfen. Unter diesem Betrachtungsfokus lässt sich ein Effektivitätsgewinn bzw. ein Assembly-Effekt feststellen. Die Gründe hierfür können in der Tatsache liegen, dass mehrere Personen an einem Problem gearbeitet haben und sie die Ideen auf diese Weise automatisch evaluieren. Da Zysno bei seinem Teamkreativitäts-Versuch (vgl. Zysno 1998) keine Assembly-Effekte verzeichnen konnte, verdichtet sich der Hinweis, dass sich der Teameffekt bei diesem experimentellen Setting aufgrund der genutzten spezifischen Interventionen ergeben hat. Hierbei wurden durch kommunikative und kooperative Interventionen, Rahmenbedingungen konstruiert, die bei der Kreativen-Feld-Theorie als förderliche Elemente deklariert sind. Die Interventionen betreffen insbesondere die Bereiche Heterogenität und Dialog. Als Ergebnis kann folgende Aussage getroffen werden:

Stellt man heterogene Teams zusammen und konstruiert mit kommunikativen und teamkulturellen Interventionen förderliche Rahmenbedingungen, so erweist sich bei der Beurteilung der kreativen Ergebnisse nach qualitativen Gütekriterien die Teamleistung gegenüber der Nominalleistung der Einzelpersonen des Teams in der Regel als überlegen.

Durch Teamarbeit im kreativen Bereich steigert man also die durchschnittliche Leistungsfähigkeit aller Teilnehmer. Legt man jedoch die Leistungsbilanz zu Grunde und vergleicht das Teamergebnis mit dem besten Einzelergebnis eines der Teammitglieder, ist das Ergebnis dieser Untersuchung nicht so eindeutig. Im Durchschnitt überwiegen im Vergleich der besten Nominalleistung eines Teammitglieds mit dem Teamergebnis, Ringelmann-Effekte. Auch beim direkten Vergleich der besten Entwürfe lässt sich keine erfolgreichste Strategie ableiten. Die drei erfolgreichsten Entwürfe stammen von einer Einzelperson (Ø 8,3), einem Ex-Team (Ø 8,3) und einem Pz-Team (Ø 8,0).

Ein weiteres Auswertungsverfahren wurde in Form von Einzelfallanalysen nach ästhetischen Maßstäben für die Studie eingesetzt. Teams, die einem einzelnen Vorentwurf folgten, waren bei den erfolgreichsten Entwürfen ebenso stark vertreten, wie Teams, die eine Mischung aller Vorentwürfe anfertigten oder jene Teams, die einen völlig neuen Entwurf konstruierten. Alle drei Teamstrategien waren in der Bilanz mit jeweils sieben Teams vertreten. Betrachtet man die Ergebnisbeurteilungen im Mittelwert, so liegen diese drei Teamstrategien ebenfalls nur unwesentlich auseinander. Eine einzelne Erfolgsstrategie lässt sich hierbei also nicht ausmachen. Die quantitative Auswertung nach ästhetischen Maßstäben kann insofern keine eindeutigen Hinweise dafür liefern, dass Teams, bei denen Synergieeffekte eintraten, effizienter agierten als jene Teams, bei denen sich eine einzelne Person als dominant erwiesen hat. Interessant ist aber, dass unberücksichtigt aller Team- und Kommunikationsregeln bei einem Drittel der Teams, eine einzelne Person als Kristallisationskern bei der Entwicklung des Produkts aus der Gruppe heraustrat. Es scheint bei Gruppen also eine Tendenz vorzulie-

4.3 Teilstudie Nonsummativität bei kreativen Teams

gen, einer bestimmten Hierarchie Platz einzuräumen. Diese Strategie stellte sich im Sinne einer effizienten Kreativarbeit allerdings nicht als besonders erfolgreich heraus, da einem Großteil der besten Entwürfe Synergieleistungen zuzuschreiben sind. Insofern lassen sich auch bei einem ästhetischen Fokus auf das Material zumindest schwache Hinweise dafür finden, dass eine Effizienzsteigerung durch Teamarbeit im kreativen Bereich möglich ist.

Das vorliegende Experiment teilte zudem die Gruppen in Teams, die an ihren eigenen Vorentwürfen weiterarbeiten durften (Pz-Teams) und in eine zweite Gruppenart, die einen sogenannten Expertenentwurf als Vorlage erhielten (Ex-Teams). Die These war, dass die Pz-Teams mit mehr Motivation an die Arbeit gehen und dadurch bessere Ergebnisse erzielen würden. Die Ex-Teams würden dagegen durch die Fremdsteuerung eine Verunsicherung erfahren, die zu Unmut führen kann und entsprechend schwächere Ergebnisse zu Folge haben wird. Die Auswertung zeigt zunächst wie erwartet eine höhere Leistungssteigerung der Pz-Teams gegenüber den Ex-Teams und kann daher als Hinweis für die Wirkung von „Partizipation" gewertet werden. Überraschend ist jedoch, dass bei der qualitativen Befragung, die Ex-Teams ebenfalls mit ihrem Ergebnis zufrieden waren und ihre Produkte als Teamerfolg werteten. Insofern wurde die externe Kontrolle nicht so stark als hemmendes Element empfunden wie ursprünglich vermutet. Die höhere Leistungssteigerung der Pz-Teams kann auch aufgrund des von den bewertenden Experten lediglich als durchschnittlich eingestuften *Expertenentwurfs* liegen, der sich dann insgesamt hemmend auf das Beurteilungsergebnis der Ex-Teams ausgewirkt haben könnte. Durch dieses empirische Design lassen sich daher Messfehler nicht ausschließen.

Alle VPN wurden im Anschluss an die Gruppenarbeit gebeten, ihre persönliche Einschätzung des Teamerfolgs (erfolgreich oder nicht erfolgreich?) abzugeben und zu erläutern, in welchen Aspekten sie die Ursachen für den Erfolg oder den ausbleibenden Erfolg sehen. Das Ergebnis war ausgesprochen eindeutig. Nahezu alle der 120 Befragten hielten ihren Teamentwurf für erfolgreich und begründeten ihren Erfolg insbesondere mit Attributen, die im kooperativen Bereichen zuzuordnen sind (Synergie, Sympathie, Dialog, Kommunikation, Harmonie, Kooperation). Ebenso erhielten von den Teilnehmenden strukturelle Bedingungen wie Partizipation, das Vorhandensein eines gemeinsamen Grundes für das Teamhandeln und die Identifikation mit der Gruppe eine bedeutende Ursachenzuschreibung. Die durchweg positiven Bewertungen des kreativen Prozesses aus Sicht der Teilnehmenden wurden also offensichtlich kaum von erfolgreichen oder nicht erfolgreichen Ergebnissen in der Pilotisierungsphase beeinflusst. Offensichtlich ist der Effekt eines kommunikativen und kreativen Teamprozesses, dass sich die Teilnehmer mit dem gemeinsamen Produkt – eher noch mit dem *gemeinsamen Prozess* identifizieren. Die kommunikativen Rahmenbedingungen wirken dabei offensichtlich stärker als das Ergebnis selbst. Diese Identifikation findet sowohl bei den Synergieteams statt, als auch bei den Teams, die dem Entwurf einer einzelnen Person folgten. Aus dieser Befragung geht also deutlich das Entstehen von sozialer Kohäsion hervor. Damit lässt sich durch die qualitative Betrachtung der Frage nach den Gründen für den Teamerfolg folgende Aussage treffen:

Interpersonale Faktoren wie Kommunikation und Kooperation werden von den Beteiligten kreativer Teamprozesse als ursächlich für den gemeinsamen Erfolg betrachtet und führen zu einem Gefühl von sozialer Kohäsion.

Bei dem vorliegenden Quasiexperiment handelt es sich um eine vergleichsweise einfache Aufgabenstellung. Im Grunde bedarf es kaum Vorkenntnisse und nur geringer spezifischer Kompetenzen, um Lösungen für die gestellte Aufgabe zu entwickeln. Bei komplexeren Aufgabenstellungen – etwa die Aufgabe der Entwicklung spezifischer Mikrochips, der Strategieplanung eines Markteinstiegs für ein neues Produkt oder die Umgestaltung einer Schule nach modernen pädagogischen Maßstäben – wären sicherlich die Nominalleistungen sehr viel leistungsschwächer ausgefallen. Bei solchen Problemen steigt die Bedeutung kooperativer Arbeit in Teams überproportional. Mit der vorliegenden Untersuchung konnten bereits bei einer relativ simplen Aufgabenstellung im Mittelwert Prozessgewinne und vereinzelt sogar Leistungsgewinne erzielt werden, daher lässt das Ergebnis dieser Teilstudie die Bedeutung kommunikativer und kooperativer Verstärker bei kreativer Teamarbeit als ausgesprochen erfolgversprechende Strategie erscheinen.

4.4 Teilstudie KF-Analyse – Fallanalyse Charles Darwin

4.4.1 Empirisches Design Fallanalyse

Biografische, soziometrische und individualpsychologische Betrachtungen kreativer Persönlichkeiten gibt es viele. Darunter sind sehr interessante und aufschlussreiche Abhandlungen, Studien oder komplexe Analysen von Biographien. Doch meistens werden diese Personen singulär als besonders Hochbegabte oder gar als Genies betrachtet und man versucht die auslösenden Momente und die besonderen Fähigkeiten dieser Personen zu entlarven. Der folgende Versuch der biographischen Annäherung an das Phänomen Kreativität verschiebt die Betrachtungsmaßstäbe zugunsten des sozialen Feldes mit seinen Wirkmechanismen. Bei der dieser Studie wird versucht, das umfassende soziale Potential kreativer

4.4 Teilstudie KF-Analyse – Fallanalyse Charles Darwin 193

Personen zu erkennen und durch die Analyse ihrer Verhältnisse zu anderen Personen und zu bestimmten Situationen die Wirkmechanismen des kreativen Prozesses herauszustellen. Bei der hier angewandten Form der Lebenslaufanalyse steht die Dialektik von Individuum, Feld und Gesellschaft im Fokus des Interesses (vgl. Erpenbeck/Heyse 1999, S.88). Eine besondere Wirkdynamik scheint sich durch Optimierung interpersonaler Bedingungen zu ergeben. Aus dieser wissenschaftlichen Perspektive heraus gilt für die folgende soziometrische Betrachtung die These:

Jedes Genie ist Ausdruck eines Kreativen Feldes!

Der Schlüssel zum Erfolg bei der Kreativitätsforschung mit einem Betrachtungshorizont, der über die kreative Persönlichkeit eines Einzelnen hinausgeht ist die Bestimmung des Verhältnisses von Individuum und Umfeld. Das Umfeld kreativer Persönlichkeiten besteht aus a) anderen Personen, b) beteiligten Institutionen und c) spezifischen Umständen. Insofern bietet sich eine Netzwerkanalyse als methodisches Instrumentarium an. Bei der vorliegenden Studie wird die Analyse eines egozentrierten Netzwerks gewählt, weil die Daten über eine historisch anerkannte Kreativleistung einer einzelnen Person als Betrachtungsfeld genutzt werden. Die soziometrische Annäherung zur Identifizierung und Bestimmung von Innovationsmechanismen innerhalb kreativer Teams beruht auf der Überzeugung, dass durch die Analyse des Ganzen das Verhalten der Teile erklärbar wird. "Hiermit ist die Überzeugung verbunden, daß das Ganze Eigenschaften hat, die Individuen nicht haben können" (Jansen 1999, S.12). Diese Eigenschaften besitzen u.U. entscheidende katalysatorische Wirkungen für die Entwicklung von Innovation und für den Prozess der Kreativität. Daher kommt man diesen Effektoren bzw. Big-Goals der Kreativität nicht durch rein biografische Analysen auf die Spur, sondern es bedarf zudem der Betrachtung der Makroebene. Entsprechend soll mit der folgenden Netzwerkanalyse die Verknüpfung von Struktur- und Akteursebene und die Entstehung von Dynamiken in dem zu untersuchenden Netzwerk anvisiert und die einzelnen Akteure unter dieser Makroperspektive verbunden werden.

Bei soziometrischen Analysen werden i.d.R. quantitative Verfahren beispielsweise zur Ermittlung der Dichte eines Netzwerks oder der Zentralität bestimmter Akteure eingesetzt. Bei der vorliegenden Studie interessieren jedoch vielmehr einzelne qualitative Attribute, die zur kreativen Lösung eines Problems beigetragen haben. Denn bei empirisch-quantitativen Analysen lassen sich „anhand von Faktorenanalysen nur wenige Funktionen trennscharf unterscheiden" (Hollstein 2006, S.15). Für die Durchführung einer quantitativen Analyse bedarf es zudem spezifischer Datensätze, die bei der Betrachtung historischer Personen nicht durch Befragung oder Beobachtung aufgebaut werden können, da diese i.d.R. bereits verstorben sind. Bei einer historisch-soziometrischen Analyse muss daher auf die Sekundäranalyse biographischer und zeitgenössischer Texte zurückgegriffen werden. Hierbei werden die wichtigen Themen, Ereignisse, die relevanten Akteure und die Formen der Interaktion explorativ eruiert, und dann retrospektiv geordnet. Durch die Nähe des zugrunde liegenden Datensatzes einer Biographie zum egozentrierten Akteur scheint eine qualitative Analysestrategie daher erfolgversprechender zu sein. Denn qualitative Forschung versucht ganz eng an den Akteuren, ihren Wahrnehmungen und Deutungen zu bleiben, um dadurch spezifische Fallaussagen zu treffen, die schließlich durch Vergleichsverfahren zu generalisierenden Aussagen führen können. In der Forschungsliteratur fanden sich bisher allerdings nur wenige Beispiele qualitativer Netzwerkanalysen (vgl. Zusammenstellung von Straus 2002). Hollstein und Straus haben 2006 eine Publikation herausgegeben, mit der einige grundlegende methodische Fragen qualitativer Netzwerkanalysen anhand von Beispielen aus sehr unterschiedlichen Anwendungsbereichen und anhand verschiedener Netzwerktypen diskutiert wurden (vgl. Hollstein/Straus 2006). Wer sich mit qualitativen Netzwerkanalysen beschäftigt, so Straus 2006, der „befindet sich jedoch nach wie vor jenseits gesicherter, klar ausgeflaggter Positionen und Wege." (Straus 2006, S.481). Dieser Zustand hat sich bis heute nicht grundlegend verändert. Daher kann diese Richtung der soziometrischen Betrachtungsweise als relativ neu bezeichnet werden und es haben sich bisher nur wenige strukturierte Verfahrensweisen herauskristallisiert oder gar etabliert. Das eröffnet die Notwendigkeit – aber auch die Möglichkeit – für das hier vorgestellte Forschungsinteresse mit der Ausgangsbasis der Theorie der Kreativen Felder ein spezifisches qualitatives Erhebungs- und Analysedesign zu entwickeln. Mit der vorliegenden Methode wird die Theorie der Kreativen Felder für die empirische Kreativitätsforschung und für die Analyse bestehender Teams sowie für die Konstruktion neuer Teams weitergehend operationalisiert.

Ziel der folgenden egozentrierten qualitativen Analyse des Kreativen Feldes, die im folgenden *KF-Analyse* genannt wird, ist die Aufdeckung möglicher Bedeutungszusammenhänge zwischen dem individuellen Akteur und seinem sozialen Kontext. Analysiert wird die kreative Entwicklung der Evolutionstheorie, die allgemein dem Forscher Charles Darwin zugeschrieben wird. Ausgangspunkt der vorliegenden Analyse ist jedoch die These, dass es sich bei dem zu analysierenden Fall um ein kreatives Feld in Form eines kollaborativen Clusters handelt. Erpenbeck und Heyse erkennen in den unterschiedlichen Untersuchungsdesigns und im Methodeninventar von Lebenslaufforschungen, „daß der Dialektik von Individuum und Gesellschaft nachgegangen wird [... sowie,] dass die Personalität mit ihrer Tiefenstruktur einbezogen wird" (Erpenbeck 1999,

4.4 Teilstudie KF-Analyse – Fallanalyse Charles Darwin 195

S.88). Mit der folgenden Netzwerkbetrachtung soll diesem Erkenntnisinteresse entsprechend der soziale Kontext durch eine Analyse der Beziehungsstruktur ausgehend von dem Kristallisationskern Charles Darwin bestimmt werden.

4.4.1.1 Fragestellung: Erheben des kreativen Kapitals

Mit der folgenden soziometrischen Analyse wird versucht, den sozialen Kontext der für den kreativen Prozess maßgeblichen Personen, Situationen und gesellschaftlichen Rahmenbedingungen einer als kreativ ausgewiesenen Person zu bestimmen. Wichtig bei dieser Form der rekonstruktiven Analyse ist die Gewissheit, dass es sich bei der untersuchten Person auch tatsächlich um einen Kreativen handelt. Um diesen Aspekt zu berücksichtigen, erfolgt die Einschätzung der Kreativität der historischen Persönlichkeit über die gesellschaftliche Wahrnehmung des mit dieser Person in Verbindung stehenden kreativen Produkts. Diese ist bei Darwin und seinem kreativen Produkt, der Evolutionstheorie zweifellos gegeben.

Die soziometrische Betrachtung und Analyse des kreativen Prozesses macht insofern Sinn, da sich mit dieser Art der qualitativen Annäherung an das Phänomen der Teamkreativität, detailreichere Eindrücke der Effektoren kreativer Teamprozesse im interpersonalen Bereich erzielen lassen – sowohl für die Beziehungs- und Kommunikationsstruktur, als auch für den Einflussbereich des Kristallisationskerns. Durch die Nutzung eines speziell für die Theorie des Kreativen Feldes entwickelten empirischen Analyseinstruments ergibt sich perspektivisch die Möglichkeit, genügend qualitatives Material zu erheben, welches über eine Einzelfallanalyse hinaus für stichhaltige Handlungsempfehlungen des Geltungsbereichs genutzt werden kann.

Ausgangspunkt bei der vorliegenden Netzwerkanalyse ist der Kristallisationskern des untersuchten Feldes – Charles Darwin. Die Netzwerkanalyse soll das kreative Kapital der untersuchten Person identifizieren, welches grundlegende Bedeutung für den kreativen Prozess und die entwickelte Innovation besitzt. Mit kreativen Kapital wird hierbei das Potential der individuellen, strukturellen und kooperativen Umstände des kreativen Prozesses verstanden. Kreatives Kapital beinhaltet also die Gesamtheit der kreativen Ressourcen sozialer Beziehungen in einem Netzwerk. Der Begriff fundiert auf Bourdieus sozialem Kapital, der es neben ökonomisches und kulturelles Kapital stellt (vgl. Bourdieu 1983). Beim kreativen Kapital wird nicht nur auf die Potentiale der Personen fokussiert, sondern auf die kreativitätsfördernden Beziehungen der Personen untereinander und zu den beteiligten Institutionen bzw. die Beziehung des Ego zu den Akteuren. Allerdings geben formale Netzwerkstrukturen, wie v. Kardorff verdeutlicht, keinen Aufschluss über die erlebte Qualität von Netzwerkbeziehungen und die daraus resultierenden Deutungsmuster und Handlungsperspektiven (vgl. Kardorff v. 1995, S.404). Qualitative Netzwerkforschung bemüht sich daher um die Analyse der Auswirkungen sozialer Beziehungen, indem sie neben der Struktur des Netzwerks auch ihre Dynamik zu erfassen versucht. Die Fragestellungen für die folgende Analyse sind daher:

- Wie ist die kommunikative- und emotionale Beziehungsstruktur beim Kreativen Feld um Charles Darwin aufgebaut?
- Welche Einflussfaktoren besitzt Darwin auf die einzelnen Schlüsselattribute des Kreativen Feldes?

4.4.1.2 Beschreibung der Methode

Hinter der Idee der Analyse eines Netzwerk steht der bedeutende Ausspruch Aristoteles: Das Ganze ist mehr als die Summe seiner Teile. Dieser gestaltpädagogische Hintergrund liefert auch den theoretischen Background der Theorie der Kreativen Felder, bei denen durch bestimmte Umstände Teamleistungen im Kreativbereich erreicht werden, zu denen weder ein Einzelner des Teams in der Lage wäre, noch ließe die bloße Addition der Einzelpotentiale ein solches Leistungsvermögen zu. Daher stehen „nicht die Attribute von Individuen [...] bei den Netzwerkanalysen im Mittelpunkt, sondern die Beziehungen zwischen den Individuen." (Pfeffer 2008, S.2).

In den 1930er Jahren entwickelte Jakob L. Moreno eine Methode der empirischen Sozialforschung, mit deren Hilfe er Beziehungen zwischen Personen innerhalb einer Gruppe visualisieren konnte. Moreno gilt als Begründer der Soziometrie, die die Basis der sozialen Netzwerkanalyse darstellt. Soziale Netzwerke können als Gesamtnetzwerke oder als Netzwerk, die von einer Person ausgehen, erhoben und dargestellt werden. Nach J. C. Mitchell können Netzwerke als „spezifische Mengen von Verbindungen zwischen sozialen Akteuren" beschrieben werden (zit. n. Hollstein 2006, S.14). Die sozialen Akteure eines Netzwerks müssen nicht unbedingt Personen sein, es kann sich vielmehr auch um Organisationen, politische Akteure, Familien oder ganze Haushalte handeln. Die netzwerkanalytische Verbindung zwischen den Akteuren erfolgt über die Bestimmung von Kommunikation. Das heißt, es kann sich dabei um Interaktionen zwischen einzelnen Akteuren handeln, Kommunikation kann aber auch über Machtverhältnisse und emotionale Beziehungen bestimmt werden.

Netzwerke bzw. Organisationsnetzwerke, zeichnen sich u.a. dadurch aus, dass soziale Akteure ihre Handlungen mit denen anderer Akteure koppeln, so

4.4 Teilstudie KF-Analyse – Fallanalyse Charles Darwin

dass der Erfolg ihrer Strategien vom Erfolg ihrer Partner abhängt (vgl. Manger 2006, S.224). Der Netzwerkcharakter zeigt sich also gerade darin, dass die Kontaktstrukturen genutzt werden, um verschiedene einzelne Ereignisse, getrennte Ressourcen oder Aktivitäten aufeinander zu beziehen und miteinander zu verknüpfen. Für die vorliegende Untersuchung gilt daher bereits die bloße Kontaktstruktur einzelner Akteure in Form von gerichteter oder ungerichteter Kooperation als hinreichendes Kriterium für ein Netzwerk.

Im Rahmen dieser Untersuchung wird die Netzwerkanalyse auf die Ebene der einzelnen Akteure im Netzwerk und des klar definierten kreativen Produktes ausgerichtet. Ausgangspunkt ist der im Zentrum stehende Charles Darwin. Insofern handelt es sich bei der vorliegenden KF-Analyse um die qualitative Analyse eines *themen*zentrierten *Ego-Netzwerks*. Die Ein-Personen bzw. Ego-Netzwerke sind eine besondere Form sozialer Netzwerke. Von einer Person oder Institution ausgehend, werden andere Personen und Institutionen zu einem Netzwerk verbunden. Ein Netzwerk besteht dabei aus einer Menge von Knoten (Akteure) und Kanten (Verbindungen). Mittels eines Graphen lassen sich die Beziehungen zwischen den Knoten visualisieren. Mit dieser Form der Darstellung sozialer Netzwerke können die unterschiedlichsten Netzwerke abgebildet werden, seien es nun Freundes- und Bekanntenbeziehungen, Städtepartnerschaften oder aber ein Netzwerk aus Wissenschaftler/innen – die Form der *Netzwerkkarte* bleibt immer die gleiche. In der Visualisierung der Netzwerkkarten sind verschiedene Formen möglich. In der Regel sind es Flussdiagramme, Beziehungsgefüge oder Zielscheibendarstellungen. Durch die Visualisierung des Netzwerks lässt sich dessen Struktur entlarven.

Der wichtigste Unterschied von Egonetzwerken zu Gesamtnetzwerken besteht darin, dass es bei der Untersuchung von persönlichen Netzwerken nicht um Aussagen über die Verbundenheit geht und die erhobenen Daten darüber meist auch keine Informationen enthalten, sondern dass die Auswertung sich vielmehr darauf konzentriert, „das unmittelbare Umfeld eines Akteurs und dessen Einbettung" (Schnegg/Lang 2002, S.12) zu beschreiben. Das Grundmodell von Ego-Netzwerken basiert auf der Beziehung zwischen einem Individuum (Ego) und einer anderen Person bzw. Akteuren des Netzwerkes (Alter) sowie den Beziehungen zwischen mehreren möglichen Alteri untereinander (vgl. Serdült, 2002, S.136ff.). Ein egozentriertes Netzwerk repräsentiert also den Zugang von Ego zu sozial wichtigen Informationen. Eine besondere Stellung erhalten die Ego eines Netzwerks deswegen, weil sie durch ihre Zentralität im Netzwerk Zugang zu Informationen besitzen und den Verbreitungsprozess aktiv beeinflussen können.

Dahinter steht die Vorstellung, dass

„Netzwerke oder Teilgruppen, in denen es einen Akteur mit herausragender Zentralität gibt, über größere Kooperations- und Problemlösungskapazität verfügen, schneller reagieren können [und] eher zu gemeinsamen kollektiven Handeln fähig sind." (Jansen 1999, S.122)

Da es sich bei der vorliegenden Analyse von Charles Darwin um einen historisch und gesellschaftlich anerkannten Kreativen handelt, der ohne Zweifel einen großen Anteil an der Entwicklung des kreativen Produktes hatte, ist nicht die Frage nach der Zentralität des Egos im Netzwerk zu klären, sondern nach der Art, Intensität und Struktur seiner Beziehungen zu Personen, Sachverhalten und Ressourcen. Das erklärte Ziel dieser Analyse ist die Klärung der Funktion und der Bedeutung des Egos für die einzelnen Sektoren des Kreativen Feldes. Bei der hier durchgeführten Untersuchung ist insbesondere von Interesse, wie dieser Zugang zu Informationen und die Möglichkeit der Verbreitung strukturiert ist. Durch eine Strukturanalyse der Bedeutung und der Einflussfaktoren des Kristallisationskerns eines Kreativen Feldes auf die interpersonalen Beziehungen lassen sich Schlussfolgerungen für die systemische Kontrolle und für die systemische Begleitung und Konstruktion eines Kreativteams ziehen.

4.4.1.3 Verfahrensschritte und Auswertungsstrategie

Das Sammeln relevanten Datenmaterials und die Erhebung aller relevanten sozialen Akteure stehen zunächst im Vordergrund der KF-Analyse. Welche Form der Materialerhebung genutzt wird, hängt sehr stark vom Charakter des Gegenstandsbereichs ab. Bei aktiven Kreativen Feldern lassen sich durch qualitative Befragungen und durch teilnehmende Beobachtung wichtige Daten ermitteln. Beim vorliegenden Fall handelt es sich um ein historisches Ereignis und alle Beteiligten oder Augenzeugen sind bereits verstorben. Durch den rekonstruierenden Charakter eines historischen Falles muss daher auf literarisches Material in Form einer Dokumentenanalyse zurückgegriffen werden. Bei Dokumentenanalysen handelt es sich bei dem Datenmaterial um schriftliche oder audiovisuelle Dokumente, die als Quelle für die Erklärung des kreativen Prozesses dienen können. Ein Vorteil literarischer Dokumentenanalysen liegt sicherlich darin, dass der Untersuchungsanlass die Daten nicht verfälscht, wie das bei einem Interview der Fall sein kann. Nachteile finden sich darin, dass aussagekräftige Unterlagen nicht vollständig vorliegen und dass diese Unterlagen für den Untersuchungszweck nur partiell passend sein könnten. Da die bei dieser Unter-

4.4 Teilstudie KF-Analyse – Fallanalyse Charles Darwin

suchung zugrundeliegenden Biographietexte, insbesondere dem Beschreiben des Zustandekommens einer bestimmten kreativen Leistung dienen, liegt ein vergleichbares Interesse der biographischen Autoren und der hier durchgeführten Studie vor. Formal werden die Dokumente durch eine qualitative Analyse des Textes gedeutet und die Daten entsprechend identifiziert und aufbereitet. Hierbei werden zunächst die für die Entwicklung der Innovation wichtig erscheinenden Textstellen bzw. Sachverhalte herausgearbeitet und als Beisteuerungen zur kreativen Leistung als so genannte *Aggregate* gekennzeichnet. Die kreative Leistung wird durch bestimmte allgemeine Analysesektoren erfasst, die sowohl individuelle, strukturelle als auch kooperative Faktoren beinhalten.

Sektoren der Netzwerkkarte	Kriterium
Sozial-Emotionale Ebene	Hierbei wird die Beziehung des Ego zum Akteur erfasst. Diese kann sowohl auf sozialer als auch auf emotionaler Ebene bestehen.
Fachlich-Sachliche Ebene	Hierbei wird die Beisteuerung durch fachliche Erkenntnisse (Wissen, Beobachtungen, Empirische Ergebnisse) oder durch sachliche Unterstützung (Verfahrensweisen, fachpersonelle Unterstützung) erfasst.
Materiell-Organisatorische Ebene	Hierbei werden die Beisteuerungen durch materielle Unterstützung (Finanzen, Instrumente, Räume) oder durch organisatorische Effekte (Funktionen, Gremien) erfasst.
Gesellschaftlich-Strukturelle Ebene	Hierbei werden die gesellschaftlichen Rahmenbedingungen (Zeitgeist, gesell. Entwicklungen) und die Beisteuerungen durch gesellschaftliche Strukturen (Gesellschaftsordnung, Gesetze) erfasst. Unter diesen Aspekt fallen auch die Aktivitäten, die die öffentliche Diskussion und Akzeptanz des kreativen Entwurfs betreffen.
Individuelle Ebene der Eigenschaften	Hierbei werden die individuellen Eigenschaften des Ego erfasst, die für die kreative Leistung bedeutungstragend sind.

Tab. 21, Ebenen und Kriterien zur Erfassung kreativer Prozesse

Nach der Identifikation der bedeutungstragenden Aggregate wird eine Priorisierung dieser für die oben beschriebenen allgemeinen Sektoren vorgenommen. Die

Gewichtung erfolgt durch die Einschätzung der Bedeutung des Elements für die kreative Leistung auf einer vierstufigen Ordinalskala. So könnten bei der hier durchgeführten Fallanalyse beispielsweise die Nominaldaten Bestimmung der Finken durch Gould mit dem Wert 1, die Bedeutung der sozial-emotionalen Beziehung zu Lyell mit dem Wert 2 und die Möglichkeit zur Nutzung eines eigenen Labors mit dem Wert 3 auf der Ordinalskala gewichtet werden. Durch diese Gewichtungen lässt sich eine Zielscheibendarstellung ermitteln, durch die die Bedeutung der Aggregate auf den kreativen Prozess betrachtet werden können und die damit zum Identifizieren der Big-Goals des Falles dienlich ist. Der grafische Zweck der Zielscheibendarstellung ist das Hervorheben des soziometrischen Ranges der identifizierten Aggregate. Nach Northway (1940) benutzt man hierbei vierkonzentrische Ringe, der innerste Kreis hat die höchste, der äußerste Kreis die geringste Wertigkeit. "Der Vorteil der Methode besteht darin, daß man sofort die soziometrischen Rangplätze ablesen kann" (Höhn/ Seidel 1976, S.30). Die vier Ringe charakterisieren sich bei dieser Analyse durch folgende Beschreibungen:

(1) Ausschlaggebend	Elemente, die unmittelbare und direkte Bedeutung für die Innovation besitzen. Ohne diesen Umstand wäre die Innovation nicht oder nicht auf diese Weise zu Stande gekommen.
(2) Sehr bedeutend	Elemente, die unmittelbare oder mittelbare Bedeutung für die Innovation besitzen und die Innovation stark voran gebracht haben.
(3) Bedeutend	Elemente mit mittelbarer Bedeutung, die der Innovation zuträglich waren und die sie voran gebracht haben.
(4) Nützlich	Elemente, die mittelbare Bedeutung für die Innovation besitzen, die die Innovation aber nur leicht voran gebracht haben.

Tab. 22, Priorisierungskriterien kreativer Prozesse

Der nächste Schritt bei der KF-Analyse ist das Clustern der identifizierten Aggregate nach den Schlüsselelementen der Kreativen-Feld-Theorie. Das Ziel einer jeden Cluster*analyse* ist „eine Menge von Klassifikationsobjekten in homogene Gruppen [...] zusammenzufassen." (Bacher 1994, S.1). Der Clusterbildung liegt die Vorstellung homogener Gruppen zugrunde, die sich von anderen aufgrund bestimmter Merkmale unterscheiden lassen. Bei dem hier verwendeten Ver-

4.4 Teilstudie KF-Analyse – Fallanalyse Charles Darwin

fahren handelt es sich um eine objektorientierte Datenanalyse, bei dem ähnliche Elemente bestimmten Dimensionen des zugrunde liegenden Kategoriensystems zugeordnet werden. Die in diesem Fall erhobenen Nominaldaten werden auf einer Ordinalskala nach Bedeutung für die kreative Leistung gewichtet und durch ein Clusterverfahren den Variablen des Kategoriensystems „Kreative Felder" (vgl. Anhang 01) zugeordnet. Es werden nur jene Aggregate berücksichtigt, die mit der Matrix der Kreativen-Feld-Theorie erfasst werden können – also die interpersonalen Aspekte des kreativen Prozesses. Dadurch fallen Aggregate heraus, die aufgrund nichtpersonaler Umstände (Zufälle, gesellschaftliche Rahmenbedingungen u.ä.) den kreativen Prozess beeinflusst haben. Da die vorliegende Studie der Kreativen-Feld-Theorie auf die Intervention durch konstruierende Maßnahmen abzielt, befinden sich solche prozessverändernden Umstände ohnehin außerhalb des Einflussrahmens. Intervenieren kann man lediglich durch kommunikative Eingriffe, durch die Veränderung der Konstellation der Beteiligten sowie durch strukturelle Maßnahmen. Daher ermittelt das vorliegende empirische Design die Möglichkeiten der Beeinflussung kreativer Prozesse auf interpersonaler Ebene.

Das Erkenntnisinteresse des Clusterverfahrens liegt zunächst im Ermitteln der Bedeutung interpersonaler Faktoren beim analysierten Fall. Dieses wird durch die Zuordnung der Aggregate in die jeweiligen Sektoren des Kreativen-Feld-Modells vorgenommen. Ein Cluster wird hierbei als eine Gruppe von Sachverhalten definiert, die einen erkennbaren Bezug zu der durch die Variablen beschriebenen Kategorie des Kreativen Feldes aufweisen. Die Sektoren beschreiben die Ebenen „Dialog", „Heterogenität", „Individualität", „Synergie", „Partizipation" und „Vision". Bei diesem Forschungsschritt verlieren die einzelnen sozialen Akteure des Kreativen Feldes an Bedeutung. In den Vordergrund treten dagegen die ermittelten Aggregate. Daher wird auf die personale Markierung der Aggregate verzichtet und durch priorisierende Farbcodes ersetzt (Rot gleich hohe Priorität usw.). Anhand der Farben lässt sich die Bedeutung des Aggregates für die einzelnen Sektoren des Kreativen Feldes sofort bestimmen.

Nach dem Clusterverfahren liegen die Aggregate den jeweiligen Sektoren des Kreativen Feldes geordnet vor und können nun als Ego-Netzwerk in Beziehung zum Kristallisationskern gesetzt werden. Durch eine erneute Priorisierung lässt sich ein egozentriertes Netzwerk konstruieren, mit dem der Einfluss des Kristallisationskerns auf die als bedeutungstragend ermittelten Aggregate des kreativen Prozesses dargestellt werden kann. Ziel dieses empirischen Schrittes ist die Ermittlung der Bedeutung des Kristallisationskerns auf das Kreative Feld und die Bestimmung seiner Funktionen. Mit der Zielscheibengrafik des Ego-Netzwerks lassen sich dann augenscheinliche Einflussbereiche des Kristallisationskerns für die einzelnen Schlüsselelemente des Kreativen Feldes zuordnen. Die

Priorisierung der Einflussbereiche erfolgt durch die Fragestellung: Inwieweit hängt das Aggregat von den Wirkungen oder den Handlungen des Ego ab? Die Aggregate werden nach vier Kriterien priorisiert:

Priorität	Kriterium
1	ausschließlich von ihm
2	stark von ihm
3	bedingt von ihm
4	überhaupt nicht von ihm

Tab. 23, Kriterien für die Erfassung der Wirkung von Kristallisationskernen auf ihr Feld

Bei der abschließenden Auswertung der Fallanalyse werden die Erkenntnisse des Verfahrens interpretiert. Die Gesamtanalyse des Falles erfolgt durch die

a) Beschreibung des Falles,
b) Bestimmung der Beziehungsarten (Mono- und Multiplexe) und Interpretation der Bedeutung bestimmter Beziehungen für den kreativen Prozess,
c) Bestimmung der Bedeutung der einzelnen Sektoren bzw. Schlüsselattribute des Kreativen Feldes beim analysierten Fall,
d) Beschreibung der Wirkungen des Kristallisationskerns auf die einzelnen Sektoren des Kreativen Feldes.

Perspektivisch können durch den Vergleich verschiedener Fallanalysen mit dem Kreativen-Feld-Modell Muster der Einflussnahme von Kristallisationskernen analysiert sowie die Bedeutung einzelner Schlüsselelemente für spezifische Fallarten bestimmt werden.

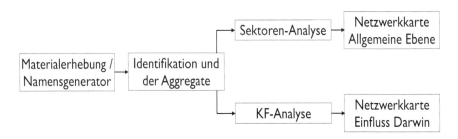

Abb. 20, Empirisches Design der KF-Analyse

4.4 Teilstudie KF-Analyse – Fallanalyse Charles Darwin

4.4.2 *Auswertung Fallanalyse*

4.4.2.1 Vorstellung des empirischen Materials

Bei der rekonstruierenden empirischen Kreativitätsforschung kommt der Auswahl der Stichprobe bzw. des Einzelfalles eine immense Bedeutung zu. Die Leistungen der zu untersuchenden Person müssen eine gesellschaftlich anerkannte und gut dokumentierte Kreativleistung darstellen. Bei der interpersonalen Perspektive der Kreativitätsforschung kommt hinzu, dass die Dokumentation auch die sozialen Kontakte und Interaktionen berücksichtigen muss und nicht nur die technologische Entwicklung des kreativen Produkts. Insofern ist das hier gewählte Beispiel Charles Darwin und die Evolutionstheorie ausgesprochen interessant, weil auf dem ersten Blick nur die monographische Publikation „On the Origins of Spezies" von Charles Darwin offensichtlich ist und mögliche kooperative und kollaborative Faktoren des kreativen Prozesses zunächst verborgen bleiben.

Bei den für den kreativen Prozess bedeutsam erscheinenden Textstellen handelt es sich um Nominaldaten wie beispielsweise *„Gould entdeckt, dass die untersuchten Vögel allesamt Finken sind"* oder *„Henslow schlägt Darwin als Mitglied der Geologischen Gesellschaft vor"*. Die Quellen für die Erhebung des empirischen Materials stammen aus den Biografien und Abhandlungen über Charles Darwin und die Evolutionstheorie von Guido J. Braem (2009), Julia Voss (2008) und Jürgen Neffe (2008). Die Biographien liefern wichtige Zugriffsmöglichkeiten auf die Bedeutungsebene der Akteure für die beschriebene Innovation. Biographische Texte besitzen im Gegensatz zu autobiographischen Texten oder zu Interviews den Vorteil, dass sie auch historisch überlieferte Fakten beinhalten, die vom Akteur selbst nicht erwähnt worden wären, weil sie ihn nicht vorteilhaft erscheinen lassen würden. Zudem entnehmen Biographien ihre Inhalte aus unterschiedlichen Quellen, wie Interviews, autobiographische Texte, Zeitdokumente und auch persönliche Texte wie Tagebücher und Briefe. Insofern stellen Biographien quasiobjektive Zeugnisse über Personen des öffentlichen Lebens dar, die genügend Informationen enthalten, um egozentrierte Netzwerke aufzustellen, die Akteursstrukturen und Bedeutungsrelationen enthalten.

4.4.2.1.1. Geschichte des kreativen Entwurfs

Charles Darwin war ein junger Mann von 22 Jahren, der nicht genau wusste, was er werden sollte. Sein Vater erwartete von ihm, dass er eine Pfarrei übernimmt und ein Geistlicher wird. Dies entsprach zwar nicht seinen eigentlichen Interessen, die eher im naturwissenschaftlichen Bereich lagen, aber eine andere konkrete Lebensplanung hatte er eben auch nicht. Charles war kein besonderer Experte, weder in der Theologie noch in einem anderen Fach. Er hatte aber durch seinen guten Namen hilfreiche Kontakte, die ihm bereits während des Studiums der Theologie und der Naturwissenschaft Zutritt zu den Kreisen renommierter Wissenschaftler verschaffte. Ein solcher Kontakt war es auch, der ihm am Ende seines Studiums eine Möglichkeit verschaffte, die sein Leben und möglicherweise sogar den Lauf der Welt verändern sollte. Anstatt eine geistliche Karriere zu beginnen, heuerte er auf Empfehlung seines Mentors John St. Henslow als Wissenschaftler auf der MS Beagle an. Die Beagle war ein Marineschiff mit dem Auftrag die Küsten Südamerikas und Australiens zu vermessen und genaue Karten anzufertigen. Zwei Jahre waren dafür eingeplant. Fünf Jahre sollten es werden. Fünf Jahre, in denen Charles Darwin scheinbar wahllos unzählige Exponate sammelte und nach London verschiffen ließ. Er sammelte Fossilien, Tiere und Pflanzen. In Argentinien in der Gegend um Bahia Blanca fand Darwin beispielsweise einige Knochen eines riesigen Tieres. Es waren die Gebeine eines Megatheriums, eines urzeitlichen Verwandten der Faultiere, was ihm zum Zeitpunkt des Fundes freilich nicht bekannt war. Darwin verpackte die Fossilien in Kisten und sendete sie nach Cambridge zu Henslow an die Universität. Diese Funde und unzählige weitere in den folgenden Jahren sowie die gute Adresse Henslow, der die Funde archivierte, machten Darwin schon lange vor seiner Heimkehr in wissenschaftlichen Kreisen bekannt. Seine Fähigkeit, Vertraute zu gewinnen und gegenseitiges Vertrauen aufzubauen, sowie seine Erkenntnis nicht genügend zu wissen und Unterstützung zu benötigen, verhalfen ihn zu diesen Anfangserfolgen. Diesem Synergiekonzept sollte Darwin auch in den kommenden Jahren treu bleiben.

Darwin hatte sein Interesse für die Arten und die Geheimnisse des Lebens quasi in die Wiege gelegt bekommen. Erasmus Darwin, Charles Darwins Großvater, war der Überzeugung alle Lebewesen stammten von einer gemeinsamen Urform ab. Er sprach von Muscheln als Urform des Lebens und Urahn aller Lebewesen. Gott hielt er für ein Produkt menschlicher Gedanken. Erasmus schrieb: „These (forms) as successive generations bloom, New powers acquire, and large limbs assume" (zit. n. Braem 2009, S.31). Übersetzt heißt das so viel wie: *Diese Arten blühen nachfolgend auf, erreichen neues Leben und nehmen bedeutende Formen an.* Ihm war der Gedanke der Veränderlichkeit der Arten also nicht fremd. Möglicherweise war Erasmus Darwin sogar einer der ersten, der dieses erkannte. Dafür musste er sich dem Widerstand der Kirche aussetzen, was zu seiner Zeit zwar nicht mehr mit dem Scheiterhaufen zu enden drohte, wohl aber mit dem Verlust sozialen Ansehens. Erasmus Darwin scheute dieses nicht und war bereit das zu ertragen. Auch aufgrund des Schicksals seines Groß-

4.4 Teilstudie KF-Analyse – Fallanalyse Charles Darwin

vaters fürchtete Charles Darwin die Auseinandersetzung mit der Kirche und ihren Vertretern. Er polarisierte nicht, sondern suchte Verbündete. Ein Schlüssel zum Erfolg für Darwin war daher auch seine Fähigkeit andere für sich einzunehmen und sie zu überzeugen. Er agierte nicht allein, wie es sein Großvater machte, er suchte vielmehr die gesellschaftliche Akzeptanz und soziale Kontakte und achtete peinlich genau darauf, diese nicht aufs Spiel setzen.

Der für die Entwicklung der Evolutionstheorie wichtigste Ort war das Galápagos-Archipel. Es gehört zu Ecuador und nur eine Insel war sechs Jahre vor der Ankunft der Beagle mit einer kleinen Siedlung auf Charles Island bevölkert worden. Von den vierzehn kleinen und kleinsten Inseln besuchte Darwin vier: Chatham, Charles, James und Albemarle. Der von der ecuadorianischen Regierung eingesetzte Gouverneur war ein Engländer namens Nicholas Lawson. Bei einem Rundgang erzählte Lawson Darwin, er könne an der Form des Panzers einer Riesenschildkröte die Ursprungsinsel erkennen. Darwin begriff zu dieser Zeit noch nicht die Bedeutung dieser Information. Denn durch die Abgeschiedenheit des Archipels und der Trennung der einzelnen Inseln voneinander, entwickelte sich das Leben auf den Inseln auf unterschiedliche Weise. Die Vorfahren der dort lebenden Tiere waren die gleichen, nur dass sie sich an die unterschiedlichen Lebensbedingungen angepasst hatten. Den Grundgedanken der Evolution konnte man hier optimal beobachten und rekonstruieren. Die Beagle kartografierte ihrem Auftrag gemäß und steuerte jede Insel an. Darwin konnte somit die Vegetation und die Tierwelt miteinander vergleichen. Er konnte graduelle Entwicklungsunterschiede auf engsten Raum erkunden. Jedoch begriff Darwin den dahinterliegenden Mechanismus noch nicht. Dazu bedurfte es neben den eigenen Beobachtungen vor allem das Fachwissen anderer. 1836 kehrt Darwin nach England zurück und machte sich daran seine umfangreichen Exponate und Aufzeichnungen zu organisieren.

Darwin verfügte mit der Zeit über sehr gute und umfangreiche soziale Kontakte und er besaß ausgesprochen interessante Fundstücke. Darwin war sich sicher, dass er zur Deutung seiner umfangreichen Sammlung aus den Bereichen Fauna, Flora und Geologie die fachliche Unterstützung von Kollegen benötigte. Darwin entschied sich dafür, seine Sammlung an verschiedene Experten zu verteilen: Buckland (Galápagos-Inguas), Owen (fossile Säugetiere), Hope (Säugetiere), Bell (Reptilien), Jenyns (Fische) und Gould (Vögel), Brown (fossile Gehölze), Henslow und Hooker (Pflanzen). Diese Wissenschaftler machten sich daran, aus der relativ unsystematischen Sammlung Darwins empirische Erkenntnisse zu gewinnen. John Gould beispielsweise entdeckte, dass die Vögel, die Darwin von den Galápagosinseln mitbrachte, zur Gattung der Finken gehörten, obwohl sie unterschiedliche Schnäbel aufwiesen. Durch die Aufzeichnungen von Kapitän FitzRoy gelang es Darwin, die Vögel den einzelnen Inseln zuzuordnen.

Darwin selbst hatte seine Funde nur unzureichend dokumentiert. Einen frühen Anfangserfolg verdankte Darwin den Fossilien. Owen belegte mit Darwins Funden eine enge Verwandtschaft zwischen ausgestorbenen Tieren und ihren lebenden Nachfahren. Darwin veröffentlichte die Ergebnisse der verschiedenen Studien gemeinsam mit den forschenden Wissenschaftlern und baute somit für beide Seiten lukrative Win-Win-Koalitionen auf.

Der durch die Fahrt der Beagle und der umfangreichen Exponate mittlerweile bekannte Wissenschaftler war spätestens im Sommer 1837 von der Veränderlichkeit der Arten überzeugt und begann gezielt, Informationen zu diesem Thema zu sammeln. In den folgenden 15 Monaten entstand langsam und schrittweise ein stichhaltiges Theoriegebäude. Die Idee zur Transmutation der Arten festigte sich möglicherweise nach der Bestimmung der Galapágos-Vögel durch Gould und den Gesprächen mit Bell, Owen sowie anderen Wissenschaftler der Geologischen Gesellschaft. Der Monat der Erkenntnis als Illumination der Evolutionstheorie war daher wahrscheinlich der März 1837. Zu dieser Zeit entstanden auch die als „Evolutionsseiten" bekannten Notizbuchseiten 127-133 des „roten Notizbuches". Daraufhin las Darwin noch einmal die Zoonomia von Erasmus Darwin und Lyells fünfte Auflage der Principles of Geology und begann im Juli 1837 mit seinem berühmten Notizbuch „Transmutation Notebook". Zu dieser Zeit begriff er auch die immense Bedeutung der Sexualität für die Evolution. Die Anmerkung in Darwins Notizbuch *see Zoonomia* beweist, dass es die Arbeiten seines Onkels Erasmus waren, die ihn diesbezüglich die Augen öffneten (vgl. Braem 2009, S.242). Unter der Notiz *I think* skizzierte Darwin 1837 in seinem Notizbuch B erstmals die Idee vom Stammbaum des Lebens.

Durch gemeinsame Publikationen mit seinen Forschungspartnern gewann Darwin immer mehr an wissenschaftlicher Reputation. Er wurde bereits knapp drei Monate nach seinem Beitritt der geologischen Gesellschaft zu einem ihrer Ratsmitglieder berufen. Darwin gehörte nun zur wissenschaftlichen Gesellschaft mit Einfluss. Auf einen Rat von Hooker erforschte er die Population von Flusskrebsen (Seepocken). Die Seepocken galten bis dahin als Zwidderwesen. Darwin entdeckte die um 1/8 kleineren Männchen und entschlüsselte ihre Funktion. Das ist im Grunde Darwins Einzelleistung als Wissenschaftler, für die er acht Jahre benötigte. Nun konnte er erstmals auf eine eigene empirische Studie verweisen. Sofort war er auch als forschender Wissenschaftler allseits anerkannt. Sollte er nun irgendwann öffentlich über die Entstehung der Arten sprechen, konnte er als forschender Wissenschaftler argumentieren. Alle Ratsmitglieder der Geologischen Gesellschaft standen ausnahmslos mit der anglikanischen Kirche in Verbindung. Darwin wurde als einer der ihren betrachtet und würde zunächst selbst nichts tun, um diesen Glauben zu erschüttern. Mit seinem wissenschaftlichen Ritterschlag war ein weiterer Baustein für den späteren Erfolg der Evolutions-

4.4 Teilstudie KF-Analyse – Fallanalyse Charles Darwin

theorie gelegt, die Darwin erst etwa 20 Jahre später formulieren und publizieren würde. Charles Lyell drängte Darwin 1856 dazu, seine Erkenntnisse endlich zu publizieren, damit ihm nicht jemand anders zuvorkomme. Grund für dieses Drängen war ein Aufsatz von Alfred Russel Wallace, dessen Tragweite Darwin aufgrund der verklausulierten Sprache von Wallace zunächst verkannte. Darwin begann nun seine Erkenntnisse in einem Manuskript mit dem Titel Natural Selection niederzuschreiben. Die Arbeit zog sich aufgrund des umfangreichen Materials hin, im März 1858 waren erst knapp zwei Drittel des geplanten Umfangs fertig. Wie berechtigt Lyells Drängen auf Publikation war, zeigte sich, als Darwin im Juni 1858 Post von Wallace bekam. Wallace, der seit mehreren Jahren auf der Molukken-Insel Ternate lebte und forschte, schickte ihm ein komplettes Manuskript namens „On the Tendency of Varieties to depart indefinitely from the Original Type", das im Wesentlichen die gleichen Erklärungsmuster wie Darwins eigene Arbeit enthielten. Wallace benutzte u.a. die Bezeichnung *struggle for existence*. Er stützte sich ebenfalls auf die Arbeiten von Lyell, Malthus, Lamarck und Vestiges – eben jene Autoren, denen auch Darwin inhaltlich folgte. Wallace bat ausgerechnet Darwin um Weiterleitung des Manuskripts an Lyell. Darwin war geschockt und sah sein Werk zerstört. Hinzu kam, dass sein jüngster Sohn in dieser Zeit an Scharlach erkrankte und kurze Zeit später starb. Darwin überließ entmutigt die Angelegenheit seinen Freunden Lyell und Hooker. Diese fanden die Lösung in einem „gentlemanly agreement". Der Lösungsvorschlag sah eine gemeinsame Vorstellung der Arbeiten Wallace' und Darwins vor, die schließlich am 1. Juli 1858 in einer Sitzung der Linnean Society stattfand. Weder die Verlesung noch der folgende Druck führte allerdings zu wesentlichen Reaktionen in der wissenschaftlichen Gesellschaft der damaligen Zeit.

Darwin arbeitete nun an seinem Aufsatz über die Veränderlichkeit der Arten, aus dem letztendlich ein Buch von rund 155.000 Wörtern wurde. Hooker las und korrigierte das Manuskript. Der Verleger John Murray akzeptierte auf Vermittlung Lyells das Manuskript ungesehen und übernahm sogar die Kosten von 72 Pfund, die alleine Darwins Änderungen in den Korrekturfahnen verursachten. Die Erstauflage wurde von den ursprünglich geplanten 500 auf 1250 erhöht. Am 22. November 1859 ging die vollständig vorbestellte Auflage von *On the Origin of Species by Means of Natural Selection, or The Preservation of Favoured Races in the Struggle for Life* (Die Entstehung der Arten) in den Handel und stand am 24. November zum Verkauf. Im Buch legte Darwin im Wesentlichen fünf voneinander unabhängige Theorien dar:

1. die Evolution als solche, die Veränderlichkeit der Arten;
2. die gemeinsame Abstammung aller Lebewesen;

3. der Gradualismus, die Änderung durch kleinste Schritte;
4. Vermehrung der Arten beziehungsweise Artbildung in Populationen;
5. Natürliche Selektion als wichtigster, wenn auch nicht einziger Mechanismus der Evolution.

Im Gegensatz zu Lamarck, der knapp 50 Jahre früher eine erste Theorie entwickelte, verstand Darwin die Evolution nicht als Prozess der Entwicklung niederer Arten zu höherwertigen, sondern als kontinuierlichen Vorgang. Zudem betrachtete Darwin die Evolution nicht als gottgesteuert, sondern als biologischen Prozess der Auslese. Im Gegensatz zu seinem Großvater Erasmus und zu einigen anderen evolutionären Publikationen, verstand es Darwin, sein Buch akribisch zu belegen und naturwissenschaftlich zu argumentieren. Die 20 Jahre Inkubationszeit hatten sich offensichtlich gelohnt, denn das Buch hatte durchschlagenden Erfolg. Das lag zunächst daran, dass Darwin sein Buch intensiv vorbereitet hatte und auf zahlreiche empirische Untersuchungen anderer Wissenschaftler verweisen konnte. Vor allem begründet sich aber der Erfolg des Buchs darin, dass Darwin ein allseits anerkannter Wissenschaftler war und nicht ein Außenstehender wie bspw. Wallace oder Jahre zuvor Vestiges. Denn Darwin war einer von ihnen, war Teil der anerkannten scientific society und wagte es nun, die seit längeren schwelenden evolutionären Gedanken wissenschaftlich zu bestätigen. Es sprach sich sofort herum, dass einer der ihren die Logik der Kirche durch eine Evolutionstheorie unterlief und das erregte großes Aufsehen – ganz zum Leitwesen des harmoniebedürftigen Darwin.

Nun kam die große Zeit des „Darwin-Teams" (vgl. Braem 2009, S.251ff.). Lyell, Hooker und Huxley kämpften und stritten öffentlich für Darwins Theorie. Die Gegner waren die alt eingesessenen Wissenschaftler und natürlich die Kirche. Darwin selbst ertrug nach wie vor keinen Dissens und begrüßte es, dass die drei Freunde seine Theorie öffentlich verteidigten. Darwins Theorie platzte in eine bewegte Zeit. Es herrschte in England wie auch in den Vereinigten Staaten ein Veränderungskampf. Die dominierenden Wissenschaftler des "alten" Schlags, meist Kleriker, wurden durch junge nachrückende Forscher bedrängt. Darwins Theorie war genau die Munition, die die jungen Wissenschaftler benötigten, um in Kontroverse zu ihren Widersachern zu gehen. Darwins Vision der Entstehung der Welt war so *umwerfend*, dass sie das Potential zum Klassen- bzw. Wertekampf hatte. Diejenigen, die auf Darwins Seite waren, verstanden sich als modern und progressiv. Hooker und Huxley wussten das zu nutzen. Darwin selbst wäre nie zu solch einer Auseinandersetzung willens oder in der Lage gewesen. Daher überließ er freiwillig seinen Mitstreitern die Verteidigung der strittigen Theorie. Zum Höhepunkt der Auseinandersetzung zwischen den alten Klerikern und den Evolutionsanhängern kam es bei der wichtigsten briti-

4.4 Teilstudie KF-Analyse – Fallanalyse Charles Darwin

schen Wissenschaftskonferenz im Jahre 1860 in Oxford. Auf der einen Seite standen Hooker und Huxley. Auf der Gegenseite Bischoff Wilberforce und Richard Owen, der mittlerweile zu einem der erbittertsten Gegner Darwins forcierte. Huxley verteidigte bei dem Disput in vorderster Linie die Evolution mit einer kaum zu überbietenden rhetorischen Brillanz. Er wurde fortan als Held von Oxford gefeiert (vgl. Braem 2009, S.321). Spätestens nach diesem Disput war allen Beteiligten klar: die Evolutionstheorie von Charles Darwin, vermochte die damalige Welt aus den Angeln zu heben.

4.4.2.2 Durchführung der Dokumentenanalyse

Ziel der Dokumentenanalyse ist das Identifizieren von Textstellen, die einen Informationswert für die Fragestellung besitzen. Diese Stellen werden aus dem Quelltexten herausgestellt und den damit verbundenen sozialen Akteuren zugeordnet. Die Dokumentenanalyse dient somit auch als soziometrischer Namensgenerator. Aus den Aggregatsbeschreibungen lassen sich die für den kreativen Prozess der Entwicklung der Evolutionstheorie um den Kristallisationskern Charles Darwin bedeutungstragenden sozialen Akteure und deren Kurzcharakterisierungen herausarbeiten. Unter dem Attribut „soziale Akteure" werden auch bestimmte immaterielle Umstände, soziale Ereignisse und Haltungen subsumiert. Das Material wird in Form von paraphrasierten Textstellen zusammengestellt. In einem zweiten Schritt werden die Daten auf die Kernaussagen bzw. die Kernaspekte reduziert und als Aggregate beschrieben. Die Liste der Textstellen und Aggregatsbeschreibungen ist unter Anhang 5 dieser Studie beigelegt. Aus den Aggregatsbeschreibungen lassen sich die sozialen Akteure und deren Kurzcharakterisierungen herausarbeiten und sind in der folgenden Liste zusammengestellt.

	Personen
John Gould	Unterstützte mit seinem Fachwissen (Vögel) die Entwicklung der Evolutionstheorie. Er erkannte die Verwandtschaft der Finken von den Galápagosinseln.
Richard Owen	Unterstützte mit seinem Fachwissen (Fossilien) D. und erkannte die Verwandtschaft eines Fossils mit einer noch lebenden Art. Später wurde er zum Gegner der Evolutionstheorie, weil er um seine Stellung in der Wissenschaftsgesellschaft fürchtete.
John Steven Henslow	Als Professor an der Universität verfügte über hervorragende Kontakte. Er knüpfte ein Netzwerk für Darwin und empfahl ihn auch als Wissenschaftler für die MS Beagle.

Charles Lyell	War ein früher Vertrauter von D. und galt als ein wissenschaftlicher Vordenker. Er half ein Netzwerk von Unterstützern zu knüpfen. Das „Agreement" mit Wallace war seine Ideen und stellt einen wichtigen Schritt bei der Publikation des Origin dar.
Thomas Henry Huxley	War ein Vertrauter von D. und tat sich durch seine kommunikativen Fähigkeiten in Konflikten und Disputen hervor.
Joseph Dalton Hooker	War ein früher Vertrauter von D. und korrigierte die Manuskripte. Hooker sorgte auch für die Veröffentlichung des Darwin-Wallace-Artikels.
Robert FitzRoy	Kapitän auf der Beagle. Er ermöglichte, dass die Funde in den Besitz Darwins übergingen und unterstützte durch seine Aufzeichnungen die Finken-Diagnose.
Alfred Russel Wallace	Entwickelte parallel zu D. eine Evolutionstheorie und veranlasste D. dadurch zur Fertigstellung seines Buchs.
Thomas Bell	Unterstützte mit Fachwissen (Reptilien) und ermöglichte als Präsident der Linnean Society die Veröffentlichung der Darwin/Wallace-Studie durch.
Robert Chambers	Sensibilisierte die viktorianische Gesellschaft mit seinem Buch „Vestiges" für das Thema Evolution
Robert Grant	War Mentor Darwins in Studienzeiten, konfrontierte ihn erneut mit den Schriften seines Großvaters und mit denen Lamarcks
Asa Gray	Machte die Evolutionstheorie in den USA bekannt
John Murray	Unterstützte als Verleger mit guten Konditionen die Veröffentlichung des „brisanten" Buches von D.
Soziales Umfeld	
Universität	Durch seinen guten Namen knüpfte D. schnell Kontakte zu Professoren und wurde Teil eines einflussreichen Netzwerks.
Eigenes Labor	D. hatte die weder materiell noch zeitlich begrenzte Möglichkeit, Beobachtungen und Experimente durchzuführen.
Beagle-Reise	Die Schiffsreise mit fünf Jahren Reisedauer und seine Funktion als „Schiffswissenschaftler" eröffnete ihm die Möglichkeit der Beobachtung und Sammlung unzähliger Exponate.
Galápagos-Inseln	Die besondere geologische Lage des Galápagos-Archipels ermöglichte es, verschiedene evolutionäre und geologische Entwicklungsstufen auf engen Raum beobachten zu können.
Gesellschaftli-	Um 1850 standen die gesellschaftlichen Zeichen in der viktorianischen Gesellschaft auf „Wechsel". Es stand ein Generationen-

4.4 Teilstudie KF-Analyse – Fallanalyse Charles Darwin

ches Umfeld	und Denkwechsel an. Das Interesse an weltlichen, empirischen und technischen Aspekten in der Gesellschaft stieg. Ein Auslöser hierfür war u.a. die erste Weltausstellung 1851 in London.
Wissenschaftlicher Status	D. wissenschaftl. Status, seine Mitgliedschaften in Vereinigungen und Zirkeln und sein guter Name ermöglichten ihm einen zentralen Platz in der damaligen Wissenschaftsgesellschaft.
Familiäres Umfeld (Ehefrau, Kinder)	Der besonders stressanfällige und kränkliche D. benötigte ein stabiles familiäres Umfeld, um arbeiten zu können. Insbesondere seine Frau ermöglichte ihm das. In besonders stressigen Phasen konnte D. zudem zu seinen Schwestern und seinem Vater „flüchten" und dort unter besonderer Fürsorge arbeiten.
Materielle Sicherheit	D. Vater überwies regelmäßig eine hohe Geldsumme. Zudem erbte er das Vermögen seines Vaters. Durch diese Sicherheiten konnte D. ohne materielle Sorgen seine Forschung betreiben.
Stand der Wissenschaften	Die Entwicklung der Evolutionstheorie wurde insbesondere durch die Vordenkerleistungen von Erasmus Darwin und Lamarck befördert, aber auch durch die Erkenntnisse von Lyell.
Haltungen / Kompetenzen	
Individuelle Kompetenzen / Neigungen	Die für die Entwicklung und Etablierung der Evolutionstheorie entscheidenden Persönlichkeitsfaktoren von D. waren seine Sammlerleidenschaft, seine Beharrlichkeit, seine sozialen Kompetenzen und seine Ängstlichkeit vor sozialer Isolation.
Entwicklung (Kindheit, Familien, Verwandte)	Von klein auf besaß D. eine Sammlerleidenschaft und ein Interesse an Naturwissenschaft. Durch sein Elternhaus hatte D. Zugang zu einflussreichen gesellschaftlichen und wissenschaftlichen Kreisen. Er stammte aus einem sehr liberalen Haus und es viel ihm leicht sich anderen Menschen sozial und emotional zu öffnen. Durch diese Eigenschaft konnte er Menschen von seiner Vision und seinem Anliegen überzeugen. Die soziale Isolation seines Großvaters Erasmus sorgte für eine grundlegende Angst bei D. und prägte sein ganzes Leben.

Tab. 24, Soziale Akteure Kreatives Feld „Charles Darwin"

4.4.2.3 Bestimmung der Einflussfaktoren des kreativen Prozesses

Aufgrund der Beschreibung allgemeiner Kategorien zur Erfassung kreativer Prozesse in Tabelle 21, lassen sich die analysierten Aggregate auf einer in die entsprechenden fünf Sektoren unterteilte Netzwerkkarte einarbeiten. Hierfür werden die Aggregate mit Stichworten oder Personenbezeichnungen gekennzeichnet. Durch die Zuordnung der Aggregate können die entsprechenden Strukturen des Netzwerks erkannt und beschrieben werden. In einem weiteren Analyseschritt werden die mit Stichworten gekennzeichneten Aggregate durch die in Tabelle 22 entwickelten Richtlinien priorisiert. Die Liste der Strukturbeschreibungen, Zuordnungen und Priorisierungen des analysierten Falles zu den allgemeinen Kategorien kreativer Prozesse ist im Anhang 06 zu finden.

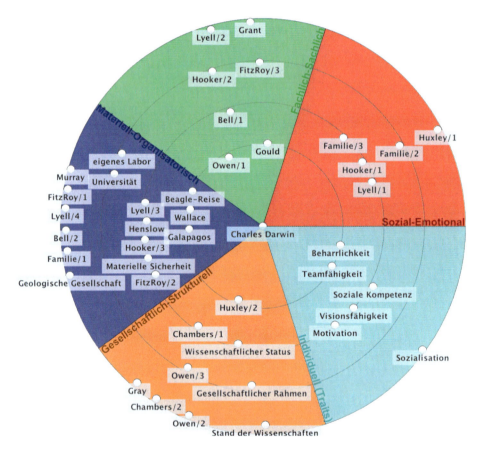

Abb. 21, Einflussfaktoren auf die Entwicklung der Evolutionstheorie

4.4 Teilstudie KF-Analyse – Fallanalyse Charles Darwin

In einem zweiten Analysefokus interessiert die Einflussstruktur Darwins auf sein Feld. Hierfür wurde eine Clusteranalyse sämtlicher Aggregate mit den Kreativen-Feld-Dimensionen durchgeführt (siehe Anhang 07). Diese Zuordnungen wurden aufgrund der Kriterienliste in Tab. 23 ebenfalls priorisiert. Hierbei geht es darum zu ermitteln, welchen Einfluss Darwin auf die Wirkung und das Zustandekommen des jeweiligen Aggregats besitzt. Auf der Netzwerkkarte Abb. 22 ist von den inneren Ringen an absteigend erkenntlich, wie stark dieser Einfluss Darwins auf das jeweilige Aggregat ist. Der Farbcode markiert den in Abb. 21 dargestellten Einfluss des Aggregats auf die Entwicklung der Evolutionstheorie.

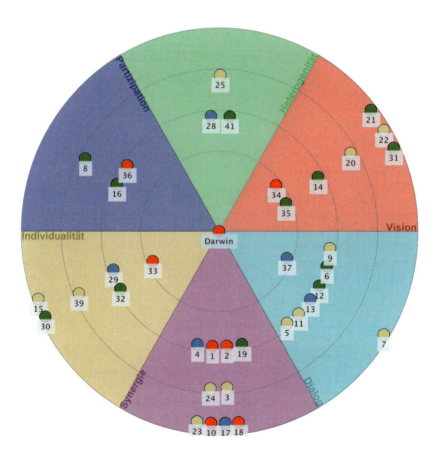

Rot=ausschlaggebend / Blau=sehr bedeutend / grün=bedeutend / gelb=nützlich
Abb. 22, Einflussstruktur Darwins auf sein Feld

4.4.3 Ergebnisse Fallanalyse

4.4.3.1 Bestimmung der Beziehungsstruktur

Nimmt man die Beziehungsstruktur der sozialen Akteure um Charles Darwin bei der Entwicklung der Evolutionstheorie in den Betrachtungsfokus, so wird deutlich, dass Darwin über ein engmaschiges Netz aus Unterstützern, Förderern und wissenschaftlichen Mitstreitern verfügte. Der Darwin-Biograph Guido J. Braem spricht sogar vom „Darwin-Team" (Braem 2009, S.251ff.). Hierbei sind jedoch nicht nur die drei engen Vertrauten Lyell, Hooker und Huxley zu berücksichtigen, sondern sämtliche in Tab. 24 erfassten Akteure, die bedeutungstragende Beisteuerungen zur kreativen Leistung vorweisen können. Zudem gehört zum Darwin-Team eine Schar von direkten und indirekten Mitstreitern, die offensichtlich alle bereit waren, durch wissenschaftliche Mitarbeit, beratende Unterstützung, dem zur Verfügung stellen von Pflanzen, Fossilien oder Tierpräparaten oder durch wohlwollende Artikelbesprechungen Darwin in seinem Bemühen zu unterstützen. Dies lässt sich auf die persönliche Ausstrahlung und Darwins soziale Kompetenz zurückführen – nicht auf die Kraft seiner Vision. Denn mit seinen wahren Absichten, eine Theorie über die Veränderlichkeit der Arten zu entwickeln, hielt er sich sehr bedeckt und öffnete sich nur einem kleinen Kreis vertrauensvoller Freunde.

Neben dieser großen Anzahl monoplexer Beziehungen schaffte es Darwin, insbesondere mit Charles Lyell, Joseph D. Hooker und Thomas H. Huxley, Personen für sich und seine Vision zu begeistern, zu denen er eine multiplexe Struktur aufbaute. Diese Personen unterstützten Darwin auf freundschaftlicher Ebene und leisteten sowohl für sozial-emotionale als auch in weiteren Bereichen der Erfassung kreativer Prozesse Beisteuerungen.

Charles Lyell	Sozial-Emotionale Ebene Materiell-Organisatorische Ebene Fachlich-Sachliche Ebene
Joseph D. Hooker	Sozial-Emotionale Ebene Materiell-Organisatorische Ebene Fachlich-Sachliche Ebene
Thomas H. Huxley	Sozial-Emotionale Ebene Gesellschaftlich-Strukturelle Ebene

Eine multiplexe Beziehungsstruktur wiesen nicht nur diese drei Personen auf, sondern auch John St. Henslow, Richard Owen und Robert FitzRoy. Doch diese drei Personen zählten nicht zu dem engeren Kreis der *Mitwisser*. Denn Darwin

4.4 Teilstudie KF-Analyse – Fallanalyse Charles Darwin

wählte seine Unterstützer meist aufgrund der persönlichen Beziehung und nicht ausschließlich aufgrund fachlich-wissenschaftlicher Kompetenzen. Offensichtlich baute Darwin zu Henslow, Owen und FitzRoy keine nachhaltige freundschaftliche Beziehung auf. Owen entwickelte sich mit der Zeit zum Gegner der Evolutionstheorie, FitzRoy war für Darwin menschlich zu weit entfernt und Henslow war zum einen als Professor in Cambridge geographisch weit weg und zum anderen befürchtete Darwin, dass Henslow als anglikanischer Geistlicher eine grundsätzliche Ablehnung seiner Theorie gegenüber äußern könnte. Einen solchen Dissens versuchte Darwin stets zu umgehen. Die Vermeidung von Meinungsverschiedenheiten war für Darwin eine tief verankerte Triebfeder des Handelns. Um dieses auszugleichen, benötigte er synergetische Leistungen anderer Personen. Thomas Huxley war von seiner Persönlichkeitsstruktur besonders für diese Funktion geeignet. Er suchte förmlich die Auseinandersetzung und nutzte dafür Darwins Theorie.

Beachtet man die Zuordnungen der Aggregatbeschreibungen zu den einzelnen Variablen des Kreativen-Feld-Modells (Anhang 07), fällt auf, dass die beiden Variablen *Potential der gegenseitigen Ergänzung* und *Möglichkeit zur Win-Win-Koalition* besonders oft als bedeutungstragend für den kreativen Prozess der Entwicklung der Evolutionstheorie herangezogen werden können. Beide Variablen sind dem Element Synergie im Rahmen der Kreativen-Feld-Theorie zuzuordnen. Während das Potential der gegenseitigen Ergänzung insbesondere mit der Heterogenität des Teams im Zusammenhang steht, bedarf es bei der Vereinbarung von Win-Win-Koalitionen einer partizipativen Struktur. Synergie kann sich daher offensichtlich besonders gut entfalten, wenn die Beziehung auf einer Basis beruht, bei der die Beteiligten individuelle Vorteile erhalten.

4.4.3.2 Bestimmung der Faktoren des kreativen Prozesses

Bei der Analyse der Netzwerkkarte *Einflussfaktoren auf die Entwicklung der Evolutionstheorie* (Abb. 21) lassen sich die Bedeutungen der einzelnen Faktoren des kreativen Prozesses ableiten. Beim analysierten Fall spielt, rein quantitativ betrachtet, der Materiell-Organisatorische Sektor die wichtigste Rolle. In diesem Sektor befindet sich die größte Gruppe der als bedeutungstragend ausgemachten 42 Aggregate. Bei der Priorisierung stellen sich mit der Möglichkeit der *Beagle-Reise* (Aggregat 27), den Entwicklungspotentialen der *Galápagos-Inseln* (Aggregat 26) und dem Zufall der Übersendung des *Wallace-Manuskriptes* (Aggregat 18) an Darwin und Lyell, drei Aggregate dieses Sektors als Big-Goals (innerster Kreis der Zielscheibendarstellung) des kreativen Prozesses heraus. Betrachtet man diese drei Aggregate auf der Netzwerkkarte *Einflussstruktur Darwins auf sein Feld* (Abb. 22), so findet man dort nur Aggregat 18, auf das Darwin keinen Einfluss besitzt (vgl. Anhang 07). Die anderen beiden Aggregate ließen sich mit der Analyseschablone des Kreativen Feldes erst gar nicht erfassen, weil es keine interpersonalen Faktoren sind. Es handelt sich hierbei um Umstände, die man als Zufall bezeichnen kann und die immer wieder bei kreativen Prozessen einen maßgeblichen Einfluss besitzen. Doch damit diese Zufälle für die Entwicklung und Umsetzung kreativer Ideen genutzt werden können, erhalten andere Bereiche eine umso größere Bedeutung. Beim analysierten Fall sind das beispielsweise die Persönlichkeitseigenschaften des Kristallisationskerns, die mit *Beharrlichkeit* (Aggregat 34) und *Teamfähigkeit* (Aggregat 36) herausgearbeitet worden sind. Zum einen ist es die Beharrlichkeit bei der ungerichteten Sammlung von Exponaten und der über 20 Jahre langen Zusammenstellung von Fakten und Beweisen, damit die Theorie in der wissenschaftlichen Öffentlichkeit Bestand haben kann. Zum andern ist es Darwins Teamfähigkeit, die ihm ein umfangreiches Netz an Mitstreitern verschaffte und seine Bereitschaft, andere an seiner Vision partizipieren zu lassen. Diesen Persönlichkeitsattributen ist es auch zu verdanken, dass mit den empirischen Beweisführungen von John Gould (Aggregat 1) und Richard Owen (Aggregat 2) zwei maßgebliche Entdeckungen erfolgen konnten, die sowohl Darwin für seine Theorie als auch für die beiden Partner Darwins in Form von Veröffentlichungen von Vorteil sein sollten (Win-Win-Koalition). Schließlich sind Huxleys Fähigkeiten (Aggregat 10) als Redner bei dem so wichtigen Disput in Oxford ein weiteres Attribut für die Durchsetzung der Evolutionstheorie in der damaligen Gesellschaft. Die Tatsache, dass Huxley, trotz anderweitiger Pläne, auch an dem wichtigen zweiten Tag der Oxford-Tagung anwesend war, ist der sozialen Kohäsion innerhalb des Darwin-Teams (Aggregat 36) und der Attraktivität der Theorie zu verdanken. Durch die freundschaftlichen Verhältnisse die Darwin aufbaute und durch den progressiven Charakter der Theorie (Aggregat 35), die sich in einer im Wandel begriffenen Gesellschaft (Aggregat 38) nutzen ließen, konnten diese Big-Goals des kreativen Prozesses erzielt werden.

4.4.3.3 Bestimmung der Bedeutung der Schlüsselelemente

Die Analyse des vorliegenden Falles zeigt mit der Netzwerkkarte der *Einflussstruktur Darwins auf das Kreative Feld* (Abb. 22), dass alle Sektoren des Interventionsmodells Kreatives Feld Bestandteil des kreativen Prozesses beim analysierten Fall sind. Wie nicht anders zu erwarten war, spielen bei einer interpersonalen Betrachtung eines kreativen Prozesses die Schlüsselelemente der Bereiche Synergie, Dialog und Vision die einflussreichste Rolle. Beispielsweise liefert

4.4 Teilstudie KF-Analyse – Fallanalyse Charles Darwin

das Element Heterogenität das grundlegende Potential eines kreativen Teams, spiegelt sich aber nicht in zahlreichen einzelnen Aggregaten wieder und ist daher schlecht durch quantifizierbare empirische Größen zu ermitteln. Ebenso verhält es sich mit dem Element Partizipation. Ohne eine partizipative Struktur wären viele Unterstützungsleistungen kaum zustande gekommen, darunter sicherlich auch die wichtigen Entdeckungen von Gould und Owen. Diese beiden Aggregate haben aber maßgeblich zu Darwins Erkenntnis über die Bedeutung der Galápagosinseln beigetragen, ohne diese Darwin keine empirischen Beweise für die Veränderlichkeit der Arten hätte führen können. Insofern sind die Schlüsselelemente der kreativen Felder als System zu begreifen (vgl. Kap. 4.2. Teilstudie Systemische Analyse der Kreativen-Feld-Theorie) und entsprechend die einzelnen Variablen im Zusammenhang zu sehen.

Mit Blick auf die Clusterbildung im Anhang 07 wird zudem offensichtlich, dass mit einer interpersonalen Perspektive bestimmte Aspekte des kreativen Prozesses kaum abzubilden oder zu bestimmen sind. Bei diesen Aggregaten handelt es sich insbesondere um das Phänomen des Zufalls sowie um gesellschaftliche Rahmenbedingungen. Eine alles erfassende Theorie der Kreativität müsste diese Aspekte ebenfalls in ihre Erfassungs-Matrix integrieren. Aber auch ohne diese umfassende Kreativitäts-Theorie wird bereits mit der Kreativen-Feld-Analyse deutlich, dass Darwin als Kristallisationskern auf keines dieser nicht erfassbaren Aggregate einen mittelbaren oder unmittelbaren Einfluss besitzt. Die mit den Kreativen-Feld-Kategorien nicht erfassbaren Aggregate befinden sich außerhalb eines bewusst konstruierbaren Bereichs und entziehen sich daher der direkten Intervention.

4.4.3.4 Beschreibung der Wirkungen des Kristallisationskerns auf das Feld

Darwin besitzt den stärksten Einfluss bei den Schlüsselelementen Synergie, Dialog und Vision. Hierbei stehen fünf, der in der Netzwerkkarte (Abb. 22) mit rot markierten Big-Goals des kreativen Prozesses direkt bzw. ausschließlich mit den Aktivitäten Darwins in Verbindung. Das sind zum einen die beiden empirischen Nachweise von Gould (Aggregat 1) und Owen (Aggregat 2), deren Zustandekommen durch die Überlassung der Fundstücke durch FitzRoy (Aggregat 16) und die Partizipationsmöglichkeiten für die beiden Forscher (Aggregat 36). Zudem steht die Fähigkeit Darwins solche partizipativen Strukturen zuzulassen und andere in den Innovationsprozess zu integrieren, in einem direkten Zusammenhang zum kreativen Erfolg. Zum anderen hängen ausschließlich von Darwin zwei weitere Big-Goals ab, die sich auf die individuellen Traits Darwins beziehen. Zum einen ist es die Beharrlichkeit Darwins (Aggregat 34), die mit intrinsischer Motivation (Aggregat 32) zusammenhängt und daher in Darwins Sozialisation sowie durch prädispositionierte Aspekte zu begründen ist. Zum anderen handelt es sich um Darwins Offenheit (Aggregat 37) und die damit einhergehende Fähigkeit, soziale Kontakte zu knüpfen und zu pflegen. Diese Attribute sind ursächlich für den Aufbau des so wichtigen Netzwerks. Fähigkeiten wie diese, wiegen viel stärker als die materiell-organisatorischen Unterstützungen und auch stärker als die wissenschaftlichen Kompetenzen Darwins. Der Vernetzer Darwin konnte die Evolutionstheorie gemeinsam mit vielen anderen entwickeln, weil er die Fähigkeit besaß, ein Feld mit Mitstreitern aufzubauen und sie durch partizipative Angebote, durch seine persönliche Ausstrahlung und teilweise durch die Kraft seiner Vision auf Dauer zu begeistern. Insofern steht der kreative Prozess der zur Entwicklung der Evolutionstheorie führte tatsächlich im starken Zusammenhang mit der Person Charles Darwin, bei dem es sich um offensichtlich doch um ein Genie handelt – allerdings um eine besondere Form eines genialischen Menschen: *Darwin war ein Team-Genie.*

4.4.3.5 Interpretation des Falles

Darwin besaß keine besonderen Kenntnisse. Er folgte keiner eigens entwickelten Vision und war erst recht kein blendender Kommunikator. Darwin war ein kränkelnder, stressanfälliger und ängstlicher Genaunehmer. Kein Detail konnte detailliert genug sein. Mit einer ungebremsten Sammlermentalität schaffte er es, eine völlig unstrukturierte und ungerichtete, dafür aber kolossal umfangreiche Sammlung von Tieren, Pflanzen, Steinen und Fossilien von der Beagle-Reise nach England zu schaffen. Darwin war ausgesprochen penibel und bei allem was er tat, unbedingt darauf bedacht, sozial nicht anzuecken. Seine Karriere war ihm immens wichtig, ebenfalls seine finanzielle Absicherung. Risikobewusstsein, Flexibilität und uneingeschränkte Tatkraft sind dagegen jene Traits, die kreativen Persönlichkeiten nachgesagt werden. Darwin besaß kaum etwas von dem, was eine kreative Persönlichkeit gemeinhin ausmacht. Zudem verfügte er praktisch über kein herausragendes Fachwissen, keine besonderen fachlichen Fähigkeiten und verfügte über keine große Erfahrung im Bereich naturwissenschaftlicher Forschung. Da drängt sich die Frage auf, wie ein solcher Mensch die möglicherweise wichtigste Theorie der Menschheitsgeschichte entwickeln konnte. Die Antwort ist ganz einfach: Er war es nicht – zumindest nicht allein.

Die Grundzüge der Evolutionstheorie hatte bereits Darwins Großvater Erasmus entwickelt, der allerdings weder die Ausdauer noch den Willen besaß, genügend Beweise zusammenzutragen. Andere Entwicklungsschritte leistete Jean-Baptiste de Lamarck mit seinen über die Grenzen Frankreichs bekannt gewor-

4.4 Teilstudie KF-Analyse – Fallanalyse Charles Darwin

denen Gradualismus. Eine große Leistung Darwins war das umfangreiche Sammeln von Tieren, Pflanzen und Fossilien. Darunter befinden sich auch die heute so berühmten Darwinfinken, die u.a. zur Erkenntnis der Entwicklung der Arten beitrugen. Darwin hatte jedoch als Fundort seiner Finken lediglich Galápagos notiert. Erst durch Kapitän FitzRoys Aufzeichnungen konnten die Finken den jeweiligen Inseln zugeordnet werden. John Gould erkannte schließlich, dass die von Darwin gesammelten und ihm zur Untersuchung vorgelegten Vögel allesamt Finken waren und nicht wie Darwin zunächst annahm, unterschiedliche Vogelarten. Dadurch wurde deutlich, dass es zwischen den Arten Verbindungen geben musste. Einen weiteren Hinweis ermittelte der Paläontologe Richard Owen. Owen konnte durch die von Darwin gesammelten Knochen eines Riesenfaultiers aus Brasilien eine Verwandtschaft der Fossilien mit lebenden Nachfahren nachweisen. Darwin benötigte für seine Erkenntnisse andere Fachleute, er war aber der Kristallisationskern eines von ihm konstruierten Feldes. Er war ein geschickter Vernetzer, dem es gelang, ein Team aus spezifischen Experten so zusammenzustellen, dass jeder einen Stein zum Bau der Evolutionstheorie lieferte. Darwins Instrument war also weniger das Mikroskop, um Details zu untersuchen, sondern vielmehr ein Makroskop, mit dem es ihm gelang einen Überblick zu gewinnen.

Darwin verstand es nicht nur das Wissen spezifischer Experten zu nutzen, ihm gelang es auch durch ein wohlgezüchtetes Geflecht an sozialen Beziehungen, eine bedeutende Position in der britischen Wissenschaftsgesellschaft zu erlangen. Erst durch diese Position wurde die Evolutionstheorie von der wissenschaftlichen Gesellschaft der damaligen Zeit wahrgenommen und wurde derart intensiv diskutiert. Darwins Mentor aus Studienzeiten Henslow verliest beispielsweise Darwin-Briefe vor der Roal Akademie, die Darwin bereits während seiner Beagle-Reise einen guten Ruf verliehen und maßgeblich dazu beitrugen, ihn in einflussreiche Positionen zu bringen. Henslow hatte hervorragende Kontakte und war ausgezeichnet in der wissenschaftlichen Gesellschaft vernetzt und nutzte seine Kontakte für Darwin. Eine ähnliche Funktion erfüllte Lyell. Durch ihn lernte Darwin Owen und Huxley kennen. Lyell war zudem zusammen mit Hooker maßgeblich an der gemeinsamen Publikation von Darwin und Wallace beteiligt. Diesen beiden Mitstreitern ist es zu verdanken, dass Darwin seine Publikation überhaupt herausbrachte. Hooker und Lyell waren langfristige Verbündete Darwins, die die ersten Manuskripte lasen und wichtige Tipps gaben. Mit Huxley hatte Darwin einen Partner, der im krassen Gegensatz zu ihm keinen Konflikt scheute und ein talentierter Redner und Überzeuger war. Darwin entwickelte mit der Zeit ein Feld das aus Experten, Wissenschaftlern und Freunden bestand, die ihn fortlaufend mit Fachwissen, spezifischen Antworten und neuen

Entwicklungen versorgten und die ihn darüber hinaus gesellschaftlich etablierten und die sogar für ihn Dispute führten.

Darwin selbst war der größte Zweifler und nicht zu einer Zäsur fähig. Seine Beweisführung zur Evolutionstheorie hätte somit wahrscheinlich niemals ein Ende gefunden. Schließlich übernahm Alfred Russel Wallace etwas unfreiwillig diese Funktion. Er schaffte Fakten, indem er seine eigenen Erkenntnisse zur Veränderlichkeit der Arten ausgerechnet an Darwin schickte und ihn bat, seine Arbeit an Lyell weiterzuleiten. Lyell war es dann, der den Handlungsbedarf sofort erkannte, da sonst Darwins Theorie von Wallace veröffentlicht worden wäre. Wallace hatte allerdings nicht die wissenschaftliche und gesellschaftliche Position, weder die Kontakte noch die Fülle an empirischen Beweisen und auch nicht die schriftstellerischen Fähigkeiten, um mit einer Publikation einen durchschlagenden Erfolg zu landen. Doch mit seinen Beobachtungen und Erkenntnissen und einem zwar kurzen, aber kompletten Manuskript veranlasste er Darwin, seine 20 Jahre andauernden Forschungen zu beenden und die Evolutionstheorie endlich zu veröffentlichen. Wallace sorgte für den nötigen Druck für den wichtigen Schritt des kreativen Prozesses: die Vermittlung des kreativen Produktes an eine relevante Öffentlichkeit. Das war genau jener Schritt, den Darwin aufgrund der Erfahrungen, die sein Großvater Erasmus hatte erleiden müssen und aufgrund seiner Abscheu vor Dissens und Disput immer wieder hinausgeschoben hatte. Diese sozialen Akteure, ob sie nun zum engen Team um Darwin gehörten oder ob sie entfernte, unfreiwillige oder unbewusste Unterstützer waren, alle gemeinsam stellen sie das kollaborative Cluster dar, welches einen kreativen Output besonderer Güte hervorbrachte.

Es sind die Schlüsselelemente des Kreativen Feldes Vision, Dialog, Heterogenität, Partizipation, Individualität und Synergie, die beim kreativen Teamprozess der Entwicklung der Evolutionstheorie Bedeutung tragen und für die Entwicklung eines nachhaltigen Produktes sorgten. Darwin steht im Zentrum und besitzt mit seinen Gedanken, mit seinen gesammelten Exponaten und mit seiner Person eine große Ausstrahlung auf die anderen Akteure des Feldes. Durch die von Darwin gesammelten und zur Verfügung gestellten Exponate konnten viele Mitstreiter des Darwinteams eigene wissenschaftliche Erfolge feiern. Junge Wissenschaftler wie Huxley, Hooker oder Gray konnten mit der progressiven Macht der Evolutionstheorie gegen die fest eingesessene und in Familien- und Kirchenbünden verwobene alte Wissenschaftsgesellschaft vorgehen. Darwins Theorie besaß vielfältige Anknüpfungspunkte und seine Persönlichkeit wusste diese zu nutzen.

Der Grund dafür, dass die Evolutionstheorie die Welt in ihren damaligen Grundfesten erschütterte, liegt nicht allein an Goulds und Owens Entdeckungen, nicht an der sozialen Kompetenz Hookers, an den von Wallace herbeigeführten

Zeitdruck oder an Lyells und Henslows Kontakten und auch nicht an Huxleys verbalen Qualitäten. Die Entwicklung der Evolutionstheorie ist ebenso nicht allein durch Darwins Anziehungskraft oder mit seiner Beharrlichkeit zu erklären. Letztendlich begründet sich die Entwicklung der Evolutionstheorie im Erfolg eines Kreativen Feldes, welches bestimmte Attribute erfüllt, um das Kreative Kapital aller Beteiligten zu einem nachhaltigen Produkt zu vereinen. Dieses spezifische Beziehungs- und Handlungsgeflecht sorgte durch seine partizipative Struktur und der hohen Attraktivität der Vision für ein kohärentes Gefühl bei den Beteiligten und entwickelte dadurch eine hervorragende Innovationsfähigkeit. *Dieses Kreative Feld bezeichnen wir heute gemeinhin als "Charles Darwin".*

4.5 Fazit der triangulativen Studie

Bei der bilanzierenden Betrachtung der Ergebnisse der triangulativen Studie lässt sich zunächst durch die Teilstudie *Systemische Analyse der Kreativen-Feld-Theorie* ein autarker, sich maßgeblich selbstregulierender Charakter Kreativer Felder feststellen. Besitzen Gruppen die nötigen Voraussetzungen im Bereich der Organisationsstruktur, der dialogischen Grundhaltung der Akteure sowie ein vielfältiges Synergiepotential, dann entwickeln die Schlüsselelemente Kreativer Felder eine stabile und nachhaltige Balance, innerhalb dessen Kreativität entstehen kann. Bei diesem System besitzen einige Variablen hochkritische Funktionen. Hierbei sticht vor allem das Subsystem der Variable Precensing heraus. Precensing ist die notwendige Haltung für die gemeinsame Entwicklung von Neuem. Eine vertiefende Analyse dieses Teilsystems verdeutlicht die Funktion der Schlüsselelemente Heterogenität, Dialog und Synergie bei der Theorie der Kreativen Felder. Eine heterogene Struktur ist dabei grundlegend für synergetische Effekte. Ein *Zuviel* an Heterogenität verhindert jedoch den Aufbau einer dialogischen Grundstruktur und verbaut damit den Weg zu der innovationsförderlichen Precensing-Kultur des Feldes. Einen katalysatorischen Effekt im Sinne eines Beschleunigers für die gleichzeitige Wirkung beider Variablen Heterogenität und Precensing liegt in der Variable *Wertschätzung*. Wertschätzung steht in einem engen Verhältnis zur partizipativen Struktur des Systems und wird durch Win-Win-Koalitionen und dem Wissen über Stärken und Schwächen aller Akteure wirksam.

Für eine innovationsfreudige Umgebung im interpersonalen Bereich bedarf es einer partizipativen Organisationsstruktur, dem Wissen über Heterogenität und Synergie, sowie einer dialogischen Kommunikationskultur, die die nötige Hal-

tung für das Entstehen von Precensing, also dem interpersonalen Zustand der gemeinsamen Entwicklung von Neuem, ermöglicht.

Die systemische Betrachtung lässt aufschlussreiche Erkenntnisse über effektive Interventionspunkte für Maßnahmen zur Förderung einer innovationsfreudigen Kultur bei Gruppen zu. Innovation lässt sich nicht direkt erzeugen, sie entsteht vielmehr durch die richtige Konstellation der Rahmenbedingungen. Die Interventionsmöglichkeiten liegen daher insbesondere in den Bereichen Kommunikationskultur, Heterogenität und Partizipation:

(a) Profilingmaßnahmen zum Feststellen unterschiedlicher individueller Handlungsstile, um die Heterogenität des Feldes als Voraussetzung für Synergie zu gewährleisten
(b) Optimierung kommunikationskultureller Interaktion, um eine dialogische Grundhaltung der Akteure zu erzeugen und
(c) Erhöhung partizipativer Strukturen zum Knüpfen von Win-Win-Koalitionen.

Bei der aktiven Ermöglichung von Synergie und Dialog spielen Faktoren eine wichtige Rolle, die dazu beitragen, eine Verbindungsenergie zwischen den Akteuren aufzubauen. Maßnahmen, die zu einem bewussten Eindruck des effektiven Miteinanders führen, eröffnen den Weg zu sozialer Kohäsion – und somit zu einer Kernbedingung für kreatives Teamhandeln. Bei der qualitativen Untersuchung der Studie *Nonsummative Effekte bei kreativen Teams* gaben über 90% der Befragten an, sie seien mit ihrem Teamergebnis zufrieden und begründeten diesen gefühlten Erfolg insbesondere mit der Angabe interpersonaler Faktoren in den Bereichen Heterogenität, Dialog und Partizipation. Der Umstand einer gemeinsamen kreativen Arbeit an einem Produkt, trägt offensichtlich bereits zur Entwicklung von sozialer Kohäsion bei – unabhängig von der Qualität des Produkts. Gruppenarbeit führt jedoch bei einer reinen quantitativen Betrachtung der Ideengenerierung zunächst zu Effizienzverlusten. Die hier durchgeführte Untersuchung mit qualitativen Beurteilungsmaßstäben von Ideen zeigt jedoch, dass durch die gezielte Nutzung der oben angegebenen Interventionspotentiale im interpersonellen Bereich, Leistungs- und Prozessgewinne mit kreativen Output bei Gruppen zu erzielen sind. Die Prozessgewinne bei kreativ arbeitenden Teams lassen sich durch die Multiperspektivität, durch Kompetenzergänzung und durch die Evaluation der Ideen durch dialogische Strategien in der Gruppe erklären. Vorrausetzung dafür sind: Heterogenität der Teammitglieder, eine dialogfördernde Kommunikationskultur und ein partizipative Organisationsstruktur.

4.5 Fazit der triangulativen Studie

Die grundlegende Bedeutung des Strukturmerkmals Heterogenität zeigte auch die durchgeführte *Fallanalyse Charles Darwin*. Gerade das Kernteam um Darwin, bestehend aus Lyell, Hooker und Huxley, verfügte über sehr unterschiedliche Kompetenzen. Hierdurch konnten die Schwächen Darwins kompensiert und ein Ergebniss erzielt werden, das über die Leistungsfähigkeit aller Einzelpotentiale hinaus ging. Hierbei trägt also insbesondere das Element Synergie einen wichtigen Anteil am Erfolg des kollaborativen Clusters um Charles Darwin. Mit Beziehungsstrukturen die zumeist auf Freundschaft basierten, gelang es Darwin, Leistungen anderer für die Entwicklung der Evolutionstheorie zu mobilisieren und zu nutzen. Es besteht also auch in der Ausstrahlungs- und Überzeugungskraft des Kristallisationskerns ein wichtiger Motor in diesem Fall. Durch partizipative Elemente in der Beziehungsstruktur knüpfte Darwin Win-Win-Koalitionen, die möglicherweise eine zentrale Bedeutung bei Kreativen Feldern besitzen. Beim kollaborativen Cluster um Darwin lag ein weiterer förderlicher Umstand im Charakter der Vision. Die Evolutionstheorie besaß das nötige subversive Potential, um die alten gesellschaftlichen Werte anzugreifen. Diese Art der Vision stellte einen entscheidenden Attraktor für einige Akteure in Darwins Team dar. Zusammenfassend stellen drei Merkmale die Motoren des kreativen Prozesses bei der Entwicklung der Evolutionstheorie dar: (1) Ausstrahlung des Kristallisationskerns, (2) der Aufbau von Win-Win-Koalitionen und die (3) Attraktivität der Vision.

5 Schlussfolgerungen und Ausblick

Wie kommt das Neue in die Welt und was können wir tun, um diesen Prozess herbeizuführen? Die vorliegende Arbeit folgt bei der Beantwortung dieser Frage der These: Ich bin gut – wir sind besser. Immer dann, wenn die Komplexität der Aufgabe einen multiperspektivischen Blick erfordert, sind Strategien und Techniken gefragt, mit denen Kooperation und Kollaboration kreativer Teams möglich werden. Die empirische Studie untersucht das Phänomen der Teamkreativität im Spannungsfeld zwischen Partizipation und Führung einerseits und Individualität und Team-Flow andererseits. Ziel der Studie ist die empirische Ermittlung von Hinweisen auf Wirkelemente kreativer Teamprozesse bei der forschungsleitenden Frage: *Welche interpersonalen Faktoren begünstigen kreatives Arbeiten in sozialen Feldern?*

Die vorliegende Arbeit bezieht sich insbesondere auf die Kreative-Feld-Theorie des Erziehungswissenschaftlers und Organisationsentwicklers Olaf-Axel Burow (1999), auf das Prinzip der unsichtbaren Kollaboration von Keith Sawyer (2007) sowie auf Ergebnisse der modernen Netzwerkforschung von Christakis/Fowler (2010). Bei der Darstellung des gegenwärtigen Standes wissenschaftlicher Kreativitätsforschung kristallisieren sich vier Forschungsstrategien heraus – die kognitionspsychologische, die sozialpsychologische, die kulturanthropologische und die interpersonale Perspektive. Für die übergeordnete Fragestellung verspricht die Strategie der interpersonalen Perspektive die größten Erkenntnisgewinne. Diese Forschungsperspektive fokussiert auf den Bereich kooperative Kreativität, mit der Grundannahme, dass das Ganze mehr sei als die Summe der Einzelteile. Daher kommt bei dieser Betrachtungsweise dem Faktor Kooperation eine herausragende Bedeutung bei der Entwicklung von Neuem zu. Für die Untersuchung dieser These, wurde ein triangulatives Verfahren in Form einer Systemanalyse, einer experimentellen Untersuchung und einer qualitativen Fallanalyse durchgeführt.

Die Möglichkeit unter bestimmten Bedingungen nonsummative Effekte bei Teams zu erzielen, ist im Sinne der interpersonalen Perspektive der Kreativitätsforschung die Basis für die Theorie der Kreativen Felder (Burow 1999), die den

5 Schlussfolgerungen und Ausblick

theoretischen Rahmen dieser Untersuchung liefert. Das Kreative Feld nach Burow umfasst sieben Schlüsselelemente (siehe Kap. 3.3.1.), für die durch die Systemanalyse 21 beschreibende Variablen identifiziert werden konnten (siehe Anhang 01). Die Variablen decken die Funktionsbereiche des Kreativen Feldes ab und machen den kreativen Prozess aus Sicht kooperativer Kreativität beschreib- und analysierbar.

Als Ergebnis der Studie konnten Hinweise ermittelt werden, die deutlich machen, dass in der Heterogenität der Teammitglieder eine grundlegende Strukturbedingung für kreatives Teamhandeln besteht. Hierbei spielt die Transparenz bezüglich der Unterschiedlichkeit der Handlungsstile, Kompetenzen und Perspektiven für das Gelingen des kreativen Prozesses eine bedeutende Rolle. Die Systemanalyse der Kreativen-Feld-Variablen ergab, dass mit der Identifizierung und Offenlegung der unterschiedlichen Profile und der Ermöglichung einer dialogischen Grundhaltung eine Atmosphäre für gegenseitige Wertschätzung geschaffen werden kann. Hierfür konnten in einem Experiment mit 120 Studierenden gezielte Kommunikationsregeln und -maßnahmen getestet werden, die für das Herstellen einer innovationsförderlichen Kommunikationskultur als Interventionsmaßnahmen nutzbar sind. Ein weiteres Ergebnis der Studie zeigt sich in den Hinweisen auf die Rolle des Kristallisationskerns in einem Kreativen Feld – also einer Person, der beim kreativen Prozess eine besondere Rolle zukommt. Ihr fällt häufig die Entscheidung zu, ob Interventionen den kreativen Prozess zu einem bestimmten Zeitpunkt dienlich sind oder nicht. Die durchgeführte Fallanalyse deutet an, dass es bei einem Kreativen Feld zwar keine strukturelle Hierarchie mit Vorgesetzten und Mitarbeitern gibt, wohl aber eine emotionale. Der Haltung desjenigen, von dem die Idee stammt und der sie mit seiner Person am ehesten verkörpert, kommt daher eine besondere Stellung und auch eine gewisse Führungsfunktion zu.

Als Schlussfolgerung der Studie konnten für die Funktionsebenen der Kreativen-Feld-Theorie empirische Hinweise ermittelt und phänomenologisch beschreibbar gemacht werden. *Ein Kreatives Feld ist eine speziell konstruierte interpersonale Relation mit bestimmten, darin synergetisch interagierenden Personen, die aufgrund eines gemeinsamen Beweggrundes und in Folge der Magnetwirkung eines Kristallisationskerns handeln.* Die Ergebnisse Kreativer Felder sind nicht nur an nützlichen Produkten zu erkennen, sondern führen darüber hinaus zu einem ausbalancierten Verhältnis der beteiligten Personen untereinander. Die Interventionsmöglichkeiten zum Wandel bestehender Felder oder zur Neukonstruktion Kreativer Felder bestehen in

(a) dem Zusammenstellen eines Teams aus unterschiedlich profilierten Persönlichkeiten mit verschiedenen Kompetenzen und Perspektiven,
(b) dem Ermöglichen individueller Handlungs- und Arbeitsstile,
(c) der Nutzung synergetischer, dialogischer und prozessorientierter Verfahren und kommunikativer Instrumente,
(d) dem Gestalten eines innovationsfördernden Kooperationsdesigns durch Partizipation, sowie im
(e) Auswählen einer Person, die aufgrund ihrer Vision und bestimmter Persönlichkeitsmerkmale als Kristallisationskern im Feld wirken kann.

Wenn diese Faktoren als dynamisches Gefüge gegeben sind, dann kann sich bei den Beteiligten ein Gefühl der Stimmigkeit einstellen und auf diese Weise kreatives Arbeiten in sozialen Feldern begünstigen.

Möglichkeiten für die Arbeit mit Kreativen Feldern eröffnen sich im Grunde überall dort, wo Menschen miteinander arbeiten und kreative Entscheidungen zu treffen haben. Insofern besteht ein großes Wirkungsfeld für die operative Nutzung der Theorie der Kreativen Felder im Bereich der *Personal- und Organisationsentwicklung*. Durch Teamdiagnose und Teamentwicklungsverfahren können die Schlüsselelemente genutzt werden, um kooperative Strukturen aufzubauen und soziale Kohäsion zu fördern. Ein besonders lohnendes Handlungsfeld besteht im Bereich Entrépreneurship. Mit dem Beobachtungs- und Analyseschema Kreativer Felder lassen sich hierbei Teams gründen, begleiten und coachen.

Ebenso findet die Theorie der Kreativen Felder im *Bildungsbereich* zahlreiche Anwendungsgebiete. Bei Lehr- und Lernarrangements beispielsweise, die auf Kompetenzorientierung und nachhaltige Bildung abzielen, kommt den Pädagogen die Aufgabe zu, einen bedeutungsvollen Rahmen zu spannen und selbstgesteuerte Lernprozesse zu ermöglichen. Die prozessorientierten Verfahren und Methoden zur Konstruktion Kreativer Felder werden dabei als Katalysator genutzt, um kollaborativ lernende Teams zu formen. Kreative Felder sind daher eine nutzbare Strategie, um den Kulturwandel des Lernens und Lehrens auch in deutschen Schulen Realität werden zu lassen.

Ein weiterer Gegenstandsbereich findet sich in der *rekonstruktiven Kreativitätsforschung*. Hierbei ermöglichen insbesondere die in dieser Studie genutzte KF-Analyse operative Möglichkeiten für die Erforschung kooperativer Gemeinschaften. Interessante Betrachtungsfelder böten beispielsweise die Umstände bei

5 Schlussfolgerungen und Ausblick

der Entwicklung des Telefons durch Graham Bell, der Entschlüsselung des Azteken-Codes durch Eduard Seler oder die des Aufbaus eines Weltunternehmens durch Alfred Nobel. Drei Beispiele, die auf dem ersten Blick Leistungen einzelner Personen darstellen. Erst bei näherer Betrachtung lassen sich Hinweise auf das Wirken kooperativer und kollaborativer Formen Kreativer Felder ausmachen. Auf diese Art und Weise lässt sich der Wirkungsbereich Kreativer Felder weitergehend erforschen und die Interventionsebenen konkretisieren.

Die strukturellen Prinzipien Kreativer Felder greifen nicht nur in Bereichen, bei denen Kreativität im Sinne der Entwicklung von Neuem, Passendem und gesellschaftlich Lesbarem erklärtes Ziel ist, sondern ebenso dort, wo der alltäglichen Umwelt eine optimierende Wendung gegeben werden soll. Kreative Felder als Konstrukte gelingenden Miteinanders schaffen ein soziales Milieu, das bei den Beteiligten ein Kohärenzgefühl erzeugt.

Der Begriff *Kohärenz* beschreibt am klarsten den eigentlichen Wirkmechanismus Kreativer Felder: die Sogkraft, mit der gemeinsam Neues und Bedeutendes geschaffen werden kann. Daher wäre eine ebenso treffende Bezeichnung des stimmigen Gefüges interpersonaler Bedingungen das *Kohärente Feld*.

Abbildungsverzeichnis

ABB. 1, PHASEN-MODELL NACH POINCARÉ/WALLAS (1912/1926) 20
ABB. 2, GUILFORDS MODELL „STRUCTURE OF INTELLECT" 23
ABB. 3, VIER P'S DER KREATIVITÄT NACH RHODES 25
ABB. 4, DAS TRIADISCHE MODELL VON STERNBERG 36
ABB. 5, DAS KOMPONENTENMODELL VON AMABILE 38
ABB. 6, ANALYSEEBENEN DES PHÄNOMENS KREATIVITÄT NACH GARDNER 46
ABB. 7, DAS SYSTEMMODELL VON CSIKSZENTMIHALYI 48
ABB. 8, EVOLUTIONÄRER ANSATZ NACH SIMONTON 52
ABB. 9, COHNS DYNAMISCHES DREIECK DER TZI 57
ABB. 10, LEBENSRAUMDARSTELLUNG NACH LEWIN 87
ABB. 11, FLOW-KANAL NACH CSIKSZENTMIHAHLYI 91
ABB. 12, VERSCHIEDENE MUSTER DER KOMMUNIKATION 103
ABB. 13, EMPIRISCHE STRATEGIE DER TRIANGULATIVEN STUDIE 132
ABB. 14, PRINZIPSKIZZE ROLLENVERTEILUNG 148
ABB. 15, EINFLUSSSTÄRKEN KREATIVES FELD 151
ABB. 16, ROLLENVERTEILUNG KREATIVES FELD 154
ABB. 17, TEILSZENARIO PRECENSING 156
ABB. 18, INTERVENTIONSMODELL DER KREATIVEN-FELD-THEORIE 161
ABB. 19, INTERRATER-KORRELATION 178
ABB. 20, EMPIRISCHES DESIGN DER KF-ANALYSE 202
ABB. 21, EINFLUSSFAKTOREN AUF DIE ENTWICKLUNG
 DER EVOLUTIONSTHEORIE 212
ABB. 22, EINFLUSSSTRUKTUR DARWINS AUF SEIN FELD 213

Tabellenverzeichnis

Tab. 1, Modell nach Jackson & Messick 27
Tab. 2, Perspektiven der Kreativitätsforschung 30
Tab. 3, Variablensystem Kreative-Felder 134
Tab. 4, Variablensatz Kreatives Feld 143
Tab. 5, Einflussmatrix Kreatives Feld 145
Tab. 6, Einflussindizes Kreatives Feld 153
Tab. 7, Versuchsablauf Nonsummativität 167
Tab. 8, Beispiel einer Auswertungstabelle 175
Tab. 9, Persönliche Daten der VPN 177
Tab. 10, Matrix der Raterübereinstimmungen 177
Tab. 11, Einzelergebnisse Pilotisierungsphase, N=120 179
Tab. 12, Gruppenergebnisse Pz-Teams, N=21 180
Tab. 13, Gruppenergebnisse Ex-Teams, N=14 180
Tab. 14, Mittelwertbetrachtung Einzel vs. Team 180
Tab. 15, Prozessbilanz Pz- und Ex-Teams 181
Tab. 16, Leistungsbilanz Pz- und Ex-Teams 182
Tab. 17, Vergleich der Prozessbilanzen Pz- und Ex-Teams 183
Tab. 18, Mittelwerte der Bewertungen nach Entwurfsart 186
Tab. 19, Beurteilung des Teamerfolges 187
Tab. 20, Erklärungen der VPN für den Erfolg des Teamprozesses 188
Tab. 21, Ebenen und Kriterien zur Erfassung kreativer Prozesse 199
Tab. 22, Priorisierungskriterien kreativer Prozesse 200
Tab. 23, Kriterien für die Erfassung der Wirkung von Kristallisationskernen auf ihr Feld 202
Tab. 24, Soziale Akteure Kreatives Feld „Charles Darwin" 211

Literaturverzeichnis

ANTONI, Conny H. (1994): *Gruppenarbeit in Unternehmen. Konzepte, Erfahrungen, Perspektiven.* Weinheim: Psychologie Verlags Union.
ANTONI, Conny H. (2000): *Teamarbeit gestalten: Grundlagen, Analysen, Lösungen.* Weinheim: Beltz.
ANTONOVSKY, Aaron (1997): *Salutogenese: zur Entmystifizierung der Gesundheit.* Tübingen: DGVT-Verlag
AMABILE, Teresa M. (1983): *The Social Psychology of Creativity.* New York: Springer-Verlag.
ARDELT-GATTINGER, Elisabeth (1989): *Gruppendynamik: Anspruch und Wirklichkeit der Arbeit in Gruppen.* Göttingen: Verlag für Angewandte Psychologie.
ARNOLD, Patricia (2003): *Kooperatives Lernen im Internet. Qualitative Analyse einer Community of Practice im Fernstudium.* Münster: Waxmann.
AUFENANGER, Stefan (1991): *Qualitative Analyse semi-struktureller Interviews. Ein Werkstattbericht.* In: D. Garz / K. Krämer (Hg.): Qualitativ-empirische Sozialforschung. Opladen: Westdeutscher Verlag.
BACHER, Johann (1994): *Clusteranalyse. Anwendungsorientierte Einführung.* München: Oldenbourg
BANDURA, Albert (1977): *Social Learning Theorie.* Englewoods Cliffs: Prentice Hall.
BARON-COHEN, Simon (2006): *Vom ersten Tag an anders.* München: Heyne.
BELBIN, R. Meredith (2000): *Team Roles at Work.* 7. Auflage. Oxford: Butterworth-Heinemann.
BENNIS, Warren & Patricia Ward Biedermann (1998): *Geniale Teams. Das Geheimnis kreativer Zusammenarbeit.* Frankfurt: Campus.
BENNIS, Warren (1997): *Zur "Vorhut von Anführern" gehören.* In: Gibson R.: Rethink the Future, 1997. Landsberg a.L.: Moderne Industrie. (S.223-242)
BESEMER, Ingrid (1998): *Team(s)lernen. Teamarbeit: Lernkonzepte für Gruppen- und Teamarbeit; ein Projekt der Bildungspartnerschaft der Pädagogischen Hochschulen mit Unternehmen in Baden-Würtemberg.* Weinheim: Dt. Studienverlag
BINNIG, Gerd (1997): *Aus dem Nichts. Über die Kreativität von Natur und Mensch.* München: Piper.

BLASIUS, Jörg (2001): *Korrespondenzanalyse*. München: Oldenbourg
BLIND, Knut & Peter Zoche (1999): *Die zukünftige Bedeutung multimedialer Kommunikationsnetze. Ausgewählte Ergebnisse der Delphi '98-Studie*. In: G. Peter / H.-R. Treichel (Hg.): Medienzukunft heute, 1999. Münster: Lit Verlag. (S.51-69)
BÖHLE, Fritz & Annegret Bolte (2002): *Die Entdeckung des Informellen. Der schwierige Umgang mit Kooperation im Arbeitsalltag*. München: ISF.
BOHM, David (2002): *Der Dialog. Das offene Gespräch am Ende der Diskussionen*. 3. Auflage. Stuttgart: Klett-Cotta. (Original 1996)
BOHNSACK, Ralf (2007): *Rekonstruktive Sozialforschung. Einführung in qualitative Methoden*, (6. Auflage). Opladen: Budrich.
BOHNSACK, Ralf (2000): *Gruppendiskussion*, In: U. Flick / E. v. Kardorff / I. Steinke (Hg.): Qualitative Forschung. Ein Handbuch, 2. Auflage, 2003. Reinbek: Rowohlt. (S.369-384)
BOHNSACK, Ralf (1997): *Gruppendiskussionsverfahren und Milieuforschung*. In: B. Friebertshäuser / A. Prnegel (Hg.): Handbuch qualitativer Forschungsmethoden in der Erziehungswissenschaft, 1997. Weinheim/München: Juventa. (S. 492-502)
BOLTE, Annegret & Stephanie Porschen (2006): *Die Organisation des Informellen. Modelle zur Organisation von Kooperation im Arbeitsalltag*. Wiesbaden: VS Verlag.
BONO, Edward de (1996): *Serious creativity: die Entwicklung neuer Ideen durch die Kraft lateralen Denkens*. Stuttgart: Schäffer-Poeschel. (Original: 1992)
BONO, Edward de (1971): *Laterales Denken. Ein Kursus zur Erschließung Ihrer Kreativitätsreserven*. Reinbek: Rowohlt.
BONO, Edward de (1969): *Informationsverarbeitung und neue Ideen – Laterales und vertikales Denken*. In: Ulmann, G. (Hg.): Kreativitätsforschung, 1973. Köln: Kiepenhauer&Witsch. (S.322-334)
BORNEMANN, Stefan (2009): *Von SchulTV zur „Goldenen Ursula". Die Video-AG der Ursulinenschule in Fritzlar/Nordhessen*. In: St. Aufenanger / R. Peschke / R. Schulz-Zander / W. Wagner (Hg.): Medienerziehung aktiv, 75/2009. Seelze: Friedrich-Verlag. (S. 26-29)
BORNEMANN, Stefan & Lars Gerhold (2004): *TV-Produktion in Schule und Hochschule. Ein Leitfaden zur Vermittlung Praktischer Medienkompetenz*. München: kopaed.
BORNEMANN, Stefan & Michael Feiler (2001): *Das Hochschulfernsehen der Universität Kassel [univision]*. In: S. Brofazy (Hg.): Hochschulfernsehen. Initiativen-Praxis-Perspektiven, 2001. Konstanz: UVK Medien. (S. 75-93)

BOURDIEU, Pierre (1983): *Ökonomisches Kapital, kulturelles Kapital, soziales Kapital.* In: R. Kreckel, (Hg.): Soziale Ungleichheiten. (Soziale Welt Sonderband 2), Göttingen: Schwartz (S. 183-198)
BRAEM, Guido Jozef (2009): *Charles Darwin. Eine Biografie.* München: Fink.
BRODBECK, Karl-Heinz (2006): *Neue Trends in der Kreativitätsforschung.* In: Psychologie in Österreich 4&5. Wien: PiÖ. (S. 246-253)
BRODBECK, Karl-Heinz (1999): *Entscheidung zur Kreativität.* 2. Auflage. Darmstadt: Primus.
BUROW, Olaf-Axel (2011): *Kreativität, Kunst und Kollaboration: Wie Bildung zur Freiheit gelingen kann.* In: KUNSTstück Freiheit, im Erscheinen in der BKJ Schriftenreihe „Kulturelle Bildung". München: kopäd.
BUROW, Olaf-Axel (2010): *Herausragende Leistungen durch Lust & Leidenschaft im Kreativen Feld.* In: Petzold Th. D. (Hrsg.): Lust und Leistung ... und Salutogenese. Autoren vom 5. Symposium für Salutogenese 2009 'Lust und Leistung'. Bad Gandersheim: Verlag Gesunde Entwicklung. (S.59-71)
BUROW, Olaf-Axel & Christoph Plümpe & Stefan Bornemann (2008): *Schulentwicklung.* In: H.-U. Otto / T. Coelen (Hg.): Grundbegriffe der Ganztagsbildung. Das Handbuch, 2008. Wiesbaden: Verlag für Sozialwissenschaften. (S. 602-612)
BUROW, Olaf-Axel & Bettina Pauli (2008): *Ganztagsschule entwickeln. Von der Unterrichtseinheit zum Kreativen Feld.* Schwalbach/TS: Wochenschauverlag.
BUROW, Olaf-Axel & Heinz Hinz (2005): *Die Entdeckung des Kreativen Feldes – oder: Wie die Schule bzw. die Organisation laufen lernt.* In: O.-A. Burow / H. Hinz (Hg.): Die Organisation als Kreatives Feld. Evolutionäre Personal- und Organisationsentwicklung, 2005. Kassel: University Press. (S. 35-76)
BUROW, Olaf-Axel & Heinz Hinz (2005): *Evolutionäre Personal- und Organisationsentwicklung - EPOS. Ein Praxisbericht.* In: O.-A. Burow / H. Hinz (Hg.): Die Organisation als Kreatives Feld. Evolutionäre Personal- und Organisationsentwicklung. Kassel: University Press. (S. 77-122)
BUROW, Olaf-Axel (2000a): *Kreative Felder: Das Erfolgsgeheimnis kreativer Persönlichkeiten.* In: Bußmann, N. (Hg.): managerSeminare. Heft 45. Bonn: manager Seminare Verlags GmbH. (S. 22-29)
BUROW, Olaf-Axel (2000b): *Ich bin gut - wir sind besser. Erfolgsmodelle kreativer Gruppen.* Stuttgart: Klett-Cotta.
BUROW, Olaf-Axel (1999): *Die Individualisierungsfalle. Kreativität gibt es nur im Plural.* Stuttgart: Klett-Cotta.
BUROW, Olaf-Axel (1993): *Gestaltpädagogik – Trainingskonzepte und Wirkungen: ein Handbuch.* Paderborn: Junfermann.

BUROW, Olaf-Axel (1988): *Grundlagen der Gestaltpädagogik.* Dortmund: Verlag modernes Lernen.
BUROW, Olaf-Axel & Karlheinz Scherpp (1981): *Lernziel: Menschlichkeit. Gestaltpädagogik – eine Chance für Schule und Erziehung.* München: Kösel
CANDOLLE, Alphonse de (1911): *Zur Geschichte der Wissenschaft und der Gelehrten.* In: W. Ostwald (Hg.): Grosse Männer. Studien zur Biologie des Genies, 1922. Leipzig: Akademische Verlagsgesellschaft. (Originalausgabe de Candolle: 1873)
CARTER, Ronald (2004): *Language and creativity: the art of common talk.* London: Routledge
CHRISTAKIS, Nicholas A. und James H. Fowler (2010): *Connected. Die Macht sozialer Netzwerke und warum Glück ansteckend ist.* Frankfurt/Main: Fischer Verlag
CHURCHLAND, Paul & Markus Numberger (2001): *Die Seelenmaschine. Eine philosophische Reise ins Gehirn.* Heidelberg [u.a.]: Spektrum, Akademischer Verlag.
COHN, C. Ruth (1997): *Von der Psychoanalyse zur themenzentrierten Interaktion: von der Behandlung einzelner zu einer Pädagogin für alle.* Stuttgart: Klett-Cotta.
COLLINS, Jim (2005): *Der Weg zu den Besten. Die sieben Management-Prinzipien für dauerhaften Unternehmenserfolg.* München: DTV.
CROPLEY, Artur (2001): *Kreativität und Kreativitätsförderung.* In: D. H. Rost: Handwörterbuch Pädagogische Psychologie. 2. Auflage, 2001. Weinheim: Beltz. (S.366-373)
CRUTCHFIELD, Richard S. (1962): *Schädliche Auswirkungen von Konformitätsdruck auf kreatives Denken.* In: G. Ulmann (Hg.): Kreativitätsforschung, 1973. Köln: Kiepenheuer&Witsch. (S.155-163)
CSIKSZENTMIHALYI, Mihaly (1999): *Implications of a System Perspective for the Study of Creativity.* In: R. J. Sternberg (Hg.): Handbook of Creativity, 1999. Cambridge: Cambridge University Press. (S. 313-335)
CSIKSZENTMIHALYI, Mihaly (1997): *Kreativität. Wie Sie das Unmögliche schaffen und Ihre Grenzen überwinden.* Stuttgart: Klett-Cotta.
CSIKSZENTMILHALYI, Mihaly (1992): *Flow. Das Geheimnis des Glücks.* Stuttgart: Klett-Cotta.
CSIKSZENTMIHALYI, Mihaly (1988): *Society, culture, and person: a systems view of creativity.* In: R. J. Sternberg (Hg.): The nature of creativity: contemporary psychological perspectives, 1988. Cambridge: Cambridge University Press. (S. 325-339)
DAUBER, Heinrich (1997): *Grundlagen Humanistischer Pädagogik. Integrative Ansätze zwischen Therapie und Politik.* Bad Heilbrunn: Klinkhardt

DAWKINS, Richard (1994): *Das egoistische Gen.* Heidelberg: Spektrum.
DICK, van Rolf & Michael A. West (2005): *Teamwork, Teamdiagnose, Teamentwicklung.* Göttingen: Hogrefe.
DÖRNER, Dietrich (2006): *Die Logik des Mißlingens: strategisches Denken in komplexen Situationen.* 6. Auflage. Reinbek: Rowohlt. (1. Ausg.1989)
DONAUBAUER, Andreas (2004): *Entwicklung und Validierung eines Analyse-Instruments zur Erfassung der Kompetenzen von Führungskräften und Problemlösespezialisten beim komplexen Problemlösen in Gruppen.* In: (30.06.2008) http:// www.opus-bayern.de/uni-regensburg/volltexte/2005/506 /index.html
DORSCH, Friedrich (1989): *Psychologisches Wörterbuch.* Bern: Huber.
EHRENFELS, Christian von (1890/1922): *Über „Gestaltqualitäten".* In: R. Fabian (Hg.): Psychologie, Ethik, Erkenntnistheorie, 1988. München: Philosophia. (S. 128-167)
ERPENBECK, John & Volker Heyse (1999): *Die Kompetenzbiographie. Strategien der Kompetenzentwicklung durch selbstorganisiertes Lernen und multimediale Kommunikation.* Münster: Waxmann.
ERPENBECK, John & Lutz v. Rosenstiel (2003): *Handbuch Kompetenzmessung. Erkennen, verstehen und bewerten von Kompetenzen in der betrieblichen, pädagogischen und psychologischen Praxis.* Stuttgart: Schäffer-Poeschel.
FICHTER, Joseph H. (1970): *Grundbegriffe der Soziologie.* In: E. Bodzenta (Hg.), 3. Aufl. Wien/Ney York: Springer Verlag.
FLORIDA, Richard (2002): *The Rise of the Creative Class.* New York: Basic Books.
FOERSTER, Heinz von (1993): *Über selbst-organisierende Systeme und ihre Umwelten.* In: S.J. Schmidt (Hg.): Wissen und Gewissen. Versuch einer Brücke, 1993. Frankfurt/Main: Suhrkamp. (S. 211-233)
FOERSTER, Heinz von (1993): *Die Verantwortung des Experten.* In: S.J. Schmidt (Hg.): Wissen und Gewissen. Versuch einer Brücke, 1993. Frankfurt/Main: Suhrkamp. (S. 337-346)
FREY, Dieter & Tobias Greitmeyer & Eva Traut.mattausch (2008): *Psychologie der Kreativität und Innovation.* In: G. v. Graevenitz / J. Mittelstraß (Hg.): Kreativität ohne Fesseln. Über das Neue in Wissenschaft, Wirtschaft und Kultur. Konstanz: UVK
FRÜH, Werner (1998): *Inhaltsanalyse. Theorie und Praxis.* 4. Auflage. Konstanz: UVK Medien. (1. Ausg. 1981)
FUNKE, Joachim (2003): *Problemlösendes Denken.* Stuttgart: Kohlhammer.
GARDNER, Howard (2001): *Abschied vom IQ. Die Rahmen-Theorie der vielfachen Intelligenzen.* 3. Auflage. Stuttgart: Klett-Cotta. (Original 1985)
GARDNER, Howard & Emma Laskin (1997): *Die Zukunft der Vorbilder. Das Profil der innovativen Führungskraft.* Stuttgart: Klett-Cotta.

Literaturverzeichnis 235

GARDNER, Howard & Ute Spengler (1996): *So genial wie Einstein. Schlüssel zum kreativen Denken.* Stuttgart: Klett-Cotta.
GEMÜNDEN, Hans Georg & Martin Högl (2005): *Teamarbeit in innovativen Projekten: Eine kritische Bestandsaufnahme der empirischen Forschung.* In: Högl, M. / Gemünden, H.G. (Hg.): Management von Teams. Theoretische Konzepte und empirische Befunde, 3. Auflage, 2005. Wiesbaden: Deutscher Universitäts-Verlag.
GEMÜNDEN, Hans Georg & Martin Högl (2000): *Teamarbeit in innovativen Projekten: Eine kritische Bestandsaufnahme der empirischen Forschung* In: H.G. Gemünden / M. Högl (Hg.): Management von Teams. Theoretische Konzepte und empirische Befunde., 2000. Wiesbaden: Gabler. (S.33-66)
GEMÜNDEN, Hans Georg (1985): *Promotoren – Schlüsselpersonen für Entwicklung und Marketing innovativer Industrieüter.* In: Hauschildt, J. & Gemünden, H.G. (Hg.): Promotoren. Champions der Innovation, 1998. Wiesbaden: Gabler. (S.43-66)
GERHOLD, Lars (2009): *Umgang mit makrosozialer Unsicherheit. Zur Wahrnehmung und Bewältigung gesellschaftlich-politischer Phänomene.* Lengerich: Pabst Science Publishers.
GERHOLD, Lars & Stefan Bornemann (2004): *Qualitative Analyse audiovisueller Informationen mit ATLAS.ti.* vom 25.11.2004 in MedienPädagogik Online: www.medienpaed.com/04-1/gerhold04-1.pdf.
GETZELS, Jacob W. & Philip W. Jackson (1968): *Creativity and Intelligence. Explorations with Gifted Students.* New York/London: John Wiley&Sons
GLÄSER, Jochen & Grit Laudel (2004): *Experteninterviews und qualitative Inhaltsanalyse.* Wiesbaden: Verlag für Sozialwissenschaften
GOFFMAN, Erving (1985): *Wir alle spielen Theater. Eine Selbstdarstellung im Alltag.* München: Piper.
GRAEVENITZ, v. Gerhard & Jürgen Mittelstraß (2008): *Kreativität ohne Fesseln. Über das Neue in Wissenschaft, Wirtschaft und Kultur.* Konstanz: UVK
GRIMMER, Werner & Lorenz Fischer (1998): *Die Einführung von Gruppenarbeit bei einem mittelständischen Automobilzuliefer-Unternehmen – Das Problem der Gruppeneffekte.* In: E. H. Witte (Hg.): Sozialpsychologie der Gruppenleistung. Lengerich: Pabst. (S. 41-71)
GRÖF, Heino (2006): *Großgruppenveranstaltungen in der politischen Bildung. Konzepte und Methodenüberblick, Gestaltung und Moderation in der Praxis.* Bonn: Bundeszentrale für politische Bildung
GÜCKER, Robert (2007): *Wie E-Learning entsteht. Untersuchung zum Wissen und Können im Beruf Medienautor/in.* München: kopead.
GUILFORD, Joy Paul (1964): *Persönlichkeit.* Weinheim: Beltz. (Original 1959)

GUILFORD, Joy Paul (1950): *Kreativität.* In: G. Ulmann (Hg.): Kreativitätsforschung, 1973. Köln: Kiepenhauer&Witsch. (S.25-43)
HAKEN, Hermann (1990): *Synergetik. Eine Einführung. Nichtgleichgewichts-Phasenübergänge und Selbstorganisation in Physik, Chemie und Biologie.* 3. Auflage. Berlin: Springer. (Original 1982)
HAUSCHILD, Jürgen & Hans Georg Gemünden (1998): *Promotoren. Champions der Innovation.* Wiesbaden: Gabler.
HELMHOLTZ, Hermann v. (1894): *Über den Ursprung der richtigen Deutung unserer Sinneseindrücke.* In: S.S. Gehlhaar (Hg.): Abhandlungen zur Philosophie und Geometrie, 1987. Cuxhaven: Junghans-Verlag. (186-196)
HELMHOLTZ, Hermann v. (1894): *Die Thatsachen in der Wahrnehmung.* In: E. Bonk (Hg.): Schriften zur Erkenntnistheorie, 1998. Wien: Springer. (147-230)
HENTIG, Hartmut v. (2000): *Kreativität. Hohe Erwartungen an einen schwachen Begriff.* Hemsbach: Beltz.
HINZ, Heinz & Hans-Günter Garz (2007): *Shift of Mind – Bewusstseinswandel und innovative Gestaltungskompetenz Zukünftige Entwicklungen erkennen, befördern und entstehen lassen.* In: Arbeitsgemeinschaft Betriebliche Weiterbildungsforschung (Hg.): Lernkulturwandel: Selbsterneuerung der Professionalität in Organisationen beruflicher Weiterbildung. Berlin: QUEM-report, Heft 100
HÖGL, Martin & Hans Georg Gemünden (2000): *Determinanten und Wirkungen der Teamarbeit in innovativen Projekten: Eine theoretische und empirische Analyse.* In: H.G. Gemünden / M. Högl (Hg.): Management von Teams. Theoretische Konzepte und empirische Befunde., 2000. Wiesbaden: Gabler. (S.33-66)
HÖHN, Elfriede & Gerhard Seidel (1976): *Das Soziogramm. Die Erfassung von Gruppenstrukturen.* 4. Auflage. Göttingen: Verlag für Psychologie.
HOFSTÄTTER, Peter R. (1986): *Gruppendynamik. Kritik der Massenpsychologie.* Reinbek: Rowohlt. (Original 1957)
HOLLSTEIN, Betina & Florian Straus (2006): *Qualitative Netzwerkanalyse. Konzepte, Methoden, Anwendungen.* Wiesbaden: FS Verlag.
HOLLSTEIN, Betina (2006): *Qualitative Methoden und Netzwerkanalyse - ein Widerspruch?* In: B. Hollstein / F. Straus (Hg.): Qualitative Netzwerkanalyse. Konzepte, Methoden, Anwendungen. Wiesbaden: FS Verlag (S.11-37)
HÜTHER, Gerald (2004): *Die Macht der inneren Bilder. Wie Visionen das Gehirn, den Menschen und die Welt verändern.* Göttingen: Vandenhoeck&Ruprecht.
HUNT, Morton (1991): *Die Praxis der Sozialforschung: Reportagen aus dem Alltag einer Wissenschaft.* Frankfurt/M: Cmapus Verlag.
IRLE, Günter (2006): *Das Identitätsmanagement kooperierender Teams.* Berlin: Lit Verlag.

Literaturverzeichnis

JANSEN, Dorothea (1999): *Einführung in die Netzwerkanalyse. Grundlagen, Methoden, Anwendungen.* Opladen: Leske+Budrich.
JUNGK, Robert & Norbert R. Müllert (1989): *Zukunftswerkstätten. Mit Phantasie gegen Routine und Resignation.* München: Heyne.
KÄUFER, Katrin & Claus Otto Scharmer (2007): *Der blinde Fleck in Führung und Innovation.* In: A.J. Harbig / T. Klug / M. Bröcker (Hg.): Führung neu verorten. Perspektiven für Unternehmenslenker im 21. Jahrhundert. (S.75-91)
KAUFFELD, Simone (2001): *Teamdiagnose.* Göttingen: Hogrefe.
KARDORFF, von Ernst (1995): *Soziale Netzwerke.* In: U. Flick et al. (Hrsg.): Handbuch qualitative Sozialforschung. Grundlagen, Konzepte, Methoden und Anwendungen. Weinheim: Beltz, Psychologie-Verl.-Union. (S.402-405)
KELLNER, HEDWIG (1997): *Die Teamlüge. Von der Kunst, den eigenen Weg zu gehen.* Frankfurt/M: Eichborn.
KLUGE, Annett & Peter V. Zysno (1993): *Teamkreativität. Eine Untersuchung zum Training der Ideenfindung mit klassischen Kreativitätsmethoden.* München: Minerva-Publ.
KNELLER, Uta (1998): *Giordano Bruno und der Lullismus.* In: 450 Jahre Giordano Bruno. Ausstellung in der Staats- und Universitätsbibliothek Bremen. Vom 03. - 28. Februar 1998. http://www-user.uni-bremen.de/~semiotik/lull.html (29.07.2008)
KOLB, David A. (1985): *Learning Style Inventory.* Boston: McBer and Company
KROHN Wolfgang (1987): *Francis Bacon.* München: Beck.
LANG, Alexander (2009): *Radikal ist anders! Radikale Innovationen und wie Unternehmen damit den Weg aus der Krise finden.* In: J. H. Fisch / J.-M. Roß (Hrsg.): Fallstudien zum Innovationsmanagement. Methodengestützte Lösung von Problemen aus der Unternehmenspraxis. Wiesbaden: Gabler. (S.397-414)
LANTERMANN, Ernst-Dieter (1992): *Bildwechsel und Einbildung. Eine Psychologie der Kunst.* Berlin: edition q.
LAMNEK, Siegfried (1995): *Qualitative Sozialforschung. Band 1. Methodologie.* 3. Aufl.Weinheim: Beltz
LECHLER, Thomas (1998): *Was leistet das Promotoren-Modell für das Projektmanagement?* In: J. Hauschildt / H.G. Gemünden (Hg.): Promotoren. Champions der Innovation, 1998. Wiesbaden: Gabler. (S.179-209)
LECHLER, Thomas (1997): *Erfolgsfaktoren des Projektmanagements.* Frankfurt am Main et. al., zugl.: Karlsruhe, Universitäts Dissertation.
LÉVY, Pierre (1996): *Kollektive Intelligenz.* München: Hanser.
Linke, Detlef D. (2001): *Kunst und Gehirn. Die Eroberung des Unsichtbaren.* Reinbek: Rowohlt.

LÜCK, Helmut E. (1996): *Die Feldtheorie und Kurt Lewin. Eine Einführung.* Weinheim: Beltz.
MACHARZINA, Klaus & Joachim Wolf (2008): *Unternehmensführung. Das internationale Managementwissen. Konzepte – Methoden – Praxis.* 6. Auflage. Wiesbaden: Gabler.
MCADAMS, Dan P. (1996): *Das bin ich. Wie persönliche Mythen unser Selbstbild formen.* Hamburg: Kabel Verlag
MANGER, Daniela (2006): *Entstehung und Funktionsweise eines regionalen Innovationsnetzwerks - Eine Fallstudienanalyse.* In: B. Hollstein / F. Straus (Hg.): Qualitative Netzwerkanalyse. Konzepte, Methoden, Anwendungen. Wiesbaden: FS Verlag (S.221-241)
MARTIN, Jean-Pol (1998): *Lernen durch Lehren - eine Unterrichtsmethode zur Vorbereitung auf die Arbeitswelt.* Web-Publikation: http://www.ldl.de/material/aufsatz/ ammersee.htm
MEIER, Daniel (2005): *Wege zur erfolgreichen Teamentwicklung. Mit dem SolutionCircle Turbulenzen im Team als Chance nutzen. Ein Werkstattbuch für die Praxis.* Basel: SolutionsSurfers.
MEUSER, Michael & Ulrike Nagel (1997): *Das ExpertInneninterview – Wissenssoziologische Voraussetzungen und methodische Durchführung.* In: B. Friebertshäuser / A. Prengel (Hg.): Handbuch Qualitative Forschungsmethoden in der Erziehungswissenschaft. Weinheim/ München: Juventa. (S. 481-49)
MILDENBERGER, Georg (2006): *Wissen und Können im Spiegel gegenwärtiger Technikforschung.* Münster: LIT Verlag.
MORENO, Jacob L. (1996): *Die Grundlagen der Soziometrie. Wege zur Neuordnung der Gesellschaft.* 3. Auflage. Opladen: Leske+Budrich. (Nachdruck der Auflage von 1974)
NEFFE, Jürgen (2008): *Darwin. Das Abenteuer des Lebens.* München: Bertelsmann
OSTWALD, Wilhelm (1911): *Zur Einführung.* In: W. Ostwald: Grosse Männer. Studien zur Biologie des Genies, Zweiter Band: Zur Geschichte der Wissenschaft und der Gelehrten, 1911. Leipzig: Akademische Verlagsgesellschaft. (S.V-VI)
OTTO, Anne (2010): *Die Weisheit der Masse.* In: H. Ernst (Hg.): Psychologie Heute, 6/2010. Weinheim: Beltz (S.35-39)
OWEN, Harrison (1997): *Open Space Technology.* San Franzisco: Berrett-Koehler
PAWLOWSKY, Peter (1994): *Wissensmanagement in der lernenden Organisation.* Habilitationsschrift: Universität Paderborn. Quelle: http://www.tu-chemnitz.de/ wirtschaft/bwl6

PIMMER, Hans (1995): *Kreativitätsforschung und Joy Paul Guilford (1897-1987)*. München: Akademischer Verlag.
PLÜMPE, Christoph (2008): *Zur Bedeutung von Selbst- und Sozialkompetenz des pädagogischen Personals für die partizipative Ganztagsschule und ihre Entwicklung*. In: Deutsche Kinder- und Jugendstiftung (Hrsg.), Themenheft 10: MitWirkung! Ganztagsschulentwicklung als partizipatives Projekt. Berlin: DKJS (S.41-54)
PÖPPEL, Ernst (2006): *Heureka, ich habs gefunden!* In: (25.06.2006) www.manager-magazin.de/ koepfe/karriere/0,2828,341834-3,00.html
PFEFFER, Jürgen (2008): *Visualisierung sozialer Netzwerke*. In: C. Stegbauer (Hg.): Netzwerkanalyse und Netzwerktheorie. Ein neues Paradigma in den Sozialwissenschaften. Wiesbaden: VS-Verlag. (S. 231-238)
POPPER, Karl (1971): *Logik der Forschung*. Tübingen: Mohr.
POINCARÉ, Henri (1913): *The foundations of science*. New York: Science Press.
POINCARÉ, Henri (1914): *Die mathematische Erfindung*. In: G. Ulmann (Hg.): Kreativitätsforschung, 1973. Köln: Kiepenheuer&Witsch. (S.219-229)
PREISER, Siegfried (1976): *Kreativitätsforschung*. Darmstadt: Wissenschaftliche Buchgesellschaft.
REINMANN-ROTHMEIER, Gabi & Mandl, Heinz: *Analyse und Förderung kooperativen Lernens in netzbasierten Umgebungen*. In: Zeitschrift für Entwicklungspsychologie und Pädagogische Psychologie, Jahrgang 34. (S. 44-57)
RHODES, Mel (1961): *An analysis of creativity*. Phi Delta Kappan. (S.305-310)
RICHARDS, R. & D.K. Kinney & M. Bennet & A.P.T. Merzl (1988): *Assessing everyday creativity: Characteristics of the Lifetime Creativity Scales ans validation with three large samples*. Journal of Personality ans Social Psychology, 54. (S. 476-485)
RINCKE, Karsten & Stefan Bornemann (2008): *Physikstudio - Schüler produzieren ihren Lehrfilm*. In: V. Nordmeier / A. Oberländer / H. Grötzbrauch (Hg.), Tagung der DPG Didaktik der Physik - Berlin 2008. Berlin: Lehmanns.
ROGERS, Carl R. (2009): *Die klientenzentrierte Gesprächspsychotherapie / Client-Centered Therapy*. Frankfurt/Main: Fischer.
ROGERS, Carl R. (1959): *Towards a theoriy of Creativity*. In: H.H. Anderson (Hg.): Creativity and ist cultivation. New York: Harper. (S.69-82)
ROPELLA, Wolfgang (1989): *Synergie als strategisches Ziel der Unternehmung*. Berlin/New York: de Gruyter.
ROSENSTIEL von, Lutz & W. Molt & B. Rüttinger (1995): *Organisationspsychologie*. 8. Auflage. Stuttgart: Kohlhammer.
ROSNEY, Joël de (1979): *Das Makroskop: Systemdenken als Werkzeug der Ökogesellschaft*. Reinbek: Rowohlt.

ROTH, Gerhard (2003): *Aus Sicht des Gehirns.* Frankfurt am Main: Suhrkamp.
SAWYER, Keith (2007): *Group Genius: the creative power of collaboration.* New York: Basic-Books
SCHÄFERS, Eduart (2007): *Die Kreativgesellschaft: eine soziologische Untersuchung zur Zukunft der Gesellschaft.* Götingen: Cuvillier
SCHARMER, Claus Otto (2009): *Theorie U. Von der Zukunft her führen.* Heidelberg: Auer-Verlag
SCHNEGG, Michael & Hartmut Lang (2002): *Netzwerkanalyse. Eine praxisorientierte Einführung.* In: Methoden der Ethnographie, Heft 1 vom 31.07.2010: www.methoden-der-ethnographie.de /heft1/Netzwerkanalyse.pdf
SCHOLL, Wolfgang (2003): *Modelle effektiver Teamarbeit - eine Synthese.* In S. Stumpf / A. Thomas (Hrsg.): Teamarbeit und Teamentwicklung. Göttingen: Hogrefe-Verlag. (S. 3-34)
SCHREIER, Helmut (1986): *Kommentar zu Wie wir denken.* In: H. Schreier (Hg.): John Dewey: Erziehung durch und für Erfahrung, 1986. Stuttgart: Klett. (S.91-93)
SCHULER, Heinz & Yvonne Görlich (2007): *Kreativität: Ursachen, Messung, Förderung und Umsetzung in Innovation.* Göttingen: Hogrefe
SCHUMPETER, Joseph Alois (1926): *Theorie der wirtschaftlichen Entwicklung: eine Untersuchung über Unternehmergewinn, Kapital, Kredit, Zins und den Konjunkturzyklus.* 2. Auflage. München: Duncker & Humblot. (Original 1911)
SEIP, Martin (2004): *Emotion und soziale Interaktion – Emotionsregulation in dyadischen Problemsituationen.* Lengerich: Pabst Science Publishers.
SENGE, Peter (1996): *Die fünfte Disziplin. Kunst und Praxis der lernenden Organisation.* Stuttgart: Klett Cotta.
SERDÜLT, Uwe (2002): *Soziale Netzwerkanalyse: eine Methode zur Untersuchung von Beziehungen zwischen sozialen Akteuren.* In: Österreichische Zeitung für Politikwissenschaft, Ausgabe 2/2002 vom 30.07.2010: http://www.oezp.at/ getMagazine. php?id=29. (S.127-141)
SIMONIS, Annette (2001): *Gestalttheorie von Goethe bis Benjamin. Diskursgeschichte einer deutschen Denkfigur.* Weimar: Böhlau.
SIMONTON, Dean Keith (1999): *Origins of Genius: Darwinian perspectives on creativity.* Oxford: Oxford University Press.
SIMONTON, Dean Keith (1988): *Creativity, leadership, and chance* In: R. J. Sternberg (Hg.): The nature of creativity: contemporary psychological perspectives, 1988. Cambridge: Cambridge University Press. (S. 386-426)
SONNENBURG, Stephan (2007): *Kooperative Kreativität. Theoretische Basisentwürfe und organisationale Erfolgsfaktoren.* Wiesbaden: Deutscher Universitätsverlag.

SPITZER, Manfred (2000): *Geist im Netz. Modelle für Lernen, Denken und Handeln.* Heidelberg: Spektrum.
SPRENGER, Reinhard K. (2008): *Gut aufgestellt. Fußballstrategien für Manager.* Frankfurt/New York: Campus Verlag.
STADERMANN, Melanie (2010): *SchülerInnen und Lehrpersonen in mediengestützten Lernumgebungen. Zwischen Wissensmanagement und sozialen Aushandlungsprozessen.* Wiesbaden: VS Verlag.
STEIN, Morris I. (1953): *Kreativität und Kultur.* In: G. Ulmann (Hg.): Kreativitätsforschung, 1973. Köln: Kiepenheuer&Witsch. (S.65-75)
STERNBERG, Robert J. (1988):*A three-facet model of creativity.* In: R. J. Sternberg (Hg.): The nature of creativity: contemporary psychological perspectives, 1988. Cambridge: Cambridge University Press. (S. 125-147)
STRAUS, Florian (2002): *Netzwerkanalysen. Gemeindepsychologische Perspektiven und Methoden für Forschung und Praxis.* Wiesbaden: Deutscher Universitas-Verlag.
STROBEL, Heinz (2007): *Teamarbeit. Erfolgreich als Gremium.* Frankfurt/Main: Bund Verlag
SUROWIECKI, James (2005): *Die Weisheit der Vielen. Warum Gruppen klüger sind als Einzelne und wie wir das kollektive Wissen für unser wirtschaftliches, soziales und politisches Handeln nutzen können.* Gütersloh: C. Bertelsmann.
TALEB, N. Nassim (2008): *Der schwarze Schwan. Die Macht höchst unwahrscheinlicher Ereignisse.* München: Hanser
TAYLOR, Calvin W. (1972): *Climate for Creativity. Report of the Seventh National Research Conference on Creativity.* New York: Pergamon Press.
THIBAUT, John W. & Harold H. Kelley (1986): *The Social Psychology of Groups.* Oxford: Tranaction Books. (Original: 1959)
TORRANCE, Paul E. (1968): *Neue Item-Arten zur Erfassung kreativer Denkfähigkeiten.* In: G. Ulmann (Hg.): Kreativitätsforschung, 1973. Köln: Kiepenheuer & Witsch. (S.124-140)
TUCKMAN, Bruce W. (1965): *Developmental Sequence in Small Groups.* In: Psychological Bulletin, 63/6. Washington, DC : American **Psychological** Association. (S.384-399)
ULMANN, Gisela (1973): *Kreativitätsforschung.* Köln: Kiepenheuer & Witsch.
ULMANN, Gisela (1968): *Kreativität.* Weinheim: Beltz.
VERGNAUD, Monique (2004): *Teamentwicklung.* München/Jena: Elsevier, Urban & Fischer.
VESTER, Frederic (2000): *Die Kunst vernetzt zu denken: Ideen und Werkzeuge für einen neuen Umgang mit Komplexität.* 5. Auflage. Stuttgart: DVA.
VOSS, Julia (2008): *Charles Darwin. Eine Einführung.* Hamburg: Junius

WALLAS, Graham (1926): *The art of thougt.* New York: Harcourt Brace.
WEBER, Max (1976): *Wirtschaft und Gesellschaft. Grundriss der verstehenden Soziologie.* Tübingen: Mohr.
WEISBORD, Marvin (1992): *Discovering Common Ground.* San Francisco: Berrett-Koehler.
WERNER, Götz (2009): *Persönliches Interview.* Geführt von Olaf-Axel Burow, Videoaufzeichnung von Stefan Bornemann. Karlsruhe: 6. Mai 2009
WERTHEIMER, Max (1945): *Produktives Denken.* 2. Aufl. d. deutschen Ausgabe, 1964. Frankfurt/ Main: Waldemar Kramer Verlag.
WHEATLEY, Margret J. (1997): *Quantensprung der Führungskunst. Die neuen Denkmodelle der Naturwissenschaften revolutionieren die Management-Praxis.* Reinbek: Rowohlt.
WILLI, Jürg (1989): *Ko-Evolution. Die Kunst gemeinsamen Wachsens.* Hamburg: Rowohlt.
WIMMER, Rudolf (2000): *Wie lernfähig sind Organisationen? Zur Problematik einer vorausschauenden Selbsterneuerung sozialer Systeme.* In: P.M. Hjehl, / H.K. Stahl (Hg.): Management und Wirklichkeit, 2000. Heidelberg: Carl Auer Systeme. (S.265-293)
WISKOW, Matthias (1992): *Konkreatives Handeln. Theoretische und empirische Ansätze zur Umorientierung in der Kreativitätsforschung.* Köln: bps.
WITTE, EBERHARD (1973): *Das Promotoren-Modell.* In: J. Hauschildt / H.G. Gemünden (Hg.): Promotoren. Champions der Innovation, 1998.Wiesbaden: Gabler.
WUNDT, WILHELM (1883): *Eine Untersuchung der Principien der Erkenntniss und der Methoden Wissenschaftlicher Forschung.* Band 2, Methodenlehre. Stuttgart: Enke, 1.
YIN, Robert K. (1994): *Case Study Research. Designs and Methods.* London: SAGE Publications
ZYSNO, Peter (1998): *Von Seilzug bis Brainstorming: Die Effizienz der Gruppe.* In: E. H. Witte (Hg.): Sozialpsychologie der Gruppenleistung. Lengerich: Pabst. (S. 184-210)

Anhang 01 Variablenbeschreibung

1	Grad der Entfaltungsmöglichkeit	
Beschreibung	**Indikatoren**	**Interventionspotential**
Die Möglichkeiten seine eigene Persönlichkeit, die individuellen Anforderungen und auch die spezifischen Spleens im Rahmen kooperativer Tätigkeit einbringen zu können.	- Möglichkeiten Arbeits- und Lernstile ungehindert einsetzen zu können - Gestaltung eines eigenen Workflows - Möglichkeit zur Meinungsäußerung	- Partizipationsdesign - Systemanalyse

2	Grad der Selbstbestimmung	
Beschreibung	**Indikatoren**	**Interventionspotential**
Die Möglichkeiten den Grad seiner Aktivität und seiner Mitbestimmung selbst wählen und die Gestaltung selbst bestimmen zu können.	- Entscheidungsfreiheit - Bevollmächtigung zum Handeln	- Partizipationsdesign - Systemanalyse

3	Qualität der Wertschätzung	
Beschreibung	**Indikatoren**	**Interventionspotential**
Die persönliche Haltung gegenüber anderen und deren Kompetenzen, Positionen und Leistungen.	- Beachtung und Akzeptanz der Leistung - Beachtung und Akzeptanz der Person - Per se positive Haltung gegenüber anderen Personen	- Partizipationsdesign - Profilingmaßnahmen

4	Möglichkeit zur Mitentscheidung	
Beschreibung	Indikatoren	Interventionspotential
Am Prozess der Entscheidungsfindung aktiv beteiligt zu sein und die Macht frei Mitentscheiden zu können.	- Stimmberechtigung - Macht zur Mitentscheidung - Demokratische Entscheidungsstrukturen	- Partizipationsdesign

5	Notwendigkeit der Intervention	
Beschreibung	Indikatoren	Interventionspotential
Die Möglichkeiten durch Führungsaktivitäten Lösungswege zu finden und das emotionale Vorrecht des Kristallisationskerns Entscheidungen zu treffen.	- Führungsstile - Führungsfunktionen - Lösungspotential durch Intervention	- Partizipationsdesign - Führungsstilanalyse

6	Grad der Transparenz	
Beschreibung	Indikatoren	Interventionspotential
Das Offenlegen von Zielen, Prozessen und Entscheidungen sowie das Offenlegen von individuellen Handlungsstilen (Wissen über Personen).	- Kommunikation der Ziele, Prozesse und Entscheidungen - Wissen über die beteiligten Personen und deren Ziele, Kompetenzen und Befugnisse	- Partizipationsdesign

7	Vielfalt der Meinungsäußerung	
Beschreibung	Indikatoren	Interventionspotential
Das Vorhandensein unterschiedlicher Perspektiven und Positionen sowie das Zulassen dieser.	- Heterogenität der Meinungen, Perspektiven und Positionen - Geringer Konformitätsdruck	- Kommunikationskultur - Profilingmaßnahmen

Anhang 01 Variablenbeschreibung

8	Vielfalt der Kompetenzen	
Beschreibung	**Indikatoren**	**Interventionspotential**
Das Vorhandensein heterogener Professionen und sozialer Kontexte.	- Vielfalt des Handlungswissens und des Könnens - Vielfalt der Erfahrungen und Beziehungen	- Profilingmaßnahmen

9	Unterschiedlichkeit der Handlungsstile	
Beschreibung	**Indikatoren**	**Interventionspotential**
Das Vorhandensein unterschiedlicher Persönlichkeiten sowie individueller Arbeits- und Lernstile.	- Vielfalt der individuellen Handlungsstile und Eigenheiten	- Profilingmaßnahmen

10	Grad des individuellen Stärken- und Schwächenbewusstseins	
Beschreibung	**Indikatoren**	**Interventionspotential**
Reflexives Wissen über die eigenen Stärken und Schwächen sowie die Möglichkeiten diese zu erfahren.	- Wissen über die eigenen Stärken und Schwächen - Möglichkeit zum Erfahren der eigenen Stärken und Schwächen	- Profilingmaßnahmen - Synergieanalyse

11	Potential der gegenseitigen Ergänzung	
Beschreibung	**Indikatoren**	**Interventionspotential**
Die Passung der im Team vorhandenen Stärken, Schwächen, Kompetenzen, Handlungsstile und Positionen.	- Passung der unterschiedlichen Kompetenzen, Handlungsstile und Positionen - Grad der kooperativen Passung	- Synergieanalyse

12	Möglichkeit zu Win-Win-Koalitionen	
Beschreibung	**Indikatoren**	**Interventionspotential**
Die Möglichkeit individuelle Partnerschaften innerhalb des Teams zu bilden.	- Möglichkeit durch das Vorhandensein an Synergiepotential - Gestaltungsfreiheit bei Verabredungen und Zusagen - Möglichkeit zu Gewinn- und Ertragsteilung	- Synergieanalyse - Partizipationsdesign

13	Fähigkeit zu Precensing	
Beschreibung	**Indikatoren**	**Interventionspotential**
Der situative Zustand und die Fähigkeit der Beteiligten gemeinsam an zukünftigen Entwicklungen zu arbeiten und das Potential dieser zu erspüren.	- Die Entwicklung von Visionen und Ideen gemeinsam mit anderen zuzulassen - Kommunikative Rahmenbedingungen die ein kreatives Miteinander ermöglichen - Klarheit und Flexibilität der eigenen Position (Quelle des Handelns) - Empathiefähigkeit der Teilnehmer - Sympathie	- Synergieanalyse - Partizipationsdesign - Kommunikationskultur - Profilingmaßnahmen

14	Fähigkeit zu Propriozeption	
Beschreibung	**Indikatoren**	**Interventionspotential**
Eine Kultur des gegenseitigen Zuhörens und des gegenseitigen Kritisieren.	- Fähigkeit Probleme im Diskussionsprozess in der Schwebe zu halten - Verfahren zur Kooperations- und Pro-	- Partizipationsdesign - Kommunikationskultur - Profilingmaßnahmen - Prozessverfahren

| | zessbegleitung
- Kommunikationskultur
- Grad an Verständnis für die Ansichten des anderen | |

15	Grad an gegenseitiger Sympathie	
Beschreibung	**Indikatoren**	**Interventionspotential**
Sympathie der Beteiligten eines Teams untereinander.	- Sympathie der beteiligten Personen untereinander - Anziehungskraft durch Ähnlichkeit oder die Synergiefähigkeit mit bestimmten Teammitgliedern	- Kommunikationskultur - Profilingmaßnahmen

16	Bedeutung der Vision für die Akteure	
Beschreibung	**Indikatoren**	**Interventionspotential**
Die Bedeutung der Vision für die individuelle Bereicherung, Ergänzung oder Gestaltungsfreiheit der Beteiligten.	- Individuelle Entfaltungs- und Ergänzungsmöglichkeiten durch die Vision - Attraktivität der Vision für die Beteiligten - Gewinnpotential für die Beteiligten	- Partizipationsdesign - Qualifikation des Kristallisationskerns

17	Grad der Vereinbarung des gemeinsamen Grundes	
Beschreibung	**Indikatoren**	**Interventionspotential**
Das Wissen und die Verbindlichkeit der Vereinbarung über den gemeinsamen Grund des Handelns.	- Klarheit des Grundes für das gemeinsame Handeln - Wissen über die eigene Funktion / Position für	- Prozessverfahren - Partizipationsdesign

| | das Handeln
- Verbindlichkeit der Vereinbarung | |

18	Verdichtungsfaktor der Vision

Beschreibung	Indikatoren	Interventionspotential
Die Klarheit, Begreifbarkeit und Unverwechselbarkeit der Vision für die Teammitglieder.	- Klarheit der Formulierung der Vision - Begreifbarkeit der Vision - Abgrenzbarkeit der Vision von anderen Visionen	- Prozessverfahren - Auswahl des Kristallisationskerns

19	Magnetwirkung des Kristallisationskerns

Beschreibung	Indikatoren	Interventionspotential
Die Fähigkeit des Kristallisationskerns die Vision klar zu kommunizieren, andere davon zu begeistern und die Vision durch Haltung und Handeln zu verkörpern.	- Überzeugungsfähigkeit der Person, die die Vision entwickelt hat oder die sie äußert - Stimmigkeit des Handelns und der Haltung des Kristallisationskerns mit der Aussage und dem Anliegen der Vision - Beeindruckungspotential	- Qualifikation des Kristallisationskerns

20	Weltverbesserndes Potential der Vision

Beschreibung	Indikatoren	Interventionspotential
Die Möglichkeiten eine verbesserte Gesellschaft und ökologische Umwelt zu schaffen.	- Gesellschaftlicher Nutzen der Vision - Aura der Vision	- *kein Interventionspotential*

Anhang 01 Variablenbeschreibung

21	Grad der Energiebalance des Teams	
Beschreibung	Indikatoren	Interventionspotential
Die energetische Ausgeglichenheit des Teams.	- Stabilität der Teambeziehung - Balance der individuellen Belange, der Teamerfordernisse und der thematischen Auseinandersetzung - Balance von Individualität, Partizipation und Heterogenität	- Prozessverfahren - Profilingmaßnahmen - Partizipationsdesign

Anhang 01.1 Kriterienmatrix Kreatives Feld

Kriterien	Lebensbereiche							Physikalische Kategorie			Dynamische Kategorie			Systembeziehung			
	Wirtschaft	Population	Flächennutzung	Humanökologie	Naturhaushalt	Infrastruktur	Gemeinwesen	Materie	Energie	Information	Flussgröße	Strukturgröße	zeitliche Dynamik	räumliche Dynamik	öffnet Sys.d.Input	öffnet	von innen beein-	von außen beein-
Entfaltungsmögl.		½		1		½	1		1	½	½			1			
Selbstbestimmung				1	½		½	1	1						1			
Wertschätzung			1		1	½		1							1			
Mitentscheidung				1	1			1	1	1					1			

Anhang 01.1 Kriterienmatrix Kreatives Feld

Inter-vention					1	1	1	1				1	
Trans-parenz			½		1	½	1					1	
Meinungs-äußerung				1	½		1						1
Kompe-tenzen		1				1		1					1
Handlungs-stile		½			½			1					1
Stäken/Schwächen			1		1							½	
Ergän-zung		1		1		1							½
Win-Win-Koalition	½				1		1			½	1		
Precen-sing			1	½		½					½		
Proprio-zeption			1	½		½					½		

Sympathie				½			½							½	
Vision			1			½			1	½		1				
Gemeinsamer Grund			1			½						½	½			
Verdichtungsfaktor			1			1	½					½				
Kristallisationskern		1			1	1	1	1				½				
Potential der Vision		1		1		1	½	½	1	1			1			
Energiebalance		½			½	1		½						1		
Summe	1,5	4,0	0,5	7,5	1,0	7,0	8,5	2,5	4,5	13,5	3,0	6,0	1,0	0,5	2,0	2,0	11,0	6,5

Anhänge 02 - 04

Die Anlagen zum durchgeführten Belbin-Verfahren, die Erhebungsbögen und Auswertungstabellen des Experiments sowie die Textstellenparaphrasierungen der Darwin-Biographien sind im Forschungsarchiv von Prof. Dr. Olaf-Axel Burow, Universität Kassel, Nora-Platiel-Straße 1, 34109 Kassel erhältlich oder können beim Autor unter der Mailadresse stefanbornemann@hotmail.com angefordert werden.

Anhang 05 Materialanalyse Darwin

Personen

Soziale Akteure	Nummerierung / Farbcode / Aggregat	Allg. Kategorie	Priorisierung Kreative Leistung	KF-Kategorie	Priorisierung Einfluss Kristallisationskern
Gould	- (1/ Rot) - Gould führt einen empirischen Beweis (Finken) für die Veränderlichkeit der Arten und trägt dazu bei, dass Darwin die Bedeutung der Funde der Galapágos erkennt	FS	1	Syn	2
Owen/1	- (2/Rot) - Owen liefert einen der stichhaltigsten empirischen Beweise für die Evolutionstheorie (Fossilien)	FS	1	Syn	2
Owen/2	- (3/Gelb) - Der gläubige Owen verfasst wohlwollende Kritikschrift über den Darwin-Wallace-Artikel, daraufhin bleibt eine kritische Beachtung des Artikels aus	GS	4	Syn	3
Owen/3	- (4/Grün)	GS	3	Syn	2

… Anhang 05 Materialanalyse Darwin …

Henslow	- Owen führt empirischen Beweis, durch den Darwin eine hohe akademische Anerkennung und wissenschaftliches Ansehen erhält - (5/Blau) - Henslow nutzt seine sozialen Kontakte für Darwin. Er empfiehlt Darwin u.a. für die Beagle-Reise	MO	2	Dia	2
Lyell/1	- (6/Blau) - Lyell gehörte zum „Darwin-Team", er war ein enger Vertrauter und wichtiger Gesprächspartner	SE	2	Dia	2
Lyell/2	- (7/Gelb) - Lyell prägte Darwin durch seine wissenschaftliche Arbeit	FS	4	Dia	4
Lyell/3	- (8/Blau) - Lyell überzeugt Darwin zu einer Veröffentlichung des Origin	MO	2	Pat	3
Lyell/4	- (9/Gelb) - Lyell half bei der Netzwerkbildung	MO	4	Dia	2
Huxley/1	- (10/Rot) - Huxley war Wortführer des Disputs in Oxford	GS	1	Syn	4

Hux-ley/2	- (11/Gelb) - Huxley gehörte zum „Darwin-Team", er war ein enger Vertrauter	SE	4	Dia	2
Hoo-ker/1	- (12/Blau) - Hooker gehörte zum „Darwin-Team", er war ein enger Vertrauter und drängte Darwin bspw. zum durchführen einer eigenen empirischen Studie	SE	2	Dia	2
Hoo-ker/2	- (13/Grün) - Hooker korrigierte Darwins Manuskript	FS	3	Dia	2
Hoo-ker/3	- (14/Blau) - Hooker trug zum Gent-lemen-Aggreement mit Wallace bei, sorgte für die Veröffentlichung des Darwin-Wallace-Papiers und für die Wahrneh-mung von Darwins Lei-stung.	MO	2	Vis	2
Fitz-Roy/1	- (15/Gelb) - FitzRoy schaffte durch die ungewöhnliche „Doppelbesetzung" ne-ben dem Schiffsarzt noch einen Wissen-schaftler an Bord zu nehmen, den Freiraum (Individualität) den Darwin benötigte.	MO	4	Ind	4
Fitz-Roy/2	- (16/Blau) - FitzRoy machte die ungewöhnliche Zusage,	MO	2	Pat	2

Anhang 05 Materialanalyse Darwin

	seine Sammlungsstücke nach der Reise allesamt in Darwins Besitz übergehen sollten.				
Fitz-Roy/3	- (17/Grün) - FitzRoy liefert Darwin durch seine genaue Dokumentation Hinweise über die Herkunft der Finken der Galapagos	FS	3	Syn	4
Wallace	- (18/Rot) - Wallace sorgte durch sein Manuskript für den nötigen Zeitdruck und löste die Publikation aus	MO	1	Syn	4
Bell/1	- (19/Blau) - Bell lieferte einen empirischen Beweis (Reptilien)	FS	2	Syn	2
Bell/2	- (20/Gelb) - Bell unterstützte Darwin durch seine Präsidentschaft der Linnean Society	MO	4	Vis	3
Chambers/1	- (21/Blau) - Chambers machte das Thema Evolution mit seinem Buch „Vestiges" populär	GS	2	Vis	4
Chambers/2	- (22/Gelb) - Überzeugte Huxley für die Teilnahme am Oxford-Disput	GS	4	Vis	4
Grant	- (23/Gelb)	FS	4	Syn	4

Gray	- Mentor von Darwin. Lehrte die Gedanken Erasmus und Lamarcks - (24/Gelb) - Trug zur Internationalisierung der Theorie bei	GS	4	Syn	3
Murray	- (25/Gelb) - Unterstützte die Veröffentlichung mit seinem Verlag	MO	4	Het	3

Sachverhalte/Umstände

Soziale Akteure	- Nummerierung / Farbcode / Aggregat	Allg. Kategorie	Priorisierung Kreative Leistung	KF-Kategorie	Priorisierung Einfluss Kristallisationskern
Galapagos	- (26/Rot) - Durch die geografische Lage liefern die Galapagos-Inseln Beweise auf engstem Raum innerhalb einer Zeitepoche	MO	1	-	4
Beagle-Reise	- (27/Blau) - Die Beagle-Reise und ihr Auftrag der Landvermessung liefert den situativen Rahmen für die Funde	MO	2	-	4
Universität	- (28/Grün) - D. konnte das Cambridge-Netzwerk nutzen, welches bei der Reise und in London für den Aufbau von Kontakten wichtig war	MO	3	Het	2

Anhang 05 Materialanalyse Darwin

- Eigenes Labor	- (29/Grün) - zu Hause verfügte er über ein ständig nutzbares Labor, in dem er ohne Zeit- und Kostendruck forschen konnte -	- MO	- 3	- Ind	- 2
- Materielle Sicherheit	- (30/Blau) - Vater ermöglicht ihm finanzielle Beweglichkeit. Dadurch ist er nicht verpflichtet zu arbeiten und erhält Freiraum für seine Experimente -	- MO	- 2	- Ind	- 4
- Wissenschaftlicher Status	- (31/Blau) - Der wissenschaftliche Status und die „Dazugehörigkeit" zu wissenschaftlichen Gesellschaft, verschafft Darwin Aufmerksamkeit.	- GS	- 2	- Vis	- 4
- Individuelle Kompetenzen / Neigungen	- (32/Blau) - Er besaß ein ungerichtetes Interesse an Naturwissenschaft (Motivation)	- I	- 2	- Ind	- 2
	- (33/Rot) - Soziale Kompetenz und Offenheit (Soziale Kompetenz)	- I	- 1	- Dia	- 1
	- (34/Rot) - Beharrlichkeit (Beharrlichkeit)	- I	- 1	- Vis	- 1

	- (35/Blau) - Fähigkeit für den Blick aufs Ganze (Visionsfähigkeit)	I	2	Vis	1
	- (36/Rot) - Durch einige besonders starke Verbindungen, konnte Darwin ein „Darwin-Team" um sich scharen. Denen konnte er vertrauen und die besaßen Fähigkeiten, über die er selbst nicht verfügte. (Team- und Netzwerkfähigkeit)	I	1	Pat	2
	- (37/Gelb) - Offenheit gegenüber anderen Menschen ohne Rücksicht auf den sozialen Status (Sozialisation)	I	4	Dia	2
Gesellschaftlicher Rahmen (Zeitgeist, Entwicklungen, Politik)	- (38/Grün) - Wissenschaft gewinnt durch die Weltausstellung 1851 an Bedeutung. Zu dieser Zeit entbrennt ein Wertekampf zwischen modernen Wissenschaftlern und den alten Klerikern	GS	3	-	4
Familie /1 (Ehefrau, Kinder, Ver-	- (39/Gelb) - Familie als Rückzugsort, der die Arbeitseffizient steigert	MO	4	Ind	3

wandte)					
Familie /2	- (40/Grün) - Tod seiner Tochter führt zur weiteren kritischen Distanz zu Gott	SE	3	-	4
Familie /3	- (41/Blau) - Die Lebensgeschichte seines Großvaters Erasmus	SE	2	-	4
Stand der Wissenschaften	- (42/Gelb) - Theorie seines Großvaters und Thesen von Lyell sowie die Ansätze von Lamarck sind wegweisend für Darwin	GS	4	-	4

Legende:

Allgemeine Kategorien	*KF-Kategorien*	*Farbcode Priorisierung der kreativen Leistung*
MO = Materiell-Organisatorische Ebene	Syn = Synergie	Rot = 1
FS = Fachlich-Sachliche Ebene	Het = Heterogenität	Blau = 2
SE = Sozial-Emotionale Ebene	Dia = Dialog	Grün = 3
I = Individuelle Ebene	Pat = Partizipation	Gelb = 4
GS = Gesellschaftlich-Strukturelle Ebene	Ind = Individualität	
MO = Materiell-Organisatorische Ebene	Vis = Vision	
	- = ohne Zuordnung	

Anhang 06 Strukturbestimmung Darwin

Interpersonale Struktur der Beziehungen zwischen Darwin und den Alteri

Person	Struktur	Allg. Kategorie
Hooker	Multiplex	Sozial-Emotional Fachlich-Sachlich Materiell-Organisatorisch
Lyell	Multiplex	Fachlich-Sachlich Sozial-Emotional Materiell-Organisatorisch
Owen	Multiplex	Fachlich-Sachlich Gesellschaftlich-Strukturell
Huxley	Multiplex	Gesellschaftlich-Strukturell Sozial-Emotional
FitzRoy	Multiplex	Materiell-Organisatorisch Fachlich-Sachlich
Bell	Multiplex	Materiell-Organisatorisch Fachlich-Sachlich
Chambers	Monoplex	Gesellschaftlich-Strukturell
Henslow	Monoplex	Materiell-Organisatorisch
Gould	Monoplex	Fachlich-Sachlich
Wallace	Monoplex	Materiell-Organisatorisch
Grant	Monoplex	Fachlich-Sachlich
Gray	Monoplex	Gesellschaftlich-Strukturell
Murray	Monoplex	Materiell-Organisatorisch

Anhang 07 KF-Clusteranalyse Darwin

Schlüsselelemente	Variablenbeschreibung	Aggregate	Priorisierung Kr.Kern	Priorisierung Kr. Prozess
Individualität	Grad der Selbstbestimmung	32	2	2
		30	4	2
	Grad an Entfaltungsmöglichkeit	39	3	4
		15	4	4
		29	2	3
	Wertschätzung	33	1	1
Partizipation	Möglichkeit zur Mitentscheidung	16	2	2
		8	3	2
	Intervention	36	2	1
	Grad an Transparenz			
Heterogenität	Meinungsäußerung	28	2	3
	Vielfalt Kompetenzen	25	3	4
	Handlungsstile	41	4	2
Synergie	Stärken-/Schwächen-Potential gegenseitiger Ergänzung	1	2	1
		2	2	1
		17	4	3
		18	4	1
		23	4	4
		7	4	4
		11	2	4
	Win-Win-Verhältnis	3	3	4
		4	2	3
		10	4	1
		19	2	2
		24	3	4

Dialog	Precensing	12	2	2
	Propriozeption	6	2	2
		13	2	3
		37	2	3
	Grad gegenseitiger Sympathie	5	2	4
		9	2	4
		20	3	4
Vision	Bedeutung der Vision für die Akteure	34	1	1
		21	4	2
		22	4	4
	Gemeinsamer Grund des Handelns			
	Verdichtungsfaktor der Vision	35	1	2
	Magnetwirkung des Kristallisationskerns	14	2	2
		31	4	2
ohne Zuordnung		*26*	*4*	*1*
		27	*4*	*2*
		38	*4*	*3*
		40	*4*	*3*
		42	*4*	*4*

Printed by Publishers' Graphics LLC